四川省社会科学规划后期资助项目

我国价值链重构与成渝地区产业转移研究

郭丽娟 ◎ 著

中国财经出版传媒集团

经济科学出版社
Economic Science Press

图书在版编目（CIP）数据

我国价值链重构与成渝地区产业转移研究/郭丽娟著.
—北京：经济科学出版社，2020.9
ISBN 978-7-5218-1728-7

Ⅰ.①我… Ⅱ.①郭… Ⅲ.①产业转移-研究-成都
②产业转移-研究-重庆 Ⅳ.①F127.7

中国版本图书馆 CIP 数据核字（2020）第 129402 号

责任编辑：崔新艳
责任校对：齐 杰
责任印制：李 鹏 范 艳

我国价值链重构与成渝地区产业转移研究
郭丽娟 著
经济科学出版社出版、发行 新华书店经销
社址：北京市海淀区阜成路甲 28 号 邮编：100142
经管中心电话：010-88191335 发行部电话：010-88191522
网址：www.esp.com.cn
电子邮箱：espcxy@126.com
天猫网店：经济科学出版社旗舰店
网址：http://jjkxcbs.tmall.com
北京季蜂印刷有限公司印装
710×1000 16 开 15.25 印张 280000 字
2020 年 9 月第 1 版 2020 年 9 月第 1 次印刷
ISBN 978-7-5218-1728-7 定价：68.00 元

序

伴随着分工与专业化不断深化，产品价值链分工成为继产业间分工、产业内分工之后的新型分工形态。全球价值链分工为发展中国家融入国际生产体系提供了一个切入点，在全球价值链分工中寻求自身经济发展，也是我国改革开放四十多年来经济增长的经验之一。但是，过度嵌入全球价值链也会带来一些问题，同时，中美战略博弈和新冠肺炎疫情冲击使全球价值链加速重构。因此，发挥大国优势，重构国内价值链，实现国内国际双循环相互促进的产业发展格局，将成为应对世界格局深度演化和开启我国现代化新征程的重要战略选择。

我国是一个典型的非均质后发转型大国，国内市场潜力巨大、区域梯度差异显著、制造业生态系统优势明显，具有构建国内价值链的天然优势。国内价值链重构是发挥大国优势和维护国家产业安全的重要基点，是实现要素整合和区域协调的重要手段。但是，国内价值链重构又是一个涉及多区域、多产业的系统工程，我国应该构建一个怎样的价值链空间格局，东中西部地区在我国价值链重构中应当承担怎样的角色定位等，是需要运用科学方法进行深入研究的重要问题。国内价值链重构将直接影响未来几十年我国的区际关系和区域地位。对于广大的西部地区而言，国内价值链重构是机遇还是挑战，要看西部地区在新一轮价值链构建中的表现。

成渝地区是引领我国西部地区加快发展的重点经济区，过去及今后相当长的一段时期内都是国内外产业转移的重要承载区。成渝地区地缘相近、人文相亲，在我国经济社会发展格局中一直占据非常重要的地位。2020 年 1 月，中央做出推动成渝地区双城经济圈建设的战略部署，将使该地区在引领西部地区高质量发展中发挥更大的作用。推进成渝地区双城经济圈建设，区域产业协同和高效集聚是最关键的内容之一。郭丽娟博士的著作《我国价值链重构与成渝地区产业转移研究》，从大国价值链重构视角审视区际关系与产业转移机制，系统研究我国价值链的空间形态和成渝地区产业转移升级问题，相信能够对成渝地区双城经济圈建设和我国区域协调发展提供有益的启示。我作为郭丽娟的博士研究生导师，通过长期接触，深刻地了解到，这部专著是在其对经济理论和经济现实问题持续地关注与思考下诞生的，倾注了一个具有经世济民情怀的年轻人的满腔热忱，体现了作者坚实宽广的理论基础和求真务实的探索精神，遂乐而为之序！

邓　玲

2020 年 6 月

前　言

在产品制造国际分工模式下，我国通过加入全球价值链实现了经济持续增长，但嵌入全球价值链的外向型产业发展模式在带来经济快速增长的同时，也使我国陷入被动追逐、形式模仿与低端锁定的状态。充分发挥资源异质性、产业梯度性以及规模经济优势，重构密切联系东部、中部、西部地区的国内价值链，是我国实现以价值链攀升为特征的产业升级和区域协调的根本路径。

国内价值链分工促进大国产业协同，也加剧区域产业差距黏性。实践表明，我国通过区际产业转移重构国内价值链的效果并不明显，东部、中部、西部地区产业对接并不顺利，尤其是我国西部地区长期定位于价值链低端承接和初级要素供给角色，产业承接的盲目性、被动性以及产业发展的初级化严重制约了国内价值链的功能提升、空间形态与网络构建。

我们应该看到，"十四五"时期，我国经济发展更具创新性、协调性和共享性，西部地区处在"一带一路"等新的开放格局中，在对外贸易、投资与产业升级中具有更大的优势与主动权。西部以成渝地区①等为代表的重点经济区已经具备构建优势产业国内价值链的基础和能力，西部实力强大的本土企业也能够成为国内价值链的构建主体。因此，西部地区如何以国内价值链

① 本书的研究涉及"成渝地区"和"成渝经济区"两个概念。如无特别说明，"成渝地区"均指包含四川省和重庆市全域范围的区域；"成渝经济区"指《成渝经济区区域规划》确定的重庆31个区县和四川15个市。

重构为契机，创新产业承接模式，科学评价产业转移效应，准确选择价值链融入环节，设计多元化与适宜性的价值链提升路径，争取在未来的国内价值链重构中占据关键环节和主导地位，成为新时期影响我国高质量发展的重要课题。

成渝地区是我国西部地区重要的经济地域单元，是引领我国西部地区加快发展的重点经济区，也是我国重要的城市群之一。“成渝地区的成长有特殊的历史与经济背景，其在中华人民共和国成立之后的40余年里均处于同一省级行政区内，成都和重庆一直是该地区重要的中心城市，是我国不多的双中心地区之一，‘成渝地区’这个提法自然而生。1997年重庆成为直辖市，与四川省同为省级行政区，成为影响成渝地区经济社会发展的重要社会背景之一。”① 成渝地区是四川盆地地理环境最好的地区，是在我国历史上长期形成的一个相对发达的内陆核心区域。成都平原早在2000年前就以“天府之国”著称，重庆在19世纪末就建立起了相对发达的资本主义性质工业，在抗日战争时期，重庆作为战时的陪都，成为当时的政治和经济中心。新中国成立后，成渝地区一直是国家的战略后方基地，经过“一五”计划、“二五”计划和“三线”建设时期大规模的工业化建设，成渝地区建立起了比较齐全的工业体系，成为国家重要的军工、国防和重化工基地。改革开放以后，尤其是西部大开发战略实施以来，成渝地区积极承接国内外产业转移，迅速成长为我国西部地区经济活动最为密集和综合实力最强的区域之一。2011年是成渝地区发展史上的转折点。2011年3月，国务院常务会议审议并通过了《成渝经济区区域规划》，明确成渝经济区的范围为重庆市31个区县和四川省15个市，② 将成渝经济区总体功能定位为全国重要的经济增长极、西部地区重要的经济中心和全国重要的现代产业

---

① 王如渊．成渝经济区发展研究——基于城市与产业的视角［M］．北京：商务印书馆，2015：1-2.

② 《成渝经济区区域规划》确定的成渝经济区范围包括重庆市的万州、涪陵、渝中、大渡口、江北、沙坪坝、九龙坡、南岸、北碚、万盛、渝北、巴南、长寿、江津、合川、永川、南川、双桥、綦江、潼南、铜梁、大足、荣昌、璧山、梁平、丰都、垫江、忠县、开县、云阳、石柱31个区县，四川省的成都、德阳、绵阳、眉山、资阳、遂宁、乐山、雅安、自贡、泸州、内江、南充、宜宾、达州、广安15个市，区域面积20.6万平方公里。

基地。2016年4月，国家发展和改革委员会、住房和城乡建设部联合印发《成渝城市群发展规划》，明确成渝城市群范围为重庆27个区县和四川省15个市，[①] 总体定位为引领西部开发开放的国家级城市群，强调了其对“一带一路”建设、长江经济带发展、西部大开发等国家战略的支撑作用。2020年1月，中央财经委员会第六次会议明确提出推动成渝地区双城经济圈建设，指出“推进成渝地区统筹发展，促进产业、人口及各类生产要素合理流动和高效集聚，强化重庆和成都的中心城市带动作用，使成渝地区成为具有全国影响力的重要经济中心、科技创新中心、改革开放新高地、高品质生活宜居地，助推高质量发展。”[②] 伴随成渝地区战略定位的逐步升级，成渝地区将在引领我国西部地区高质量发展和带动全国区域协调发展中发挥更大的作用。

在我国全面建设社会主义现代化国家新征程和新时代推进西部大开发形成新格局的关键时期，深入研究我国价值链空间形态和成渝地区产业转移问题，对推动成渝地区成长为高质量发展增长极，对建立我国区域产业协调新机制有重要的应用价值。本书不同于从全球价值链视角研究外向型产业功能升级问题，也不同于单纯探讨西部产业转移与升级问题，是从大国价值链重构视角审视区际关系与产业转移机制，剖析我国价值链的本质特性与空间形态，把大国价值链重构作为欠发达区域产业转移升级的理论框架和实践导向，系统研究成渝地区产业承接模式、经济效应与升级策略。本书将价值链理论与区域经济、产业经济理论相融合，将进一步丰富价值链理论及其在发展中大国的典型意义和理论价值，将对我国构建区域

① 《成渝城市群发展规划》明确的成渝城市群具体范围包括重庆市的渝中、万州、黔江、涪陵、大渡口、江北、沙坪坝、九龙坡、南岸、北碚、綦江、大足、渝北、巴南、长寿、江津、合川、永川、南川、潼南、铜梁、荣昌、璧山、梁平、丰都、垫江、忠县等27个区（县）以及开县、云阳的部分地区，四川省的成都、自贡、泸州、德阳、绵阳（除北川县、平武县）、遂宁、内江、乐山、南充、眉山、宜宾、广安、达州（除万源市）、雅安（除天全县、宝兴县）、资阳等15个市，总面积18.5万平方公里。

② 习近平主持召开中央财经委员会第六次会议［DB/OL］. 新华网，http：//www. xinhuanet. com/politics/leaders/2020－01/03/c_1125420604. htm.

产业协调新机制提供新的理论支撑。

本书针对主要研究的问题，形成以下六点结论。

（1）我国价值链重构中的新型区际关系。通过剖析后发转型大国国内价值链构建的本质特征与内在规律，反思垂直型产业间分工对区域产业协调升级的影响，探索价值链重构下的新型区际关系、区域产业落差的形成与演化及国内价值链驱动产业升级的机理，重新审视西部地区在国内价值链重构中的角色和功能定位。本书认为，传统的产业间垂直分工割裂产业关联，固化区域差距。大国价值链构建具有复合性、阶段性和动态性特点，国内价值链分工可以重塑区际关系，促进大国产业联动和区域协调，国内价值链分工体系下的本土企业能够成功实现功能升级和链条升级。大国具有发展多条复合产业国内价值链的可能性，不同产业的国内价值链可以由处于不同发展阶段的区域主导或承载。长期以来，西部地区在我国价值链重构中的主动作为未引起足够重视，仅将其定位于国内价值链低端承接和要素供给角色，西部地区价值链环节低端化制约了国内价值链的功能完善和网络运行。新时期进行以国内价值链重构为导向的价值链升级是西部转型升级的重要路径，西部应结合不同产业价值链初始位置、比较优势与升级潜能，选取不同的价值链切入点，进行主动性产业升级。

（2）价值链重构与区际产业转移。基于区域经济资源优化配置视角，界定了产业转移的内涵、功能和价值链分工下产业转移的新方式。笔者认为，产业转移是以区域势能差异和相互转换为基本前提、以区域空间相互作用机制为内在动力、以实现区域资源优化配置为最终目的的一种经济现象和空间现象。产业承接通过增值、优化和协调功能对区域经济发展产生作用，当前已进入以增值功能为主转向以优化和协调功能为主的阶段。价值链重构下区域产业转移主要体现为边际价值链环节转移、产业链式转移、龙头企业带动产业集群转移。边际价值链环节转移能较快提升承接地经济总量，推动工业化进程，却具有区域发展的短期带动性和不可持续性，易陷入产业升级的低端锁定陷阱。产业链式转移能快速整合区域内外优势资源，有效提升区域产业承载能力，但不同区域产业链构建与优化的方式存在差异。龙头企业带动产业集群转移能使承接地迅速形成产业集聚，带动本土配套企业，吸纳就业，但对承接地的产业基础和配套能力要求更高。

（3）我国价值链的空间分化特征和影响因素研究。本书运用综合指标构建、投入产出分析和计量经济学方法，考察我国价值链的空间分化特征以及不同区域产业国内价值链地位提升的影响因素。研究发现，我国制造业国内价值链空间形态存在地理邻近性和空间相关性，呈现出东部地区三大城市群内部、三大城市群之间和西部地区内部的空间集聚特征，跨越东、中、西三大区域的价值链空间格局尚未形成。东部省区对其他区域的显著带动能力主要体现在与资源供给密切相关的轻工业部门，且价值链关联主要局限于东部城市群内部。中西部地区原材料行业价值增值能力较强，西部部分省份已经具备主导部分优势产业价值链的能力，在电气机械及电子通信设备制造业、交通运输设备制造业等领域具有主导国内价值链的现实可能性。本书通过构建面板数据模型进行的实证分析显示，产业特性和区域特征因素显著影响国内价值链嵌入位置和增值能力，我国国内价值重构应高度重视区域与产业异质性特征，针对不同区域和产业，设计差异化的价值链升级路径。

（4）成渝地区承接产业转移的模式研究。本书结合成渝地区承接产业转移实践和典型产业案例，对成渝地区承接产业转移的模式及其经济效应进行分析；基于经济区的整体性和内部差异性，研究了成渝经济区“双核五带”承接产业转移的差异化模式。本书认为，承接边际产业转移仍旧是成渝地区承接产业转移的主要模式，成渝地区电子信息产业集群发展壮大、汽车制造产业生态圈的形成分别是龙头企业带动产业集群转移和产业链式承接产业转移的典范。成渝地区承接产业转移需服务于经济区产业升级和空间均衡的双重目标。基于这种认识，笔者研究了成渝经济区“双核五带”承接产业转移的差异化模式。成都、重庆“双核”采取跨区域协同创新模式、承接高端服务外包模式和圈层梯度扩散模式，建设创新型城市和国际化大都市。沿长江发展带是长江上游重要的生态屏障区，资源型和重化工业优势突出，应采取能源化工产业链向下延伸模式和生态型产业园区模式。成绵乐发展带采取跨梯度承接产业转移模式、装备制造产业“制造业＋服务业”承接模式，建设具有国际竞争力的产业和城市发展带。成内渝发展带与成渝“双核”有紧密的经济联系和产业互补关系，应采取系统配套“双核”的产业承接模式。成南渝发展带采取机械电子配套龙头企业模式、油气化工延伸产业链模式。渝广达发展带经济发展水平相对落后，承接产业转移应采取川渝产业合作园区模式和承接边际产业转移模式。

(5) 成渝地区承接产业转移的经济效应研究。笔者认为，承接产业转移对成渝地区经济发展的效应主要表现为自主创新效应和空间均衡效应，因此，本书从产业转移自主创新效应的实证分析、发达国家区域创新生态系统案例角度，对成渝地区产业转移的自主创新效应展开研究；从东中西三大区域板块、成渝经济区内部空间、成渝都市圈、区域性中心城市、县域中心镇等不同空间尺度，对承接产业转移的空间均衡效应展开研究。对产业转移自主创新效应的研究显示，成渝地区产业转移的创新溢出效应并不明显，产业转移溢出效应只是更显著地作用于技术水平较低的创新项目，成渝地区应建立多主体反馈、互联、协同的创新生态系统，同时探索差异化的产业升级路径。对空间均衡效应的研究显示，在整个国家地域空间上，成渝地区的产业承接避免了全国范围内的人口大规模流动和资源长距离运输，有助于我国人口、经济、资源和环境的空间均衡和区域协调。在成渝经济区内部，产业承接中的规划缺失或者引导失效加剧了经济区内部空间极化。在成渝经济区的核心地区，产业转移促进了成渝都市区功能提升和内涵式发展，通过开发区集聚触发都市区空间形态变迁和城市空间重构；对于成渝经济区的外围地区，产业转移间接影响区域性中心城市性质和职能，并推进了县域工业化和城镇化进程，使部分中心镇向中小城市演变。

(6) 成渝地区产业承接与价值链地位提升策略。产业承接与价值链提升是一个系统工程，本书从“产业、空间、主体、制度”四个维度构建成渝地区产业承接与价值链升级的策略体系。具体包括优势产业价值链对接的产业升级策略、城际价值网拓展的空间优化策略、本土企业价值链深化的企业转型策略、优化市场环境和制度成本的制度保障策略。

目　　录

第一章

我国价值链重构中的新型区际关系

区域失衡制约经济增长的协调性，传统的产业间垂直分工割裂产业关联，固化区域差距。本章剖析了后发转型大国国内价值链构建的本质特征与内在规律，反思了垂直型产业间分工对区域产业协调和产业升级的影响，探索了价值链分工下的新型区际关系、区域产业落差的形成与演化、国内价值链驱动产业升级的路径与机理，分析了价值链重构对西部地区产业升级的积极和消极影响，重新审视西部地区在价值链重构中的角色和功能定位。笔者认为，国内价值链分工可以重塑区际关系，促进大国产业联动和区域协调，国内价值链分工体系下的本土企业能够成功实现功能升级和链条升级，进行以国内价值链重构为导向的价值链升级是西部地区转型升级的重要路径。

第一节　国内价值链的内涵及特征

一、国内价值链的识别维度

价值链理论首先由迈克尔·波特（Michael Porter）于1985年提出。随后，寇伽特（Kogut，1985）提出价值增值链，明确了价值链各环节分工合作的特点；格里芬（Gereffi，1994）提出了全球商品链的分析框架；克鲁格曼（Krugman，1995）最早探讨价值链片段化和地理空间重组问题；格里芬和卡普林斯基（Gereffi and Kaplinsky，2001）、汉弗莱（Humphrey，2000）从价值链视角研究全球化过程并提出了全球价值链理论。国内价值链（National Value Chain，NVC）与价值增值链、全球商品链、全球价值链紧密联系又明显不同，我国刘志彪团队（2008）对其进行了较早研究，指出国内价值链是“立足国内市场需求，由本土企业掌握品牌、销售终端渠道以及自主研发创新能力等价值链的核心环节，产品价值链在整个国家内部布局和转移的网络体系和治理结构”。[①] 从其内涵可见，国内价值链构建的前提是面对国内市场和内需战略，目标是培育本土企业的国际竞争力，落脚点是全球价值链上的产业升级。已有研究指出，国内价值链中的本土企业或网络具有很强的功能升级与链条升级的能力（Humphrey and Schmitz，2004），构建良性运行的国内价值链是制造业实现产业升级并取得国际竞争优势的必要路径（刘志彪，2011），是实现区域间要素禀赋整合和区域协调的基本路径（张少军，2009），是顺应产业转移新趋势、发挥大国优势的战略基点（刘友金、胡黎明，2011），是保护民族品牌与维护国家产业安全的重要手段（吴华清、黄志斌，2009），更是跨越中等收入陷阱的必破之题（孙建波、张志鹏，2011）。

国内价值链的内涵有以下四个维度。

第一，国内价值链的治理主体是本土企业。国内价值链的治理主体与全球价值链有明显的不同。作为全球价值链治理者的主导性企业可以有国外跨国公司、外资代工企业和内资企业，国外跨国公司总部受制于国籍、国家利益边界以及外资代工企业基于成本因素进行“游牧式”经营，都不宜作为国内价值链培育的主体（刘志彪，2009），只有国内本土企业才有功能升级的动力，培育具有跨区域价值链整合能力的本土企业才是国内价值链重构的基本前提和最终目的。

第二，国内价值链的物质载体是投入产出关联。不同区域只有在某一产业领域针对某一产品存在价值链工序分工合作时，即存在投入产出的技术经济关联，才会产生区域间围绕价值增值的产业联系，才会形成国内价值链。考察一国内部区域间投入产出关联的方式、流向和流量是准确判断国内价值链发育形态的重要指标。

第三，国内价值链的空间表现是地理延伸。国内价值链的分工范围是一国疆域内部，大国具有资源禀赋的差异性、人力资本的异质性与技术进步的多元性特征，国内价值链必然是多个区域空间相互作用的结果。因此，国内价值链的地理延伸、网络结构、空间形态是反映国内价值链运行效率的主要指标。高效运行的国内价值链必定呈现密切交织的网络状形态。

① 刘志彪，张少军．中国地区差距及其纠偏：全球价值链和国内价值链的视角［J］．学术月刊，2008（5）：49－55.

第四，国内价值链构建的目标是产业升级与区域协调。要通过构建国内价值链培育我国的领导型企业，促进价值链附加值在区域之间的流动和增值；通过产业价值链在区域内部的延伸扩展，培育具有全球竞争力、能够主导全球价值链的优势产业；从价值链治理的微观视角，引导产业在区域之间的有效集聚，实现空间有效配置，用价值链引导区域均衡协调发展。

二、国内价值链构建的规律和特征

我国区域产业落差明显，具有构建国内价值链的先天优势，但异质性大国价值链构建具有内在的规律和特征。

第一，复合性。价值链重构是一个涉及多区域、多产业的系统工程，异质性大国具有资源禀赋、人力资本、区域与产业发展差异性与技术进步多元性特征，具有发展多条复合产业国内价值链的可能性，不同产业的国内价值链可以由处于不同发展阶段的区域主导或承载。因此，科学设计兼具差异化和多元化的价值链提升路径是异质性大国构建复合产业价值链的重要任务之一。

第二，阶段性。“大国国内价值链的构建需要整个国家所有区域之间进行价值链分工，这需要区域之间的交易效率提高到一定的临界值，而全国所有区域之间交易效率的整体性提高不是一蹴而就的事情”（张松林、程瑶、唐国华，2014）。如同“全球价值链在全球空间上呈离散分布格局，但分离出去的各个价值片段一般都具有高度的地理集聚特征”（张辉，2004）一样，异质性大国国内价值链的实现也呈现阶段性与区域性特征，国内价值链往往从交易壁垒较小、区域一体化程度较高的邻近区域开始形成，逐渐向外围扩散直至延伸到全国范围，并最终超越国界成为全球价值链的重要一环。因此，大国价值链重构必须重视“区域价值链——国内价值链——全球价值链”的时序演进与路径实现规律。

第三，动态性。源于区域、产业和企业自身生命周期运动，伴随区域分工格局深度重组和资本重新配置加剧，各区域主体都力求通过结构性调整提升价值链分工位势，以争取更有利的分工地位。价值链高端主体继续强化创新，回归智能制造和服务制造；能源资源类产业价值链低端主体着力延伸产业链以增加附加值；制造组装环节主体依靠比较优势抢占布局多条价值链。价值链主体分工位势变化必然引致国内价值链处于动态演变之中，因此，需要遵循国内价值链动态演变规律，设计基于不同阶段特征的政策支撑体系。

第二节　我国价值链重构中的区域协调新机制

一、产业间垂直分工与地区差距

（一）垂直型分工割裂产业关联

区域失衡制约经济增长的协调性，缩小区域差距是我国亟待解决的重要问题。研究表明，构成地区差距的主要源泉是产业落差（魏后凯，1997；范剑勇，2002），而单一联系的区域间垂直分工模式是造成产业落差扩大和产业结构超稳态化的根本原因。

一直以来，我国区域间分工模式以垂直型产业间分工为主导，体现为以“资源互补”和“产品互补”的原则在中西部地区布局能源资源指向性产业。如在“九五”计划中指出，“加强中西部地区资源勘查，优先安排资源开发和基础设施建设项目，逐步增加财政支持和建设投资；调整加工业的布局，引导资源加工型和劳动密集型的产业向中西部地区转移”，最终形成了沿海地区发展加工制造业、内陆地区进行能源资源供给的单一联系的垂直型区域分工格局。这种分工模式割裂了沿海与内陆的横向关联，加剧了区域产业结构趋同，阻碍了西部地区产业结构高度化动态演进，进一步扩大了区域差距。陈秀山、徐瑛（2008）对1996～2005年我国工业化过程中的制造业空间结构变动进行了分析，发现我国制造业空间分布呈现明显的“中心—边缘”结构和聚集为主、扩散为辅的态势，边缘地区所接受的扩散主要以低技术水平的劳动密集型和资源密集型传统行业为主，这样的产业空间结构调整过程阻碍了区域分工合理化提升，阻碍了区域协调发展的进程。①

（二）垂直型分工导致产业低端化和空心化

垂直型分工导致区域间产业关联的方式表现为单向的产业顺梯度转移，对欠发达地区带来较大的风险。

---

① 陈秀山，徐瑛．中国制造业空间结构变动及其对区域分工的影响［J］．经济研究，2008（10）：105－117.

第一，欠发达地区往往初级生产要素富集，而高级生产要素缺乏，这使得发达地区和欠发达地区经济互补性长期存在，在这种情况下，发达地区易于将低端产业转移至低梯度地区，而与初级生产要素相结合，欠发达地区也乐意基于要素成本优势承接低端产业，因此，产业顺梯度转移进一步固化了既有的产业垂直型分工格局，导致低梯度地区产业升级的低端锁定。同时，梯度转移的主体往往是高梯度地区趋于成熟的产业，成熟期的产业技术如果不及时进行创新，将很容易失去原有活力。欠发达地区承接了这类产业后，由于没有能力投入较大的财力、人力、物力等进行技术改造和新产品研发，就不能实现成熟产业的创新，成熟产业很容易进入衰退期。

第二，顺梯度转移还体现为低端产业集群的转入。低端产业集群转移会在短期内带来产业承接地经济总量的增长，但由于产业集群的根植性不强，与当地企业交流联系较少，本地企业很难获得溢出效应和学习效应，一旦移入地区位条件发生变化，低成本的比较优势丧失或者被其他地区替代时，低端产业集群就会集体向别处转移，极有可能带来产业承接地的产业空心化，这将进一步扩大区域之间的产业纵向发展差距。

二、价值链分工下产业落差形成及演化

（一）区域产业落差的识别与度量

传统的对区域产业落差的理解主要集中在三个方面。一是地区差距的产业源泉，认为地区差距主要源于地区产业结构的失衡、产业成长和产业空间集聚的差异，主要运用地区产业的产值份额、区位商、基尼系数和泰尔指数分解（敖荣军，2007；干春晖、郑若谷，2010）进行度量和识别。二是将地区差距理解为地区产业结构差异、地区产业专业化差异，通过单一指数在上下限区间的相对位置判断地区产业集聚水平高低，进而间接考察地区产业发展差距，研究方法有：地区专业化系数（樊福卓，2007）、产业结构相似系数（UNIDO，1979），γ系数（Ellison and Glaeser，1997）、相对专业化指数和地区间专业化指数（范剑勇，2004）、胡佛地方化系数（Hoover，1936；白重恩等，2004）、克鲁格曼指数（Krugman，1991）、产业地理集中指数（Ellision and Glaeser，1997）等。三是用产业梯度（戴宏伟，2006）和区域产业竞争力差异（陈红儿、陈刚，2002；王文普，2013）表征产业落差。

传统的对区域产业落差形成机制和影响因素的理解集中在以下几个方面。

如地区初始经济水平和技术创新能力差异、区域比较优势和规模经济、运输成本、地方保护主义、区域产业布局、国家产业政策的影响等。产业落差缓解与产业协同机制包括推进产业集聚和东中西部工资趋同（范剑勇、张涛，2003），促进西部地区制造业发展和全球化参与水平，优化落后地区产业结构，推进区域产业转移等。

（二）价值链分工下区域产业落差新的内涵

伴随价值链在全球范围内深度重组，产业分工方式发生深刻变革，产品内价值链分工代替产业间分工、产业内分工成为主流分工形态。我国作为一个典型的非均质后发转型大国，产品价值链在国内区域间布局和延伸形成的国内价值链构成区域产业分工的主要方式。国内价值链分工作为新型主流分工形态，对大国区域协同的重要性日益凸显，其在为大国产业联动和区域协调创造机遇的同时，也导致区域差距黏性。在国内价值链深度重组和我国深入实施区域发展总体战略背景下，中国区域产业落差缓解与产业协同将会是较长时期面临的主要问题，国内价值链分工下的区域产业落差被赋予了新的内涵，产业协同机制有新的轨迹。剖析国内价值链分工下产业落差新的内涵、形成和演化机制，探究区域产业协同的方式和路径，不仅有助于实质性推进我国区域经济协调发展，更对中西部等后发展地区产业升级有重要的理论意义。

笔者认为，国内价值链分工下区域产业落差的本质是，由于各区域在产品价值链分工中所处地位不同，导致了直接或间接参与最终产品生产所获得的增加值收入的差别，也即某区域在产品价值链分工中获利能力的差别。这种差别体现在区域创新能力、生产制造获利能力、主导企业治理能力、品牌与服务能力等价值链环节各个层面。价值链分工对生产率和产业竞争力影响显著（Egger，2001；王中华，2010）。一方面，价值链分工是一个“双赢”的过程，通过知识携带（Yang，2006）、技术转移、非计划溢出及示范（Stamm，2004）、业务关联（UNCTAD，2006）、干中学和组织演替（Gereffi and Memedovic，2003）促进跟随者升级；另一方面，价值链深化将强化地区间相互依赖和地区劳动分工不平衡（孙文远，2006），导致地区差距黏性（武建强，2008）。在产品内垂直分工体系下，同一产品的不同工序分布在全球各地进行，高梯度地区仅仅控制研发等高端环节，而将标准化产品生产制造环节转移至低梯度地区，低梯度地区对发达地区技术依赖程度更高，往往失去技术升级的动力和能力，产业依附性也将更强。在我国价值链空间重组背景下，各区域应结合不同产业价值链初始位置、区域差异及产业特性，设计多元化升级路径。

三、国内价值链的区域协调功能

依附型的垂直型产业分工造成了我国西部地区的资产专用型和沉没成本，被固化的资源主导型产业结构弱化了西部地区的资本积累能力。嵌入全球价值链中低端的东部地区缺乏带动西部内陆地区联动发展的能力，难以实现东中西部的良性互动。与之相反，国内价值链重构可以促进区域分工深化和区域协调。多数实证研究表明，中国产业升级的大国雁阵模型已经形成，我国已经具备国内价值链分工的现实基础（蔡昉，2009；唐根年，2015；黎峰，2016），构建国内价值链是实现区域合理分工的有效途径（周密，2013；刘明宇、芮明杰，2011；高煜，2012；刘广生，2011）。国内价值链是价值链在一国内部不同区域之间的延伸与布局。我国不同区域资源禀赋和产业发展梯度大，能够支持不同层次的产业发展，促进区域分工的纵向深化。国内价值链重构充分利用了国内市场，中西部地区通过顺利承接东部产业转移，可以与东部发展的总部经济一同形成一体化生产和治理结构。只有构建起国内价值链，才能实现东部地区的高端化和西部地区资源的合理利用，打破现有区域间和产业间的纵向分工体系，促进国内各地区的均衡发展和收入合理分配，最终形成基于一国内部的良性循环的现代产业体系。

第三节　国内价值链驱动区域产业升级机理

一、价值链分工下产业升级的内涵

传统的产业升级有两个内涵。其一是产业之间的升级，即产业结构根据经济发展的历史和逻辑序列从低级水平向高级水平发展，体现为整个产业结构由第一产业占优势比重逐渐向第二产业、第三产业占优势比重演进，由劳动密集型产业占优势比重逐渐向资金密集型产业、技术知识密集型产业占优势比重演进，由制造初级产品的产业占优势比重向制造中间产品、最终产品的产业占优势比重演进。其二是产业内的升级，是指某一产业内部的加工和再加工程度逐步纵深化发展，实现高加工度化与技术集约化的过程，是一种产业深化。对产业升级的度量主要用地区生产总值、三次产业增加值比重、高新技术产品产值比重、劳动力就业比重等指标表示。

伴随价值链理论的深化，尤其全球价值链理论的发展，国内外学者开始用全球价值链理论对产业升级的过程和路径进行实证研究，产业升级也被赋予了新的内涵。卡普林斯基和莫瑞思（Kaplinsky and Morris，2002）将价值链下的产业升级过程总结为流程升级、产品升级、功能升级和链条升级；斯韦特兰娜（Svetlana，2005）将价值链升级解释为改善过程效率、引入新产品或改善现有产品、改变价值生产活动区域范围和转换为新的价值链的行为；而有的学者提出“升级”是指本地企业嵌入生产网络、向国际化公司学习得以提升在全球生产网络或GVC中位置的行为（YungKai Yang，2006）。格里芬（1999）将价值链下的企业升级路径描述为委托组装（OEA）、原始设备制造（OEM）、原始设计制造（ODM）、自主品牌制造（OBM）四个升级过程。卡普林斯基（Kaplinsky，2000）认为各种优势禀赋带来的“经济租”是全球价值链收益的来源。陈羽、邝国良（2009）认为产业结构升级与链条升级一致，只是价值链升级的一个部分，价值链升级的难度更大；周绍东、张耀辉（2002）认为价值链系统中产业升级实质是产业创新的过程。刘志彪（2000，2010）指出价值链视角下产业转型升级有三个更为重要的内容：提升在全球价值链中的地位，拉长和拓展已有的产业价值链，提升块状经济的集聚水平。刘冰（2015）提出了“价值节点—产品价值片段—行业价值链条—产业价值网络—国家价值空间”的升级步骤。

可见，“价值链”升级更接近产业升级的本质，既包括产品内升级、产业内升级，也包括产业间升级，最终目的是实现价值链高端环节攀升和更高功能价值链条转换。

二、国内价值链主导的产业升级过程

国内价值链主导的产业升级过程遵循价值链下产业升级的一般路径。这里运用工艺流程升级、产品升级、功能升级和价值链条升级过程（Kaplinsky and Morris，2002）解释国内价值链下的产业升级框架。

工艺流程升级指通过改变价值链中的生产加工环节实现效率与效益的提升，主要方式是采用新技术或者对工艺流程进行更科学的规划；产品升级是企业通过采用新技术提高已有产品的功能和效率，或者生产新的产品，实现产品品质与种类的提升，实现与市场竞争对手的差异化；功能升级是指企业通过对价值链的环节进行重新组合，从低附加值环节提升至高附加值环节，获取更多的竞争优势；价值链条升级指某个产业的价值链条发生了整体的升级，从一条链条转移到另外一条价值更高的链条上。一般情况下，基于价值链的产业升级都是从工艺流程升级开始，历经产品升级和功能升级，最终实现价值链条的升级。在某些特殊的情况下，产业升级也可以实现跳跃式的升级，不遵循传统的线性流程。但是，产业升级的基本前提是要融入价值链中，只有融入了价值链才有通过价值链环节的转变实现产业升级的可能性。国内价值链下产业高端升级的方向分别为沿技术能力和市场能力向价值链两端提升，价值链提升的三个层次由低到高分别为主导国内价值链、高端嵌入全球价值链、引领全球价值链，在全球价值链上获取价值链治理是产业升级的最终目标。

国内价值链与全球价值链升级机理和路径相同，均会顺次或跳跃经历工艺流程升级、产品升级、功能升级和价值链条升级的自动递进升级框架。然而，国内外学者在大量实证研究中发现，融入全球价值链底部的后进经济体很难在发达国家主导的全球价值链下实现价值链攀升和产业升级；相反，起初定位于全球价值链低端，后来转型为构建根植于国内价值链体系的后进国家和地区的企业，却比较顺利地实现了以价值链攀升为特征的产业升级，形成了一定的国际竞争力。研究表明，国内价值链可以通过关联效应、共享效应和竞争优势实现功能升级和链条升级（张少军，2009）；通过信息流动、知识溢出和动态学习实现产业协调升级；面向国内市场的产业集群和专业市场，能够实现集群功能升级并孕育国内价值链主导企业（钱方明、唐铁球，2015）。

三、NVC 与 GVC 框架下产业升级路径比较

大多数案例研究表明，嵌入全球价值链（GVC）能为落后国家提供更多升级机会（Feenstra，1998；Memedovic，2004），但是，GVC 驱动可能加剧产业升级的波动性（刘仕国等，2015），依附型的全球价值链治理结构和其中的非对称性力量，会导致发展中国家产业集群在升级过程中被锁定（Kaplinsky，2000；Pack，2001；Messner，2004；Schmitz，2004；Peter，2008）。与此同时，部分学者对巴西鞋业和家具业产业集群的研究发现，存在于国内价值链准科层治理结构中的制造商更能实现设计、品牌和营销的功能升级（Bazan Alemán，2004），国内和区域价值链能提供更大的升级机会、更高的附加值空间，更好的收益和更难被复制，尤其是设计、营销和品牌环节（Navas - Aleman，2010）。对韩国和我国台湾等新兴经济体的研究表明，新兴经济体均是在本土市场建立起强大的品牌后，利用原始设备制造去扩张市场并熟悉国际市

场（Julian Ming－Sung Cheng，et al.，2005）。

由于国内价值链是基于本土市场而构建的，因此，国内价值链与全球价值链框架下产业升级的过程表现出一定的差异。在全球价值链下，企业的品牌构建能力、研发、自主创新能力以及销售终端的控制能力均较弱，这源于在全球价值链分工体系下参与企业的全球性，高附加值环节已被先进厂商所控制，本土企业很难再进入。在全球价值链体系下，国内企业往往依赖跨国公司的订单保持继续获利的能力，国际厂商容易通过撤单、关键技术封锁等阻碍国内企业升级。而国内价值链是基于国内本土需求市场，始终重视企业的品牌和销售终端渠道以及自主研发创新能力，国内价值链中的企业是产业链中的主导企业，自主性和控制性均较强。通过比较分析，在全球价值链分工体系下，企业往往很难直接实现产业功能升级和价值链条升级，而在国内价值链分工体系下，企业能够实现由中低附加值环节向高附加环节的攀升。

第四节　我国价值链重构与西部地区产业升级

一、我国价值链空间重构的两种观点

关于我国价值链构建的空间模式，目前学术界有两种主流观点。

第一，基于劳动地域分工的东高西低型构建模式。价值链重构需要空间实现载体，国内学者的主流观点普遍认同以东部为主导、中西部为外围的国内价值链空间格局（刘志彪、张少军，2009；易顺、韩江波，2013）。从具体价值链环节布局看，东部侧重研发、设计、品牌等核心价值环节，中部侧重少量研发、集成、关键部件制造等中间价值环节，西部侧重原材料、组装等外围价值环节（赵西三，2010；韩艳红、宋波，2012）。从具体策略来看，东部沿海地区利用在位优势发展总部经济和创新经济，摆脱“低端锁定”的困局，中西部地区利用劳动力等资源禀赋和东部地区已有的制造业发展经验，积极承接产业转移。不难发现，当前普遍认同的东、中、西部地区梯次推进的价值链构建格局实质是以区域发展水平表征价值链环节水平。

第二，多元化与差异化的价值链构建模式。这种观点认为，国内价值链构建的东、中、西部地区梯次推进路径并不现实，应根据不同区域类型实行多元化的价值链提升路径（周密，2013）。西部不同产业要根据自身特征选取不同

切入点对接全球价值链，延伸国内价值链（刘友金、胡黎明，2011），通过发展知识密集型服务业集群实现对东高西低型产业价值链区域分布模式的跨越（詹浩勇、冯金丽，2015）。这种观点认为，西部地区有竞争优势的企业和产业可以主导国内价值链。

笔者认为，非均质大国价值链构建的具体模式并不唯一，大国具有发展多条产业价值链的可能性，不同的价值链应由相应区域主导或承载。国内价值链构建模式的选择应充分考虑我国不同区域、不同产业的异质性特征，在科学评价我国不同区域、产业的价值链环节水平和价值链空间形态的基础上，提出国内价值链的构建模式。这也正是本书探讨的重点问题。

二、价值链重构与西部产业升级的内在关联

我国价值链重构对西部地区具有积极影响。价值链重构与西部产业升级密切相关，国内价值链重构是西部产业升级的内在要求和重要方向，进行以国内价值链为导向的价值链升级是西部产业转型升级的重要路径。长期以来，西部地区对中、东部的经济联系一直处于单向输出的要素供给者地位，产业发展的内向性使产业发展的需求拉动不足，与东部地区的产业联系被割裂，产业升级途径受阻。构建国内价值链可以缓解东部地区商务成本上升、资源环境压力增大、产业升级空间受阻的问题，东部地区制造加工环节向西部地区转移；西部与东部建立起以产品价值链为联系纽带的价值链关联，有利于中西部地区突破产业发展困境，使西部地区进入全国产业发展的内部循环，建立东中西部区域间多元化分工体系。价值链分割生产模式下东部地区产业不完全转移有利于实现中西部产业上位（任金玲，2011）。

价值链重构对西部地区产业升级也带来一定的挑战。实证研究发现，我国制造业发展的“中心—边缘”结构日益显著且不可逆，处于边缘地位的西部省区在一定时期内还无法回避发展较为低端的产业以及承担东部地区产业转移的现实（毛琦梁等，2013）。中西部地区由于技术能力和市场能力不足，嵌入全球价值链和国内价值链均易陷入双重受控的低端锁定（王海杰、吴颖，2015）；产业转移对象片段化将会挤压西部产业技术提升空间，丧失技术创新的能力和努力（刘友金、吕政，2012）。

更为重要的是，西部地区产业升级对我国价值链重构意义重大。西部产业发展水平关系到国内价值链构建的模式与运行的效率，以西部为代表的后发展地区价值链环节低端化将制约国内价值链的功能完善和网络运行，需要通过西

部产业转型升级进一步完善和提升国内价值链。西部地区进行产业价值链升级，加强东部、中部、西部地区之间产业互动和对接，有助于改变我国东部、中部、西部垂直分工模式，形成相对均衡的区际产业分工格局，有助于改变我国国内价值链链条短、断链多、关键环节缺失、未形成网络的结构特征。“十四五”时期，我国经济发展更具开放性、包容性、共享性，西部地区处在“一带一路”等新的开放格局中，西部可以在哪些优势产业领域构建自己主导的国内价值链，重新审视西部在我国价值链重构中的角色定位，将成为新时期西部等欠发达区域产业价值链升级的重要课题。

三、西部在我国价值链重构中的角色定位

从学术研究来看，国内学者对西部地区产业转移与产业升级问题进行了大量研究，研究支撑了产业转移对东西互动和区域协调的积极作用（陈栋生，2008；范剑勇，2008）。但是，越来越多的研究也关注到传统产业转移方式对西部发展的不利影响。如梯度转移使西部面临低端锁定和资源依赖（谢丽霜，2009）、陷入生态困境（何龙斌，2010）和“企业转移陷阱”（刘红光，2011），形成产业升级阻滞（刘友金、吕政，2012）。部分学者开始思考西部在产业转移中的突破路径，如构建基于能力结构和能力提升的产业对接模式（杨俊生，2010）；进行产业链空间整合，实施以价值链为基础的链式化转移与承接（程李梅，2013）；探索增加区域产业承载能力与减小资源环境压力的产业承接与升级路径等（胡新，2015）。

从西部地区产业转移和价值链构建的实践来看，长期以来，西部省（区、市）在我国价值链重构中的主动作为未引起足够重视，仅仅将其定位于国内价值链低端承接和要素供给角色，忽略了西部地区产业主动升级对国内价值链的提升和完善功能。当前普遍认同的我国东、中、西部地区梯次推进的国内价值链构建格局实质是以区域发展水平表征价值链环节水平，这意味着将西部省份再次置于国内价值链的低端环节，并使之处于国内产业分工不利地位。事实证明，西部产业价值链环节的低端性和产业发展的盲目性一定程度会制约国内价值链的重构效果。当前西部地区处于“一带一路”建设等新的开放格局中，在对外贸易和投资中具有更大的优势和主动权，西部地区四川、重庆、陕西等省市已经具有构建部分优势产业国内价值链的能力，西部省（区、市）实力强大的本土企业也可以成为国内价值链的构建主体，西部省（区、市）也可以在部分优势产业领域占据国内价值链的高端环节或核心环节。因此，国内价

值链构建的具体模式要结合不同区域发展差异性和不同产业发展特征进行具体论证，西部省（区、市）应结合不同产业价值链初始位置、比较优势与升级潜能，选取不同的价值链切入点，进行主动性产业升级。

简单套用梯度转移理论的产业转移路径会形成产业升级阻滞，西部地区要实现对原有基于劳动地域分工而产生的东高西低型产业价值链区域分布模式的跨越，以国内价值链重构为空间导向，遵循价值链动态演化规律，实施以产业链为基础的产业链式转移与承接。一方面，通过接受沿海产业内迁，从事东部发达省（区、市）转移出的低附加值环节融入国内价值链；另一方面，通过具有比较优势和竞争优势的产业集群高端嵌入并主导国内价值链。

第二章
产业转移与区域经济发展

区域经济发展是区域内总产出不断增加、区域产业结构及空间结构不断优化、区际引力与辐射能力不断提高的过程。① 产业转移与区域经济发展呈协同演进关系，产业转移是提升区域竞争力的主要动力之一，区域经济发展是产业转移发生的前提，高速度、高质量的区域经济发展水平反过来又会推动以优化升级为目标的区域产业转移。本章梳理了产业转移的概念和理论渊源，基于区域经济资源优化配置视角，重新界定了产业转移的内涵，分别阐释产业外移和产业承接对区域经济发展的作用机理。本书认为，产业外移对区域经济发展的促进作用主要体现在以优化功能为主形成的区域自我强化机制；产业承接通过增值、优化和协调三大核心功能对区域经济产生作用，三大功能在区域不同发展阶段所起的作用不同，当前已进入以增值功能为主转向以优化和协调功能为主的阶段。

第一节　产业转移的定义及理论渊源

一、产业转移及其相关概念辨析

（一）产业转移的定义

产业转移问题历来受到国内外学者的广泛关注，但产业转移的概念迄今尚

① 王建廷．区域经济发展动力与动力机制［M］．上海：上海人民出版社，2007：1－2.

无统一的定义，只是在一般意义上认同产业转移是产业的空间转移或空间迁移现象。对产业转移的概念界定主要有以下几种观点。

张可云（2001）在《区域大战与区域经济关系》一书中提出了“区际产业转移”的概念，认为区际产业转移是除区际商品和要素流动外，区域经济联系的另一种重要形式。区际产业转移既是对区际商品贸易与区际要素流动的一种替代，又可促进劳动力、资本与技术在区域间的流动。[①] 羊邵武（2008）认为产业转移是某一产业从产业成熟区域向产业潜力区域转移，是某一产业在空间布局上的移动。他认为产业区域间转移的依据不是区域经济的发达程度，而是“区域内某一产业发展的成熟程度”，同样包括欠发达地区的成熟产业向发达地区转移。[②] 江世银（2010）对产业转移的定义比较全面，认为产业转移是某一国家或地区从促进自身产业发展的角度出发，在资源供给或产品需求条件发生变化后，本国或本地区的企业按照区域比较优势的原则，通过跨区域直接投资、国际贸易、技术转移、建立营销网点或加工点等方式，将处于创新阶段的少数产业、产品，处于成长阶段和成熟阶段的大部分产业、行业、产品以及处于衰退阶段的绝大部分产业、行业和产品的生产、销售、研究开发甚至企业总部转移到另一个国家或地区的一种经济过程。[③]

关于产业转移的定义，目前被普遍接受和认同的观点是，产业转移是指产业在区域间的转移，是由于资源供给或产品需求条件发生变化后，某些产业从某一地区或国家转移到另一地区或国家的一种经济过程。[④]

（二）产业转移与产业承接

产业转移与产业承接是同一事物的两个方面，二者都属于广义产业转移理论的研究范畴。对产业转出地来说是产业转移，而对于产业移入地，就是产业承接，没有产业承接，则不能构成产业转移。但是二者又有本质的不同，产业转移强调产业在空间上的位移过程，产业承接强调的是欠发达国家或地区对高势能和高梯度国家或地区的产业进行主动或被动的接纳，从而实现区域产业结构优化升级的过程。产业承接更加强调承接地的主观意愿和长期发展战略。

---

① 张可云．区域大战与区域经济关系［M］．北京：民主与建设出版社，2001：273.

② 羊邵武．产业转移战略论［M］．成都：西南财经大学出版社，2008：17－18.

③ 江世银．四川承接产业转移，推动产业结构优化升级［M］．北京：经济管理出版社，2010：12.

④ 陈建军．中国现阶段的产业区域转移及其动力机制［J］．中国工业经济，2002（8）：37－38.

（三）产业转移与企业扩张、企业迁移

企业扩张是指企业在成长过程中规模由小到大、竞争能力由弱到强、经营管理制度和企业组织结构由低级到高级的动态发展过程。① 企业扩张包括企业经济规模扩大和企业经济空间拓展，即企业空间扩张，是企业在更大区位内进行资源的优化配置的过程。企业空间扩张的动因有获取规模经济降低生产成本，通过交易成本内部化进行成本控制，获取范围经济效益进行多元化经营等。企业扩张方式主要有价格联盟、横向一体化、纵向一体化、动态联盟等。

企业迁移是企业从一个地域向另一个地域迁移的行为，包括企业整体迁移，企业总部、研究与开发机构、生产单位等的部分迁移以及扩张型迁移。企业迁移分为绝对迁移和相对迁移。绝对迁移是企业现有生产经营机构和能力从一个地区完全迁移到另一个地区；相对迁移是对企业新增生产能力、现有组织布局的调整。企业空间扩张等同于企业相对迁移。

可以看出，企业空间扩张是产业转移的内源动力之一，企业迁移是产业转移的构成要素之一。但单个企业的孤立行为并不构成产业转移，只有一定规模的企业空间扩张和企业迁移，引起产业在转出地和移入地的空间变化，并在移入地形成一定的规模时，才称之为产业转移。企业迁移是微观层面企业的具体行为，该企业可能是与同产业或行业中集体企业的一致行为，或是该企业单独的行为；而产业转移是宏观层面产业的整体行为，是一个产业或行业中全部企业或绝大部分企业的整体移动。产业转移对产业移出地和移入地的产业升级和区域发展意义重大，区域内的非龙头企业依据自身决策进行的迁移对区域发展的影响微乎其微。

（四）产业转移与国际贸易和投资

国际贸易是不同国家和地区的商品或劳务交流活动；国际投资是跨国公司等国际投资主体对资本进行跨国界流动和营运，以实现价值增值的经济行为。不同国家或地区之间进行的贸易和投资活动，往往构成国际产业转移的主要表现形式，二者很难进行截然区分。但是，产业转移作为区域产业分工格局演进和区域产业结构优化升级的主要推动力，单纯的贸易和投资往往是零星的和间断的，并不足以引起一国或地区产业结构的质变，所以，个别企业的对外投资行为并不构成产业转移，因为对于产业移出地区而言，产业转移是指“同一产

① 金晓燕，陈红儿．企业空间扩张概念内涵新探［J］．黑龙江对外经贸，2006（4）：77－79.

业范围内的企业群在一定时期内，各自将产品技术水平相近的产品生产共同对外转移，以至产业规模明显下降甚至消失，或者虽维持本地产业规模，但通过对外投资使本地产业规模明显小于移入地的行为。”①

（五）产业转移与技术转移

技术转移指国家的技术输入与输出，包括技术的组合、移植、传递、交流和普及。伴随着产业转移，资本、人才、技术等生产要素在区域间进行流动与配置，可见，技术转移只是产业转移的部分内容。但是，技术转移与其他生产要素流动的区别是，技术是一种潜在的生产力，在适当的条件下就可以变成现实的生产力，产业转移承接地通过对转移技术的引进、消化、吸收与创新，可以提升自身产业技术水平，促进产业结构向高度化转变。对技术转移的利用程度是检验产业转移成效的重要指标之一。

二、产业转移的理论基石

20 世纪以来，特别是第二次世界大战后，国际经济合作与一体化具有了前所未有的良好外部环境，国际产业转移真正进入了高潮期。尤其是以日本为代表的东亚、东南亚国家与地区，一方面已经普遍具备了经济起飞的底蕴储备，另一方面又在基础水平、外部条件上呈现出较为明显的梯度格局。因此，伴随着各国家与地区经济的次第腾飞，一个持续数十年的产业跨国转移现象自然呈现，为产业转移问题的研究提供了丰富的现实素材。也正是在这个时期，国际范围内对产业转移问题有代表性的研究成果不断涌现，一些获得广泛认可的经典理论大都诞生于其间。

经典的产业转移理论，基本上都围绕着一个核心问题展开——为什么会出现产业转移。在求解产业转移的产生动因和什么样的产业需要被转移等问题的基础上，学者们致力于探寻产业转移的内在规律。

产业转移理论最早可以追溯到古典贸易理论。古典贸易理论从劳动生产率、资源禀赋差异的角度，探讨了国际贸易产生的原因和国家之间的最优贸易模式。国际贸易是产业转移的主要方式之一，古典贸易理论自然成为指导产业转移实践的基础理论之一。古典贸易理论中的比较优势理论是国际产业转移的理论基石，主流的产业转移理论在很大程度上是比较优势理论的一种延续和发

① 展宝卫．产业转移承接力建设概论［M］．济南：泰山出版社，2006：11－12.

展。赤松要、刘易斯、弗农、小岛清、邓宁等人的产业转移理论与比较优势理论有着不可分割的联系，其共同点是都把产业转移的根本动因归结于不同国家比较优势的差异性，或者不同产业在特定发展阶段对所在国要素条件的不同要求。

亚当·斯密（Adam Smith，1776）提出的绝对技术差异论奠定了比较优势理论的基石。他在《国民财富的性质和原因的研究》一书中指出国与国之间进行贸易的直接原因是两国同一产品的价格差，每个国家均生产并出口本国劳动生产率高于别国的“比较优势”商品，进口本国劳动生产率低于另一国的“比较劣势”商品。而大卫·李嘉图（David Ricardo，1835）在《政治经济学及赋税原理》一书中提出的相对技术差异论则进一步发展了该理论，他提出倘若两国之间有一国各种产品的劳动生产率均超过另一国，那么先进国将生产并出口自身劳动生产率优势较大的产品，进口自身优势较小的产品；落后国则出口自身劣势较小的产品，进口自身劣势较大的产品。进入20世纪后，两位瑞典经济学家赫克歇尔和俄林（Heckscher，1919；Ohlin，1933）对比较优势理论做出进一步的拓展，指出比较优势不仅包括生产技术优势，同样也包括要素禀赋优势。由于各国资本、劳动力、自然资源等外生的要素禀赋状况不同，因此一国将生产并出口较密集地使用其具有较丰裕生产要素的产品，进口较密集地使用其稀缺生产要素的产品。

产业转移的微观主体是企业，在中观层面表现为产业的转移，在不同区域层面，产业转移又是不同梯度区域之间发生联系的渠道，因此，可以从主流的产业转移理论、空间视角的产业区位理论和区域空间结构理论、企业层面的企业空间扩张理论等层次梳理产业转移相关理论。下面对产业转移相关理论做简要的回顾和评析。

三、主流的产业转移理论

（一）“雁行模式”理论

较早涉及产业转移理论的是日本学者赤松要于20世纪30~70年代提出并不断完善的“雁行模式”理论。

“雁行模式”理论最根本的含义是：后进国家在赶超先进国家的过程中，落实到具体的产业层面，会遵循一种“进口—国内生产—出口”的模式。在最开始的阶段，后进国家该产业发展薄弱，大量进口并消费国外产品，形成了一个进口高潮。在第二个阶段，后进国家通过引进学习国外技术，逐渐将这一产业本地化，通过国内生产替代进口，达到国内生产的高潮。在第三个阶段，后进国家该产业发展已经较为成熟，并且利用自身的劳动力和资源优势，反而向外出口产品，形成一个出口的高潮。从较长时间范围来看，这一产业在后进国家的进口、国内生产、出口先后达到高潮，体现在横轴为时间、纵轴为市场的直角坐标轴上，就构成了三条先后继起的曲线，类似于雁阵中三只飞翔的大雁，因此称为“雁行模式”理论。“雁行模式”理论实质上间接说明了产业由较发达（高梯度）国家转移到本国（中梯度）、再转移到不发达（低梯度）国家的转移过程。

“雁行模式”理论作为后进国家的追赶战略，对二战后日本、东亚各国的产业发展产生过重要的历史作用和影响。如二战后的东亚地区，率先发展的日本将不具比较优势的产业转移至“亚洲四小龙”地区，“亚洲四小龙”发展起来后又将其转移至东南亚国家和我国沿海地区，各国的国内生产和对外出口先后达到高潮。“然而该理论也存在一定的缺陷，该理论所倡导的产业分工实质上属于典型的垂直型分工模式，处于雁阵低梯级的国家在国际分工中始终处于不利地位，发展中国家只能跟在发达国家后面调整产业结构，而不可能赶上发达国家。”①

（二）产业梯度转移理论

产业梯度转移是产业转移理论中占据主流地位的理论，并曾经在我国产业转移实践中起主导作用。产业梯度转移扮演着发展传播的角色，在有限的时间段内，任何区域不可能在无传播产业的基础上突然起飞，产业梯度转移是落后地区实现跨越式发展的先决条件之一。

梯度理论最早由我国学者何钟秀、夏禹龙等（1983）提出，他们从技术的梯度性出发，认为我国应该自觉地按照技术梯度，让一些有条件的地区首先掌握世界先进技术、然后逐步向“中间技术”地带、“传统技术”地带转移。随着经济的发展，通过转移的加速，逐步缩小地区差距。② 这种技术梯度传递，实际上是一种技术普及工作，即“把先进地区的科学技术和生产水平推向和转化为社会的平均水平，把先进地区的劳动生产率普及、转化为社会平均劳

---

① 王云平．产业转移和区域产业结构调整［M］．北京：中国水利水电出版社，2010：43－44.

② 夏国龙，刘吉，冯之浚等．梯度理论和区域经济［J］．科学学与科学技术管理，1983（2）：5－6.

动生产率。”[①] 之后，众多学者在梯度理论基础上发展了区域经济梯度推移理论。

戴宏伟（2003）认为产业梯度是各种经济梯度中最核心和最关键的部分，并在梯度理论基础之上提出了产业梯度转移理论，其理论内涵为，“由于国家或地区间经济发展水平、技术水平和生产要素禀赋的不同，形成了产业结构发展阶段上的相对差异，这种差异具体表现为发达国家、次发达国家、不发达国家或地区间在产业结构上形成了明显的阶梯状差异，并按高低不同呈阶梯状排列。由于这种产业梯度的存在以及各国或地区间产业结构不断升级的需要，产业在国家间或地区间是梯度转移的，一国（或地区）相对落后或不再具有比较优势的产业可以转移到其他与该国（或地区）存在产业梯度的国家（或地区），成为其他国家（或地区）相对先进或具有相对比较优势的产业，从而提高吸收方的产业结构层次与水平，这种产业梯度转移对于双方都有利，是产业转移方和被转移方‘双赢’的良性转移。”[②] 伴随我国产业转移实践不断丰富，产业梯度转移理论暴露出很多问题，很多学者对此提出了质疑，认为产业梯度转移可能导致产业承接地区产业空心化、产业低端化和产业依附性。

（三）劳动密集型产业转移理论

阿瑟·刘易斯（W. Arthur Lewis）在 1978 年完成的著作《国际经济秩序的演变》中，从发展经济学的角度分析了第二次世界大战后，在发达国家和发展中国家进行的劳动密集型产业跨国转移现象。他认为，劳动密集型产业转移的主要原因是发达国家人口自然增长率下降，人口增长缓慢，导致工业发展需要的熟练劳动力供给短缺，劳动力成本显著攀升，劳动密集型产业国际竞争力下降，于是发达国家在降低成本的利益刺激下，将劳动密集型产业转移到了劳动力要素更为充裕的发展中国家，并从发展中国家进口劳动密集型产品。[③]

刘易斯的劳动密集型产业转移理论只是回答了劳动密集型产业转移的原因，却没有触及资本和技术密集型产业的转移问题。但劳动密集型产业转移作为产业转移内涵最重要的组成部分，该理论所指出的产业转移动因，仍然是今天我们分析产业转移问题时所必须依循的、最重要的基础性规律，即在资源禀

---

① 何钟秀．论国内技术的梯度转递［J］．科研管理，1983（1）：16－19.

② 戴宏伟，田学斌，陈永国．区域产业转移研究：以“大北京”经济圈为例［M］．北京：中国物价出版社，2003：16－17.

③ ［英］阿瑟·刘易斯．国际经济秩序的演变［M］．北京：商务印书馆，1984.

赋条件发生变化后，发达国家或地区为谋求更低成本而投资于相对落后国家或地区，是产业转移开展的最重要动因之一。

（四）边际产业转移理论

边际产业转移理论由日本学者小岛清（K. Koyimo）于1978年提出。与刘易斯的理论只关注劳动密集型产业转移不同，小岛清的边际产业转移理论阐述了一套产业转移的一般性规律，其解释的对象也不再仅仅局限于个别产业。小岛清首先对边际产业进行了解释，与其他国家相比，在本国失去比较优势的产业就是边际产业，边际产业是与本国其他产业、其他企业、本企业的其他部门进行比较，而具有的相对劣势。边际产业转移论认为，一国或地区对外直接投资应从本国（地区）已经处于或者即将处于比较劣势的产业，即边际产业依次进行。①

为什么要选择从边际产业开始进行对外直接投资？小岛清的理由主要有：（1）在边际产业中，投资国与被投资国之间技术差距较小，易实现技术的输出和产业转移；（2）从已不具备比较优势的边际产业开始进行对外转移，对外投资对本国出口贸易的替代作用较小，反而可以引致投资国相关设备制造业的出口，带动本国设备制造业的发展；（3）边际产业转移能够促进投资国和东道国产业结构调整升级，实现互利共赢。投资国将边际产业转移出去有助于本国产业结构调整，而边际产业对于东道国来说，其技术水平仍旧是产业发展所需要的，承接边际产业转移也有助于承接国的产业结构升级。

从以上分析可见，边际产业转移理论和劳动密集型产业转移理论都是建立在比较优势理论基础之上的，劳动密集型产业正是首先沦为边际产业的典型。边际产业转移理论解释了像日本这样的发达国家应该转移什么样的产业，对二战后几十年来国际产业转移的主流现象能够作出比较有力的解释，但对于如今的发展中国家怎样转移产业，并不能给出合理的解释，因为当前发展中国家对外转移的往往是国内较优秀的产业和企业。同时，在将该理论运用到我国区域产业转移问题时，会出现一些与国际经验和规律相逆的新情况：我国东部地区的相对高端产业并不具有明显的比较优势，因此，边际产业的判定并不清晰，而中西部地区在相对低端产业上的潜在比较优势也并不突出。

---

① ［日］小岛清．对外贸易论［M］．天津：南开大学出版社，1991.

（五）产品生命周期理论[①]

1966年，美国学者雷蒙德·弗农（Raymond Vernon）在论文《产品周期中的国际投资和国际贸易》一文中，从微观视角分析了某种产品生产在什么样的条件下会从发达国家转移到发展中国家。弗农将产品的生命周期划分为创新、成熟、标准化三个阶段，企业生产经营某种产品能否取得市场成功，在三个阶段所需要依托的主要竞争优势有所不同。产品生命周期理论认为，对某些技术领先并具有垄断优势的企业，跨国公司可以依据产品生命周期不同阶段的特点，制定出不同的投资与营销策略，去占领国内外暂时没有竞争对手的市场，从而获得更大的超额利润。弗农产品生命周期理论所揭示的最重要的结论就是，当产品处于生命周期的成熟阶段时，企业就可以或应该向外转移自己的产业。

雷蒙德·弗农的产品生命周期理论在一定程度上能够解释当今世界跨国公司对外产业转移中的产业选择行为。不过有些研究认为，该理论不能很好地解释跨国公司的多种投资行为，跨国公司可能一开始就针对不同的东道国设计出多样化的产品，越过出口阶段，迅速投入当地市场。另外，不同产品类别有不同的产品生命周期，弗农的理论适合于制造业，但不适合其他产业。

（六）重合产业竞争论

我国学者卢根鑫在1997年出版的《国际产业转移论》中，从马克思主义政治经济学的角度对产业转移的动因进行了系统研究，并提出了重合产业竞争论。

重合产业竞争论认为，重合产业的发育与成长是国际产业转移的经济动因。重合产业是指发达国家和欠发达国家在一定时期内存在的技术构成相似的同类商品生产部门。[②] 当产业深化不能够抵消别国相对较低的成本优势时，发达国家重合产业就只有一个调整方向，即产业转移。[③] 通过重合产业在发达国家和发展中国家的转移，既可以扩大发展中国家重合产业的生产和实现重合产业的再次增值，也可以摆脱发达国家重合产业成本较高的不利地位。国际产业转移对发达国家和发展中国家经济发展都会产生正负效应，但总体来说，正效

---

① 羊邵武．产业转移战略论［M］．成都：西南财经大学出版社，2007：35－37.

② 卢根鑫．国际产业转移论［M］．上海：上海人民出版社，1997：109.

③ 卢根鑫．国际产业转移论［M］．上海：上海人民出版社，1997：129.

应大于负效应。

四、空间视角的产业转移理论

（一）产业区位选择理论

产业转移理论也即产业的区位选择理论。区位论是关于人类活动所占有场所的理论，它包含两层内涵，一层是人类活动的空间选择，另一层是空间内人类活动的有机组合。最佳区位就是在这个点上工业生产一定产品比其他地方生产的成本都低，在一地方实现一定工业产品的整个生产过程周期和分配过程比其他地方更为廉价。① 从区位论的历史沿革看，主要有古典区位论、近代区位论和现代区位论，与产业转移密切关联的主要是韦伯的工业区位论和廖什的市场区位论。

阿尔弗雷德·韦伯（Alfred Weber）是 19 世纪末 20 世纪初的德国经济学家，是工业区位论的奠基人。他在 1909 年出版的《工业区位论》一书中系统研究了工业区位理论。工业区位论的核心是，通过对运输成本、劳动力、集聚因素相互作用的分析与计算，找出工业产品生产成本最低的点作为工业企业的最佳区位。区位论的基本假设前提是"所有孤立的工业生产过程在一开始就'自然地'被拉往运输成本最有优势（最优）的点上"。② 劳动力成本因素和集聚因素是对运输成本决定工业区位的两次"变形"。由于各地区劳动力丰裕程度不同，在劳动力不能移动的前提下，"区位从运输成本最小点能够移到一个更有利的区位，只有在新地点劳动力成本可能产生的节约比为此追加的运输成本大的情况下才能发生"。集聚因素是由于工业集中度提升而带来的规模效益，如果一个地区由于集聚带来的费用节约大于因区位变化带来的运输费用和劳动力成本费用的增加，那么新的区位选择仍然是合理的。工业区位论是在完全竞争的条件下，只研究单个企业的最佳区位问题，并没有考虑市场需求因素和其他竞争者的存在，有一定的孤立性和静态性。

奥古斯特·廖什（August Lösch）在 1940 年出版的《经济的空间分布》中提出了"市场区位论"，从需求角度探讨了企业最优区位的决定因素。廖什认为工业区位的最优布局应是企业纯利润的最大化，而最低运输成本和劳动力

---

① ［德］阿尔弗雷德·韦伯．工业区位论［M］．李刚剑等，译．北京：商务印书馆，1997：32.

② ［德］阿尔弗雷德·韦伯．工业区位论［M］．李刚剑等，译．北京：商务印书馆，1997：98.

工资成本并不起决定作用；工业区位主要由销售范围大小即需求量来决定，若有足够的消费者就会有利润，唯一的区位决定因素是成本、市场、收入间的均衡。

（二）区域空间结构理论

区域经济学把空间因素引入产业转移理论，从不同区域发展程度、区域间相互作用关系角度阐释产业转移理论，具有代表性的有佩鲁的区域增长极理论、弗里德曼的中心—外围理论和区域经济梯度推移理论。

第一，增长极理论。增长极理论最早由法国经济学家弗郎索瓦·佩鲁（Francois Perroux）于1955年提出，他认为，“增长并非同时出现在各部门，而是以不同的强度首先出现在一些增长部门，然后通过不同渠道向外扩散，并对整个经济产生不同的终极影响。”① 增长极有吸引和扩散作用，首先是技术的创新和扩散，增长极中有创新能力的企业通过从其他地区吸聚技术和人才，不断进行技术创新，并向周边地区进行技术推广和扩散；其次是资本的集中和输出，增长极通过自身拥有的大量资本以及高回报率，不断吸聚资本进行大规模投资，同时又向其他部门和地区输出资本，以满足自己的发展。总之，增长极通过自身的发展和对其他地区与部门的带动作用，可以促进整个经济的发展。增长极不断从其他部门和地区集聚资源，并输出技术和资本的过程，也就是产业转移的过程。

第二，中心—外围理论。中心—外围理论也称为核心—边缘理论，是发展经济学研究发达国家和不发达国家关系时提出的相关理论观点的总称。其中以J. R. 弗里德曼（J. R. Friedman）在1966年出版的《区域发展政策》一书中提出的中心—外围理论最有代表性。弗里德曼认为，区域发展是通过一个不断连续的，但是又逐步累积的创新过程实现的，而发展通常起源于区域内少数“变革中心”，创新由这些中心向周边地区扩散，周边地区依附于“中心”而获得发展。

第三，区域经济梯度推移理论。区域经济梯度推移理论是在产品生命周期理论的基础上形成的。区域经济梯度是指区域总体经济水平的差异。梯度推移理论的主要观点为：区域经济的兴衰主要取决于产业结构的优劣，而产业结构的优劣主要取决于主导部门的先进程度。“与产品生命周期相对应，经济部门分为三类：产品处于创新到成长阶段的是兴旺部门、处于成长到成熟阶段的是

---

① 谭崇台．发展经济学［M］．太原：山西经济出版社，2001（8）：347－348.

停滞部门、处于成熟到衰退阶段的是衰退部门。如果一个区域的主导部门由处于创新阶段的兴旺部门构成，就被列入高梯度区域，反之，由衰退部门构成则属于低梯度区域。推动经济发展的创新活动，包括新产品、新技术、新兴产业、新制度等，主要发生在高梯度区域，并随产品生命周期的变化，由高梯度地区向低梯度地区扩散与转移。根据该理论，每个国家或地区都处在一定的经济发展梯度上，世界上每出现一种新行业、新产品、新技术都会随时间推移由高梯度区向低梯度区传递。”① 区域经济梯度推移理论在产业上的表现，就是产业梯度转移理论。

五、企业视角的产业转移理论

产业转移是企业以寻求利润最大化为目标，在全球范围内进行区位选择和空间布局的行为。企业视角的产业转移理论，是从企业成长和发展战略的微观视角，探寻产业转移的模式和动因。因为企业成长和发展的过程直接影响到产业转移的规模和层次，产业转移是企业成长的空间表现，企业是产业转移的微观主体。其中，代表性理论有国际生产折衷理论、企业盈利空间界限论和企业增长空间扩张论。

（一）国际生产折衷理论

国际生产折衷理论由英国经济学家约翰·邓宁教授（John H. Dunning）在1977年的《贸易、经济活动的区位与多国企业：折衷理论方法探索》一文中首先提出。虽然邓宁并未提及产业转移概念，但他从微观层面分析了跨国公司在产业转移中采取何种方式的问题，之所以叫折衷理论，是因为邓宁的理论是对以前有关国际投资理论的综合。邓宁之前的国际投资理论朝四个方向发展：一是以海默为代表的垄断优势论；二是是以弗农为代表的产品生命周期论；三是以巴克莱、卡逊为代表的内部化理论；四是跨国公司生产的区位理论。邓宁在借鉴上述理论的基础上解释了跨国公司在产业转移中是选择对外直接投资、对外贸易，还是选择对外技术转让。

邓宁用 O－L－I 模型解释跨国公司的对外投资和扩张行为，认为跨国公司

① 李小建．经济地理学［M］．北京：高等教育出版社，2004（5）：220－221.

必须同时具备所有权优势、区位优势和内部化优势三种特定优势。[①] “在某一时期，由于跨国公司可能往往并不同时具备三种优势，因此，跨国公司产业转移的方式也就有不同的选择，为此，邓宁提出了三种不同优势组合情况下产业转移方式的选择。如果跨国公司拥有技术优势，但无力内部化，也不能利用国外区位优势，可以选择技术转让方式；如果跨国公司拥有技术优势，并且有能力内部化，则可以选择在国内生产然后出口的方式，即对外贸易的方式；只有当三种优势齐备的前提下，跨国公司才能选择对外直接投资的方式。”[②]

邓宁的国际生产折衷理论可以在一定程度上解释跨国公司产业转移的方式选择，但是，如果把该理论运用到一个国家的产业转移战略上，可能并不完全适用，因为国家并不完全具有与企业相同或相似的产业转移动机，影响企业转移战略方式的三大优势在运用到宏观分析中，都会或多或少被打折扣，有的因素基本上不起作用。例如，国家会对所有权优势明显的企业技术持保留的态度，尽管以利润为目标的企业会希望通过转让而获利；对于一个国家来讲，内部化的目标不仅有经济原因，会更多考虑政治原因；区位优势方面，对于投资国的选择更要考虑本国当前和长远的国家利益，而不仅仅像企业一样到区位优势最明显的国家去投资。

（二）企业盈利空间界限论

“美国经济学家 D. M. 史密斯（D. M. Smith，1971）的企业盈利空间界限理论认为，位于既定区位的企业有一个盈利的空间界限，该界限由企业的空间收入状况和空间成本状况所共同决定，处于盈利的空间界限之内则企业盈利，反之则亏损。随着外部环境和企业发展条件的变化，企业的空间收入和空间成本状况会发生变化，这造成企业盈利空间的改变，后者导致企业的最优区位也相应发生变化，为了提高盈利水平和竞争力，企业将随之实施空间迁移”。[③]

如图 2-1 所示，假设企业的空间收入曲线和空间成本曲线分别用 SRC 和 SCC 表示，二者的相交点 M_1、M_2 为企业的空间盈利界限，其中 P 点为最大盈利点。由于外部环境和企业自身发展条件的变化，企业空间成本曲线由 SCC 变为 SCC′，盈利空间界限由 M_1M_2 变为 $M_1'M_2'$，最大盈利点由 P 变为 P′点。外

① Dunning，J. H. Trade，Location of Economic Activity and the Multinational Enterprise：A Search For an Eclectic Approach，First Published in B. Ohlin Per Ove Hesselborn and Per Magnus Wijkman ed.，The International Allocation of Economic Activity，Macmillan，London：Macmillan，1977.

② 羊邵武．产业转移战略论［M］．成都：西南财经大学出版社，2007：45-47.

③ 陈刚，刘珊珊．产业转移理论研究：现状与展望［J］．当代财经，2006（10）：91-96.

部环境变化后，初始的最优区位P点成为亏损点，为了获取最大的盈利目标，企业必须进行区位再调整，把经营活动迁移到最大盈利点P′。一般情况下，企业原有区位仍处于盈利空间界限内，只是存在获取更高利润水平的理想区位，在原有区位的阻力、推力和目标区位的拉力综合作用下，企业便会做出迁移的决定。

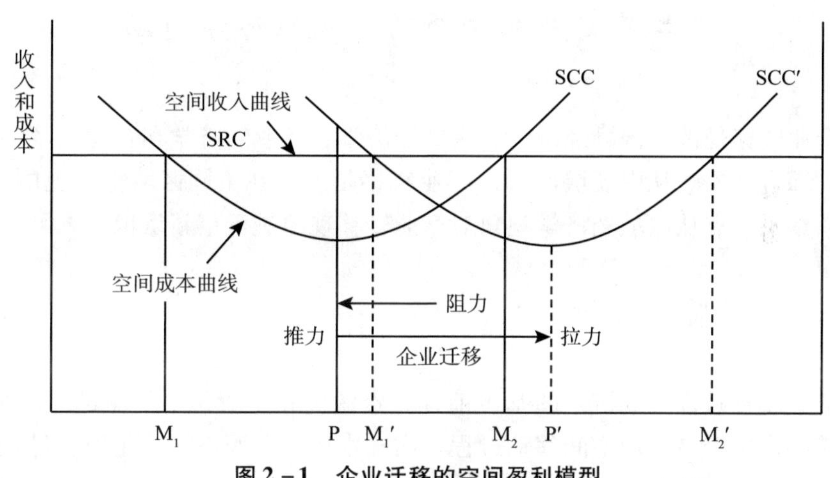

图2－1　企业迁移的空间盈利模型

资料来源：金碚．新编工业经济学［M］．北京：经济管理出版社，2005：310.

（三）企业增长空间扩张论

企业在发展过程中，出于获取规模经济效益、实现交易内部化和技术垄断以及取得竞争先发优势的目的，常通过横向（或纵向）一体化、多样化等战略进行空间扩张。学者们通过对特定企业空间增长实证的研究，抽象出企业空间增长的四种演变模式：沃茨的市场区扩大模式、泰勒的组织变形及区域演化模式、哈坎逊的全球扩张模式和迪肯的全球转移模式。四个模式从不同角度展示了公司从单厂到多厂、从单区位向多区位的空间扩张过程，四个模式潜在认为市场占领是促进公司扩张的根本动因。依据最低风险原则，企业扩张一般遵循产品扩张（市场区位扩张）——销售机构扩张（销售区位扩张）——生产机构扩张（生产区位扩张）的顺序进行。① 企业空间扩张受制于企业内部组织决策行为、外部网络和发展战略，遵循接触扩散和等级扩散的规律，采用就地扩张、设立或兼并新的分支机构、企业迁移三种方式进行扩张。

① 陈刚，刘珊珊．产业转移理论研究：现状与展望［J］．当代财经，2006（10）：91－96.

当来自当前区位的推力和来自目标区位的引力足够大的时候，企业才会克服各种阻力做出迁移决策。当一个产业内众多企业均将整体或部分生产经营活动迁移到更为有利的目标区位，并形成一定的数量规模时，量变产生质变，就自然发生了产业转移现象。魏后凯认为产业转移是大量企业迁移的统计结果。

第二节　产业转移的区域经济学内涵

产业转移是涉及国际经济学、区域经济学、产业经济学和企业经济学等多领域的综合现象。从中观层面看，产业转移是产业在不同区域空间上的位移，因此，本书重点从区域经济学视角对产业转移现象进行重新认识。

一、本质特征

资源的稀缺性是经济学的基本前提，资源优化配置是经济学的基本问题。产业转移表层上是资源空间移动过程，内在本质是资源空间优化配置过程。由于要素具有逐利性和流动性，会从要素报酬率低的地区流向要素报酬率高的地区，对于不同要素而言，都将会配置到最适合的区域，即高级要素向高梯度区域集聚、初级要素向低梯度区域集聚。

由产业转移引致的资源在不同主导产业和不同梯度区域间的流动将促进资源空间优化配置。产业转移是生产要素在全球范围内的重新优化组合，尤其在生产要素跨越国界不能充分流动的背景下，产业转移就会替代国际贸易，实现全球资源配置重组。如关税和非关税壁垒的存在，导致国际间商品不能充分流动，劳动力和技术在不同国家和地区间转移受阻，一些地区为获取垄断优势或成本导向，会通过直接投资形式，绕过贸易壁垒，实现已有资源的优化配置。

二、基本前提

（一）区域综合势能及其分解

“势能”是物理学中的常用术语，是物体处于相对静止状态下，由于位置和位形而具有的能量，也称“位能”。势能不是单个物体所具有的，而是相互作用的物体所共有的，并由相对位置来决定。

区域经济学者将物理学中的势能概念引入区域经济学领域，提出区域势能概念。区域势能是一个区域相对于其他区域，由于地理位置、自然条件、资源禀赋、交通状况、技术经济水平、政策优势等因素相互组合所形成的差别程度，这种差别程度决定区域经济发展的活力和能力。区域势能是一个相对概念，是对一个区域发展潜能的描述。任何一个地区的区域势能都是各种要素的组合，要素的优劣、新要素的出现以及要素组合结构与程度不同，区域势能都会相应发生变化。

构成区域势能的因素有自然条件势能、区位势能、技术经济势能、政策势能等，这些势能通过一定的形式组合起来形成区域综合势能（见图2－2）。自然资源势能是一个区域相对于其他区域所拥有的并能用于生产的各种资源数量和质量上的差别程度，包含气候、土地、水资源、矿产资源、人力资源和资金等；技术经济势能是区域通过各种技术手段、知识和经验等生产产品和提供服务的能力，包括产业发展和产业结构、技术水平和创新能力等；区位势能是一个区域相对于其他区域在地理位置、交通条件、基础设施等方面所形成的差异程度；政策势能是国家或地方政策在不同地点倾斜所形成的差别程度，包括国家在投资和产业发展上的宏观政策，以及地方政府的区域性政策等。

区域综合势能也遵循能量守恒定律，一个区域势能增加，其他区域势能就会减少，不同区域间势能的相互转换，最终将影响区域经济发展和区域空间结构演变。

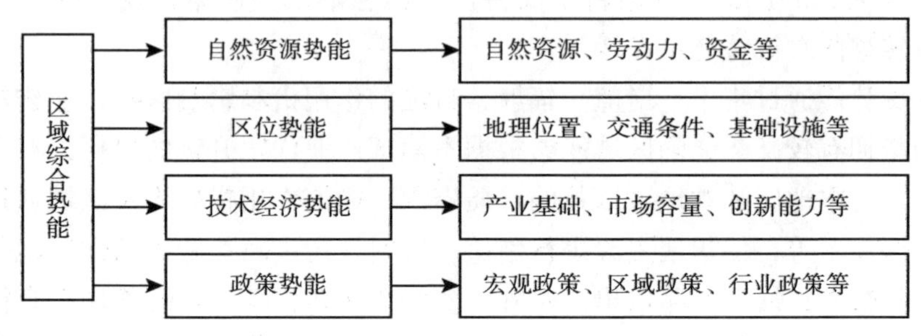

图2－2　区域综合势能分解

资料来源：笔者整理绘制。

（二）区域势能差与产业转移

任何两个区域都存在势能差异，即区域势能差。客观的区域势能差的存在是区域分工的基本前提，由区域势能差引起的不同区域势能相互转换的过程，也就是区域相互作用的过程。区域势能转换通过物质和能量的流动来实现，表现为要素流动、商品流通、产业扩散和产业转移等。

产业转移发生在两个具有不同势能差的区域之间，区域势能差的存在是产业转移发生的基本前提。区域势能相互转换的过程也就是区际产业转移的过程，产业一般倾向于从高势能区域转移至低势能区域。

具有不同区域势能特征的区域产业转移差异显著。资源禀赋势能高的区域由于自然资源丰富、产业同质化较强，发生区域内产业转移的可能性较小；而资源禀赋势能较低的区域，产业发展的多元化导致区域间产业转移发生的可能性更大；资源型产业更倾向于向自然资源势能高的区域转移。区位势能高的区域由于地理位置较好、交通便利，运输成本较低，往往在产业承接中具备竞争优势，并成为加工贸易产业的理想承接地；对于欠发达地区来讲，加强交通等基础设施建设，改善区位势能是增强产业承接能力的迫切任务之一。政策势能大小对区域产业转移至关重要，在当前政府深入干预产业转移的大背景下，良好的政策制度和投资环境能有效推动区域间产业转移顺利进行。如改革开放政策赋予我国东部沿海地区较大的金融、财税、外贸自主权，以及经济特区、沿海开放城市和开发区等在利用外资方面拥有差别化优惠政策，导致了我国沿海和内陆地区较大的势能差，沿海地区凭借较高的区位势能和政策势能，承接发达国家和港澳台地区产业转移，以超前的速度迅速崛起为世界知名的制造业中心，并高度融入全球产业分工体系。当前国家正积极支持中西部地区承接产业转移，随着《国务院关于中西部地区承接产业转移指导意见》等文件的出台，西部省（区、市）也相继出台了支持产业转移的相关政策，我国西部地区承接产业转移的政策势能正在增强。

区域势能通过集聚、增值、辐射、自强的作用机制影响区际产业转移。集聚作用是拥有较高势能的区域能够根据本地区产业优化升级的目标，有选择地吸聚、配置本地区和本地区以外的优质资源；增值作用指高势能区域通过技术创新、深加工等，使集聚资源进行增值；辐射作用指高势能区域向其他低势能区域进行技术扩散、产品输出、对外投资和产业转移等；自强作用指高势能地区通过集聚、增值和扩散作用而不断极化的过程。四种作用机制互为前提，区际产业转移就是在四种作用机制下不断吸纳和转出产业，从而进行不断变迁和分化的过程。

三、内在动力

区域是开放的和动态的，任何一个区域都与其他区域发生联系，并产生相互作用。“空间相互作用是指区域间所发生的商品、人口与劳动力、资金、技术、信息等的相互传输过程。”① 区域空间相互作用一方面会加强区域间的经济联系强度，释放出积极的能量，另一方面又会引起区域间要素、发展机会等的竞争，激化区域间的矛盾。

区域空间相互作用不仅体现在区域分工基础上的商品贸易流通、更为复杂的区际要素流动，更体现在区际间的产业转移。区际要素流动包括劳动力迁移、资本流动、技术创新的空间扩散与传播等。区际要素流动是区际商品贸易的替代，区际产业转移又是商品贸易和要素流动的一种替代。区际产业转移具有综合性特征，产业转移过程往往包含劳动力（尤其是高技术工人和企业家）、资本与技术等要素的综合转移。

区域空间相互作用的发生需要满足三个基本条件。一是区域间的互补性，不仅体现在区域间经济上的互补性，如商品、技术、信息等的供求关系；而且体现在不同区域间意识形态、社会风尚等的传播和转化。二是可达性，即受区域间空间距离、运输时间等的影响。三是两区域间相互作用的大小受到其他区域的干扰，即中介机会的存在。区域空间相互作用的强度与区域功能、经济、人口规模等呈正相关关系，与区域间的距离呈负相关关系。根据空间相互作用模型，两个区域间产业转移与承接的规律可以表示为下式：

$$F_{XY}=\frac{X(x_1,\ x_2,\ \cdots,\ x_n)Y(y_1,\ y_2,\ \cdots,\ y_n)}{D(r_{xy})}$$

式中，F_{XY}为区域X和区域Y之间发生产业转移流量的大小，$X(x_1,\ x_2,\ \cdots,\ x_n)$ 和 $Y(y_1,\ y_2,\ \cdots,\ y_n)$ 分别表示区域X和区域Y各因素相互作用的函数，区域间产业转移发生的流量与两个区域间经济实力、产业结构互补性、技术交流的难易程度、区域交通和通讯水平等因素呈正相关。$D(r_{xy})$ 表示两个区域之间的距离，不仅指两区域间的空间距离，而且包括经济距离和心理距离。市场的开放程度、行政壁垒等均是区域间距离的函数，产业转移发生流量与区域间的距离呈负相关，如果区域间克服距离过长的成本超过了可能带来的利益或者可以接受的底线，则产业转移不会发生。在承接产业转移的激烈竞争中，区域也要准确把握中介机会，否则也会失去经济发展的良机。

因此，本书从区域经济资源优化配置视角对产业转移进行新的定义：产业转移是以区域势能差异和相互转换为基本前提，以区域空间相互作用机制为内在动力，以实现区域资源优化配置为最终目的的一种经济现象和空间现象。其

---

① 李小建．经济地理学［M］．北京：高等教育出版社，2004：225－226.

理论内涵要点包括：(1) 区域势能差异的客观存在与相互转换是产业转移的基本前提，具有不同区域势能特征的区域产业转移差异显著；(2) 区际产业转移遵循空间相互作用规律，产业转移发生流量与区域间经济实力、产业结构互补性、技术交流难易程度、区域交通和通讯水平等正相关，与以行政壁垒、市场开放水平等为函数的空间距离和经济距离负相关；(3) 产业转移既是经济现象，更是空间现象，区域产业结构升级和空间结构优化是产业转移的双重目标。

第三节　产业转移驱动区域经济发展的机理

产业转移包括产业外移和产业承接，二者对区域经济发展的影响作用不同。产业外移对区域经济发展的促进作用主要体现在以优化功能为主形成的区域自我强化机制；产业承接则通过增值、优化和协调功能对区域经济增长、产业结构优化和区域协调发挥作用。本书重点从产业承接视角探讨产业转移促进区域经济发展的作用机理。

一、产业外移与区域经济发展

产业外移发生的前提往往是区域基于产业结构优化升级的需要，因此，产业外移的区域经济效应主要体现为产业转出区的产业结构优化效应和就业结构优化效应。区域主动向外转移的产业居多是边际产业和衰退产业，通过转移高耗能、低附加值的夕阳产业，可以有效集中优质资源发展高技术和高附加值的新型业态，实现有限资源在区域内部不同产业间的优化配置和产业升级换代，既可以延长衰退产业的生命周期，又能增加出口，促进产业转出区市场扩大。产业外移虽然短期内会导致一部分就业岗位的流失，但从长期看，伴随移出地产业升级、新兴产业加速扩张和经济竞争力整体提升，又会创造出新的就业岗位，通过失业者的再就业培训和智力投资，又会进一步提升就业质量和就业层次，优化产业转出区的就业结构。

产业移出地在产业外移中占有主动权，借助产业转移，移出地能够在更大的区域范围内配置资源，在更广阔的区域范围内布局安排整个产业链条的生产，集中优势发展具有较强竞争力的高端环节和核心环节，既可以提升在区际关系中的经济政治地位，保持竞争优势，又掌握了区际关系的主动权和话语权。产业转出区就是在不断进行的产业转移中进行自我强化。

二、产业承接与区域经济发展

（一）增值功能

承接产业转移的增值功能主要表现为，产业转移作用于经济增长的要素，实现承接区域经济产出的增加。通过承接产业转移实现产业发展从无到有的过程，也是区域经济总量扩张的过程。产业转移对区域经济产出的增值功能，是最基本的功能。

从哈罗德、多马的“资本决定论”到索洛的“技术进步决定论”以及舒尔茨的“知识和人力资本决定论”，经济增长的源泉从资本、劳动力等初级生产要素，扩展为技术进步、知识积累、人力资本、管理创新等更为高级的生产要素。欠发达地区通常土地、原材料、劳动力等初级生产要素丰富，资本、技术、管理、知识等高级生产要素缺乏。产业转移作为各种生产要素“一揽子”转移的综合过程，对承接地的直接效应是资本要素的注入，成为带动投资增长的驱动力，以解决欠发达地区快速发展的资金制约瓶颈。产业转移同时也伴随先进技术、企业家才能、先进管理方法和经营理念、创新意识等高端生产要素的注入，这些要素与欠发达地区原有初级要素进行优化整合，可提高欠发达地区初级生产要素的利用水平，激活原先处于沉没状态的存量资本，并最终提高区域产出量和区域经济总量。

承接产业转移也是承接地壮大税源、提高财政收入的手段。同时，产业转移还直接增加了承接地的就业机会，提高了劳动力就业水平。

（二）优化功能

产业转移的优化功能指产业承接对区域产业结构优化升级的积极影响，主要体现在以下几个方面：形成新的主导产业、带动关联产业发展、传统产业的改造升级、技术溢出中产业创新能力提升、优化产业发展环境等。

区域承接新兴产业，有助于新的主导产业和支柱产业形成；转移产业通过产业关联机制也可以带动区域产业结构优化升级。产业之间存在着相互依存和制约关系，即产业关联。在一般的经济活动中，各产业都需要其他产业为自己提供产出，以满足自己的中间投入需求，同时，也为其他产业提供产品和服务，满足其他产业对中间要素的需求，这种关系可以分为前向关联、后向关联和旁侧关联。前向关联通过供给输出与其他产业发生联系，后向关联通过需求吸收与其他产业发生联系，旁侧关联通过提供产中服务与其他产业发生联系。一方面，移入产业通过关联带动效应将直接带动承接地前向、后向和旁侧关联产业发展，尤其是配套产业和相关服务业的发展，进而形成地方产业集群，反过来促进移入产业的根植性和稳定性。另一方面，移入产业可以带动原有关联产业集体转移，从而整体提升移入地区的产业结构水平。

伴随产业转移的技术转移可以带动承接地传统产业改造升级。一个国家或地区的技术进步可以通过原始创新来实现，也可以通过引进、消化、吸收、再创新实现。研究发现，一国技术变化往往不是来自本国研发，而是国外技术转移和扩散的结果，其中承接产业转移成为获取外部技术的重要渠道（Eaton and Kortum，1999；Keller，2001）。林毅夫（2005）也指出，欠发达国家引进消化吸收发达国家的技术，可最终实现欠发达经济向发达经济的收敛。产业转移通过直接转移先进、适用技术带动区域产业技术能力提升，并促进欠发达地区技术进步。因为以跨国公司为代表的国际产业转移，其转移的技术总体上比东道国技术水平层次高，跨国公司通过对承接地传统产业注入先进技术、生产工艺、新的生产组织方式和先进理念，可以优化整合传统产业低级生产要素，加速传统产业技术改造和升级，使区域产业结构向高级化演进，并最终提高产业承接地在区域产业分工中的地位。

伴随产业转移的技术溢出可以增强承接区域的产业创新能力。产业转移的技术溢出效应是指“产业转移中所包含的知识、技术和管理经验等在非自愿的情况下，通过各种非市场渠道扩散到投资地，促进当地技术进步和生产率的增长，而产业移出方又无法获取全部收益的无意识技术扩散效应。”① 产业转移通过竞争效应、示范和模仿效应、人员培训和流动效应以及前后向关联效应等促进承接地的技术进步。对外直接投资企业通过在移入地设立研发机构，提供先进生产线、管理经验等方式进行技术转移，本地企业通过“干中学”对先进技术进行学习、模仿、消化、吸收、再创新，是欠发达地区提升自主创新能力的重要路径。伴随产业转移呈现高度化特征，跨国公司全球化研发趋势明显，跨国公司总部和研发机构也相继转移到发展水平比较高的国家或地区，承接地的高技术企业、科研机构和高等院校等通过与跨国公司开展合作研发，可

① 吴林海，罗佳，彭宇文．跨国投资研发的技术溢出效应与提升自主创新能力论［M］．长沙：中南大学出版社，2006.

以准确把握新兴产业的前沿信息和最新动向，直接提升承接地的产业创新能力。

伴随产业转移的先进文化和制度安排可以优化承接地产业发展环境。一方面，“产业转移往往伴随着与市场经济相适应的新文化、新思想、新观念、新意识的传播与扩散，承接地借助产业转移软资源的传播与扩散，融合、更新、改造落后的传统观念，能够培育良好的创新理念和创新氛围，”① 为产业升级提供良好的软环境。另一方面，为在激烈的产业承接竞争中占据优势，承接地必须调整政府行为，采取各种措施，提高产业竞争力和承载力。更进一步，为了更有效地获取产业转移带来的积极效应，避免产业转移的负面效应，承接地政府迟早会对相应制度进行变革。这就包括转变政府职能，提高政府工作效率和工作透明度，建设服务型政府；加快市场化进程和对外开放水平；加强交通、物流基础设施建设和环境保护设施建设；完善知识产权保护制度等。从微观角度来看，跨国公司主导下的产业转移，必然会同本地企业开展全方位的竞争，迫使本地企业主动变革，进一步完善自身治理结构、内部管理制度、经营模式和营销观念，加快向现代企业制度转变。

（三）协调功能

产业转移的协调功能指通过产业在不同产业或区域间的合理位移促进产业内部、产业之间、区域之间的协调发展，以及经济、社会、人口、资源、环境在国家整体空间上的均衡发展。

（1）产业链内部的协调。体现为通过有针对性引进产业链缺失环节和薄弱环节的企业，延长产业链条，加强转移企业和本土企业的互动合作，实现产业链上下游配套企业的有效整合，实现一加一大于二的效果。

（2）产业之间的协调。体现在转出地把传统产业和过剩产业转移出去，节约优质资源发展新兴产业，实现传统产业和新兴产业的和谐共生。从产业承接地来讲，承接区域通过发展带动性强的关联产业，可以实现不同产业之间的协调，不重复引进同类产业，避免区域产业同构化现象。

（3）区域之间的协调。第一，产业转移可以打破区域间要素流动的行政藩篱，有助于合理区域分工的形成，促进转出地和承接地之间区域协调发展。第二，不同等级规模城市间之间的协调。产业在不同等级城市之间的转

---

① 白小明．中国区域产业转移：动因、障碍与对策［M］．郑州：郑州大学出版社，2008：45－46.

移和集中，可以加强区域城市体系间的经济联系，实现大中小城市的协调发展。高级别城市承接高技术产业和高端服务业转移，城市创新能力、综合服务功能和辐射带动能力进一步增强；次一级城市通过承接高级别城市产业转移，可以发展成为区域次级增长极；中小城市和小城镇通过承接中心城市的产业转移和扩张，实现配套产业和服务业集聚发展，引致就业岗位增加和基础设施环境改善，增强产业和人口承载力。第三，城乡协调。产业转移奠定城镇化发展的产业基础，通过影响人口迁移和人口非农化推动城乡协调发展。

（4）人口、资源、环境等的空间协调。科学引导产业转移有助于我国主体功能区战略的实施，避免全国范围内人口大规模流动和资源长距离运输，实现不同区域在经济、社会、人口、资源、环境上的空间均衡发展。

承接产业转移驱动区域经济发展的机理如图 2 -3 所示。

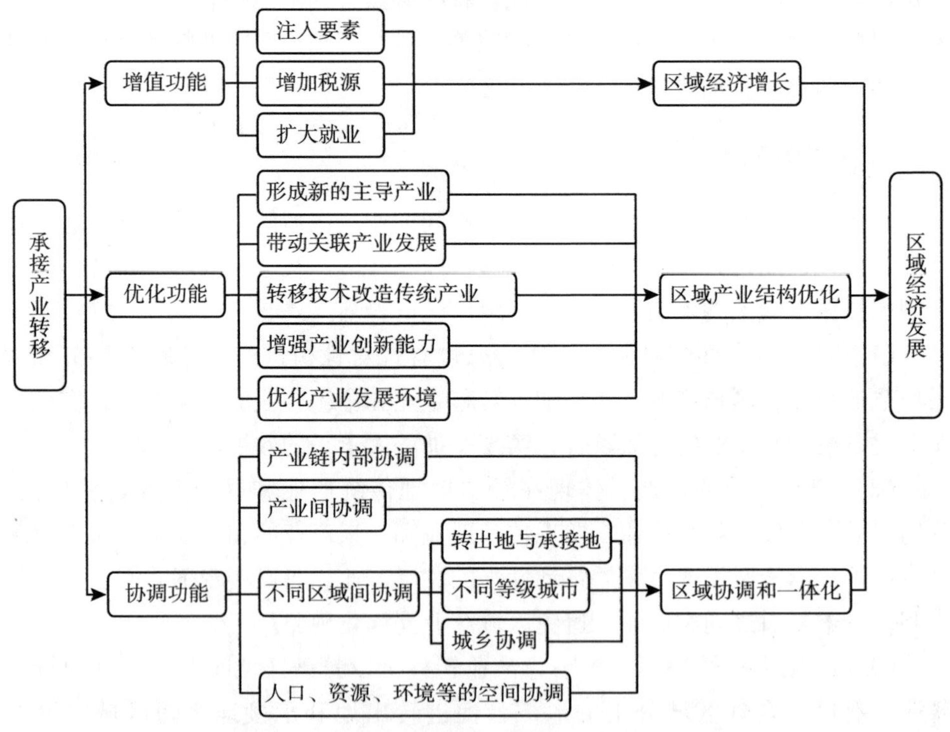

图 2 -3　承接产业转移驱动区域经济发展的机理

资料来源：笔者整理绘制。

第四节　产业转移背景下区域经济发展路径

区域经济发展有不同的路径和手段。我国区域经济发展正处于由要素驱动的外延式发展向创新驱动的内涵式发展转变过程中，两种发展模式虽然适用于区域经济发展的不同阶段，但产业转移作为一个贯穿作用于整个区域生命周期的连续现象，将对区域发展路径产生深刻的影响。

一、要素驱动的外延式发展路径

区域经济发展总是建立在一定的物质基础和环境条件之上，其中最重要的就是区位条件和资源环境条件。通过对资源的开发、利用，把资源禀赋优势转化为特色产业优势，建立区域特色优势产业体系，并向现代产业体系转变，最终提高区域竞争力，是后发展地区实现跨越式发展的路径之一。要素驱动经济发展的效果在于，以市场为导向，确保资源合理有序开发，实现资源开发的规模化和产业化，提高资源精深加工水平，发展配套产业，延伸产业链条，发展特色产业集群。

传统生产要素驱动的外延式发展路径有一定的阶段性，它适用于区域经济发展的起步阶段和短期目标。在区域经济为起飞做准备阶段，尤其是工业化到来时的大规模开发阶段，区域资源优势会突出显现出来，并充分发挥作用。在后工业化阶段，后发展地区资源禀赋优势地位会相对减弱，以资源开发为主导产业的区域将伴随资源枯竭而陷入衰退，尤其在经济全球化背景下，资源型的产业结构会制约后发展地区经济持续发展和竞争力提升。因此，如果把要素驱动战略长期固化，区域追赶跨越的目标将难以实现。

二、创新驱动的内涵式发展路径

传统的资源要素驱动式发展路径暴露出一定的问题，一是因为生产要素投入存在报酬递减规律，二是因为稀缺资源迟早会面临短缺瓶颈的考验。通过创新可以破解经济发展的难题，因为技术创新可以优化生产要素组合，提高单一资源生产率，并最终提供经济发展的不竭动力。创新驱动的内涵式发展路径有别于单纯依靠生产要素驱动和投资驱动的传统发展模式，而是把创新作为经济发展的动力源泉。创新驱动发展是一个系统性工程，不仅指重大领域的技术创新，更包括创新文化和创新精神的培育、创新制度建设和创新体系建设。

创新驱动内涵式发展战略在经济领域的体现是创新驱动传统优势产业升级以及新兴产业的培育发展。在利用资源优势的基础上，通过技术创新，使单一的以资源为主的产业结构向多元化产业结构转变，培育发展新兴产业和接续替代产业；实施对传统产业的技术改造，拓展产业链条，提高资源产出价值，带动区域转型；立足现有产业基础，大力发展循环经济体系，推动资源经济可持续发展。

三、产业转移对两种路径的融合提升

要素驱动外延式发展和创新驱动内涵式发展都是区域依靠自身力量进行内部演进的过程；产业转移作为区域发展的外部力量，给两种发展路径带来了机遇和挑战，产业转移是对两种发展路径的丰富、充实和提升。

要素和投资驱动的经济发展模式呈现一定的粗放性和不可持续性。欠发达地区还未被大规模工业化开发的资源、未被肆意破坏的生态环境，正是其在承接产业转移竞争中的比较优势，在要素驱动外延式增长理念下，欠发达地区容易凭借巨大的资源环境容量承接成熟产业、淘汰产业和过剩产能转入。但在全球产业转型升级的大背景下，欠发达地区要实现跨越式发展，就不能走先发地区先污染后治理、先发展后“买单”的老路，必须具有超前意识，把资源环境等要素比较优势最大化，跨越式承接绿色环保产业、高技术产业转移、现代服务业转移，突破要素发展的瓶颈制约。

创新驱动是区域经济发展追求的最佳理想状态，但对区域创新能力和经济发展水平要求较高。区域创新能力不仅仅来源于原始创新，后发地区通过引进先发地区的优势产业，进行技术引进、消化、吸收、再创新等，也可以实现创新驱动发展。承接产业转移只是区域经济发展的外部手段，并不是区域发展的最终目的，更不是区域持续稳定发展的核心动力。区域要想获得长久发展的内生动力，最终需要把转移产业内生化，提升自主创新能力，因此，在区域发展初期，就要树立创新驱动的理念，认真学习发达地区的先进技术和理念，利用一切可能的机会积累并提升自主发展能力。

任何一个区域的发展往往是多种发展路径的有机融合，产业转移背景下理想的区域发展路径应该是，在资源禀赋优势最大化发挥的基础上，以提升本地区优势产业竞争力为目标，有针对性地承接转移产业和相应技术，并在承接产业转移过程中培育塑造自主创新能力。

第三章

价值链重构框架下的产业转移

产业转移是企业区位空间再调整的过程，伴随分工深化呈现新的趋势。价值链分工是特定产品生产工序或生产环节在不同区域发展的生产链条或体系。与传统的产业转移方式不同，产品内价值链环节转移呈现新的特征。本章研究了产业转移与价值链构建的内在逻辑、价值链分工下产业转移的新特征与新趋势，聚焦价值链分工下区域产业转移的三种方式——边际价值链环节转移、产业链式转移、龙头企业带动产业集群转移，对每种产业转移方式的内涵、特征、适用性及经济效应进行了分析，最后探讨了我国产业转移的区域实现机制。

第一节 价值链分工下的产业转移新趋势

一、产业转移的主体是产品价值链环节

传统产业转移的主体是处于成熟阶段或衰退阶段的整个产业链条。价值链分工下产业转移的对象不是整个产业，而是产品价值链环节的转移，即产品生产区段的转移，是产品生产过程各个环节，如研发、制造、营销、物流、品牌服务在不同区域之间的转移与分离。

价值链分工主导的产业转移，一方面表现为发达国家和地区的企业将核心技术和研发升级保留在母国，而将非核心的、处于产品生命周期成熟阶段的“标准化”生产环节、常规技术等转移到新兴国家和地区；另一方面也表现为将处于生命周期形成和成长阶段、对要素较为敏感的环节向外转移，如通过

"外包""转包""战略联盟"的方式将研发、设计等生产性服务业环节向外转移。因此，价值链分工将导致以制造业为主的产业转移向以服务业为主导的产业转移转变，服务业转移将成为国际产业转移的新兴领域。

二、产业转移的方向呈多元化和平坦化

产业间垂直分工模式下的产业转移表现为整个产业链条在不同区域之间的整体转移，即将某产业从组织、设计到生产、营销的各个环节都转移到其他地区，产业移出地脱离了该产业链的主要环节，并和该产业不再有重要的产业关联；产业转移往往遵循边际产业转移的顺序进行，产业转移方向为发达地区向欠发达地区转移的顺梯度转移。

在价值链分工下，只要某个区域具有与价值链中高端环节相匹配的资源优势和专业化优势，就能够承接相应的中高端环节转移。产业转移不再严格按照顺梯度转移的方向进行，转移方向呈现多元化与平坦化，既有发达地区向欠发达地区的顺向转移，也有欠发达地区向发达地区的逆向转移，既有迫于外部竞争和内部调整压力的撤退性转移、谋求扩大市场份额和产业规模的扩张性转移，又有基于产业链协作的战略性转移。

三、欠发达区域专业化优势更加凸显

在传统产业转移方式下，产业转移目的地的优势主要体现为静态的、外生性的比较优势，产业承接目的地主要依靠不可再生的资源能源优势、劳动力优势、外资优惠政策优势等的组合吸引产业转移，这种外生比较优势可持续性和根植性均比较差，转移产业的游走性强。

在价值链分工框架下，产业转移对产业承接地的要求由外生比较优势转化为内生的专业化优势，伴随产品生产环节的片段化和模块化，进入产业链环节的技术壁垒降低，承接地只有在自己擅长的产品生产环节进行专业化生产，形成专业化市场和产业集群，进而形成规模经济，才能降低生产成本和增强价值链环节的竞争力。因此，在价值链分工下，区域只有通过专业化生产，培育具有竞争力的产业集群才能在新一轮产业转移竞争中占据优势。

第二节 边际价值链环节转移

一、边际产业与边际环节

最早对边际产业进行阐释的是20世纪70年代中期日本学者小岛清，其在著作《对外贸易论》中，首次对边际产业进行了定义。他认为，边际产业是一国已经或即将丧失比较优势，而在东道国具有显在或潜在比较优势的产业。边际产业是一个相对概念，与东道国相比，本国的某些产业已经处于相对劣势，称为边际产业；在同一产业的不同企业中，与大企业相比，在本国处于比较劣势的中小型企业就是边际企业；在同一企业中，与具有比较优势的部门相比，处于比较劣势的部门就是边际部门；在同一个产业链条中，与研发设计、品牌服务等高附加值环节相比，价值链低端环节、附加值低的制造生产类环节，就是边际环节，所有这些统称为边际产业。边际产业也称为比较劣势产业或夕阳产业，是经历了创新、发展、成熟阶段，处于产业生命周期末端，产品生产标准化，技术创新对产业推动力减弱，在本地市场需求量接近饱和的产业。边际产业往往伴随着一国产业结构高级化而产生并变迁。当前我国东部地区产业结构升级加速，原有的劳动密集型产业和资本密集型产业逐渐被技术和知识密集型等代表产业演进方向的产业所取代，而成为“边际产业”。

小岛清的“边际产业扩张论”从产业外移的角度，指出一国对外直接投资应从边际产业依次进行。边际价值链环节转移是后发展地区依附于本地区现有资源优势，被动地接受高梯度地区边际价值链环节转移的模式。

二、边际价值链环节转移的低端锁定效应

承接价值链边际环节转移容易使产业承接地陷入产业升级的低端锁定陷阱，具体体现在三个方面。

第一，承接区域往往具有经济发展的低梯度性和工业化发展的初级阶段性。根据工业生命循环阶段论，工业部门和工业产品会经历创新、发展、成熟、衰退四个阶段，按区域经济发展水平的高低，区域发展分为高梯度地区、中梯度地区和低梯度地区。根据梯度推移理论，高梯度地区由于较好的信息、

科技、人才、销售市场等综合优势，成为新兴部门和创新产品的发源地，只有当产品进入发展期，即规模经济阶段，才会向中梯度和低梯度地区转移。当产品进入成熟期，即标准化阶段，生产工艺开始通用、技术要求容易掌握，低梯度地区才可以凭借更低的工资成本、地租、原材料价格等接受成熟产业转移，并彰显竞争优势。鉴于此，高梯度地区愿意向低梯度地区转移相对落后的技术和设备，以扶持低梯度地区发展。对于低梯度地区来讲，资金短缺往往是制约低梯度地区开发的现实瓶颈，因此，实行更加优惠的投资促进政策，以资源、劳动力、市场等吸引边际产业转移，成为低梯度地区在工业化初期的主要发展战略。

第二，边际价值链环节具有产业低关联性和要素供给价格的高敏感性。资源开发、加工装配等是典型的边际产业，边际产业中劳动力和原材料等初级生产要素所占比重高，知识和高新技术等高端要素含量少。边际产业产品附加值低，对要素价格变动更为敏感，对成本上升的承受力更弱，边际产业更倾向于把制造部门转移至要素丰裕低廉和市场潜力大的欠发达地区。边际产业链条短，与配套企业的产业关联度较低，相对于资本技术密集型产业来讲，边际产业迁移的阻力更小。

第三，承接边际价值链环节对区域经济发展具有短期带动性和不可持续性。由于边际产业与承接地技术水平较为接近，产业移入的壁垒较低，承接边际产业转移能够使欠发达地区较短时间内奠定工业化发展的基础，并迅速积累起一定的生产能力，极大促进欠发达地区经济增长。边际价值链环节转移对承接地经济发展的带动效应可谓立竿见影，但这种经济发展模式不具可持续性。边际产业往往是发达地区已经失去比较优势的产业，以及高污染、高排放、高消耗即将淘汰的落后产业，单一追求经济增长的边际产业承接模式往往使欠发达地区陷入“高增长低发展”的陷阱，甚至沦为产业转移的“污染避难所”。欠发达地区工业化程度低，高端要素积累不足，而丰富的自然资源优势和廉价的生产要素成本优势就成为国内外边际产业投资的主要动机，也自然成为欠发达承接地吸引产业转移的最大筹码。囿于“靠山吃山、靠水吃水”的思维定式，欠发达地区习惯遵循以资源开发为导向、掠夺式、低层次的产业承接模式，竞相承接低附加值、高能耗、低技术含量的边际产业转移，边际产业的成长性较差，不利于承接地产业可持续发展。承接边际产业转移模式加剧了欠发达地区产业同构化和过度竞争，固化了发达地区和欠发达地区在技术水平以及经济发展阶段上的差距，使欠发达地区局限于全球垂直产业分工系统，很难向高梯度、产业链条高端提升，最终陷入全球价值链锁定。

第三节　产业链式转移

一、产业链式转移的内涵及特征

产业链是“现实经济活动中若干相关产业部门基于经济活动内在的技术经济关联，客观形成的环环相扣、首尾相接的链条式关联关系形态。”产业链式承接产业转移模式，是指产业承接地以区域产业链分析为基础，以延伸产业链或弥补产业链薄弱、缺失环节为目标，有针对性承接目标企业的承接产业转移模式。

产业链式承接产业转移模式的适用性特征有两个：第一，适用于较大范围经济区或省级行政区。大经济区地域空间广阔，部门配套齐全，产业发展成熟，产业链相对完善，并已形成产业集群或产业带的雏形，此类型区域常见的是仅缺失产业链上的部分环节，或某个片段产业链比较薄弱，因此，经济区域有能力引进缺失环节上的目标企业。某一个产业链条的引进与弥补，能较明显地提升整个区域的产业链效率和产业竞争力。第二，本地企业与引进企业的关联配套是产业链式承接产业转移的关键，因为低关联度和相对弱的配套能力，使引进产业的物流和中间产品成本过高，产业链条不流畅，将最终导致引进企业不得不撤回原地或另觅他处。

二、产业链式转移的内在优势

产业链式承接产业转移对区域经济发展有重要意义，体现在三个方面。

第一，产业链式承接与承接单个企业或项目有显著的不同。盲目承接单个企业转移，承接地往往始终处于只见企业不见产业的尴尬境地，承接地的资源、区位优势无法有效转化为产业竞争优势，因此也无法形成优势产业。

第二，产业链式承接产业转移能有效提升承接地的产业承载能力。在承接产业转移竞争进入白热化，招商引资优惠政策、劳动力成本优势、自然资源优势和区位优势发挥到极致的背景下，传统要素对产业转移的吸引效力已经进入边际递减阶段，而承接地的产业配套优势和产业创新能力等新兴要素对产业转移区位选择的影响愈发重要。承接地的产业链配套越完善，交易成本越低，资源利用效率越高，资本增值的空间就越大，因此，以打造优势产业链、集聚上下游企业、培育优势支柱产业为目标的产业链式承接产业转移模式显示出独特的吸引力和强大的生命力。

第三，产业链式承接产业转移能较快整合区域内外优势资源，加强区域专业化分工和配套，拓展产业发展空间，并迅速壮大产业规模，促进产业联动，最终提升区域产业竞争力和可持续发展能力。

三、产业转移与区域产业链构建

产业链构建对区域经济发展至关重要，通过各个产业环的关联和集聚效应，产业链得到横向拓展和纵向延伸，实现产业发展的规模经济和范围经济，并最终提高区域产业竞争力。以主导产业为核心，延伸区域产业链，增加产品附加值，可提高区域资源综合利用效率，创造出更多的价值和剩余价值。产业链环上各企业通过交互学习、信息共享和获取知识外溢，能较快增强区域创新能力。

对于不同类型的区域，其产业链构建的方式不同，对产业转移的要求也不同。对于特定的经济区域来讲，有的区域资源富集，产业门类比较齐全，各部门协作配套有序，区域内部本身就集聚了相对完整的产业链。但是对于绝大部分区域来讲，区域自身产业链条并不完整，或者拥有产业链的绝大部分环节，而缺少某一关键链环，导致整个产业链条的耦合质量不高；或者产业链条短，只拥有产业链的上游环节、中游环节或下游环节；更严重者只拥有某一个行业或企业，形成孤环，因此，对区域内不完整产业链的接通和延展就成为区域产业发展的重要任务。因为，优势产业链越长，其追加的劳动力、资金、技术数量就越多，产品附加值就越高，区域就能获得更多的经济利益。

不同类型区域产业链构建与优化的方式可以分为三种。第一，对于区域内部拥有相对完整产业链的区域，其自身虽拥有产业链可根植的资源、人文和产业优势，产业链环相对完整，但企业纵向联系相对薄弱，向外域空间拓展不足，此类内生性产业链可通过技术创新强化核心关键链环，深化专业分工，加强各环节间纵向联系。第二，对于产业链不完整，缺失关键链环的区域，可通过从区外承接相关关键链环的龙头企业，接通产业链，但是由于本区域产业链的低端性和引进链环的移植性，导致产业链的根植性较弱，承接地需要做的是加强与引进链环企业的紧密联系和配套，促进引进企业的本地化，尤其要从产业链配置和提升产业链效率的视角，确定招商引资和承接产业转移的重点领域。第三，对于仅拥有部分片段产业链的区域，甚至仅拥有某几个优势企业的孤环区域，本地区没有构建完整产业链的可能性，应有全球化视野，在强化自身比较优势的基础上，整体嵌入国际或区际产业链的“断裂点”，填补国际、区际产业链的空缺环节。具体操作方法为，通过本地企业与区外企业间的兼并、重组、合资、联合等虚拟一体化方式，承接国际优势企业转移，成功嵌入全球价值链网络。

产业链式承接产业转移的策略重点是，进行充分的区域产业链分析、区域产业发展规划和产业集聚区规划，围绕区域特色优势产业和主导产业，科学论证产业链发展规划，有针对性地引进优势产业链条的缺失链条，强化薄弱链条，提升关键链条。加强产业链的横向拓展和纵向延伸，依托关键链环组建若干子链，形成链网，最终发展成优势产业集群。

第四节　龙头企业带动产业集群转移

一、产业转移视角下产业集群形成路径

“产业集群”（industrial cluster）概念最早由波特在1990年出版的《国家竞争优势》一书中明确提出，他将其定义为，“产业集群是在某一特定领域内互相联系的、在地理位置上集中的公司和机构的集合”。① 产业集群形成的路径主要有原生型和植入式两种。原生型产业集群是本地企业基于一定的产业基础和共同的文化背景而自发形成的产业集群，其中以浙江省的块状经济为典型代表。植入式产业集群是由外部因素主导形成的，最典型的是由外商直接投资企业的集中，带动配套企业的集聚形成的产业集群。在产业进行全球布局和扩张的背景下，产业转移在后发展地区产业集群的生成和发展中发挥了越来越大的作用，后发展地区虽不具备原生型产业集群孕育的土壤，但仍可乘着产业转移的东风，培育植入式产业集群。

（一）龙头企业引领原产业集群内关联企业一同迁移形成产业集群

龙头企业（leader firm）在产业集群中占据主导和支配地位，“龙头企业位

① 陈林生．以产业集群促进区域创新体系建设研究［J］．经济问题探索，2005（4）：108－110.

于供应商和大客户网络的中心，在市场中占有牢固位置，并起领导者作用”。[①] 龙头企业在集群基础设施建设、知识创造与扩散、创新激励与带动、集群品牌扩展与声誉建立维护等方面创造积极的外部性，通过降低交易成本，带动集群中其他企业发展，促进产业集群的演进和升级。龙头企业处于产业集群的核心位置，集群中的中小企业依附于龙头企业而生存，龙头企业只负责产品设计以及市场营销等，而把非核心生产制造部分和辅助生产部分剥离并外包给周边中小企业完成，包括生产、装配、仓储、运输、咨询、培训等环节，中小企业作为龙头企业的配套企业从事专业化生产，并以龙头企业为中心，建立起稳固的网络化关系。集群中龙头企业所做出的战略决策较大程度决定着其他非龙头企业的行为和整个产业集群的变迁。

当龙头企业基于内部战略调整和空间扩张动机，或者当前区位或目标区位的市场规模、要素成本、政府政策、地区经济条件等发生变化时，为实现利润最大化，理性的龙头企业将做出迁移的决策，将部分或整个经济活动迁移到更为有利的地区。由于保持集群网络中企业之间合作关系的稳固性和交易性的相互依赖，当龙头企业迁移到新的区位时，为使企业间相互合作和交流的模式得以保持并延续，集群内的配套企业倾向于跟随和模仿龙头企业一起迁移，最终带动原产业集群整体转移（见图 3－1）。

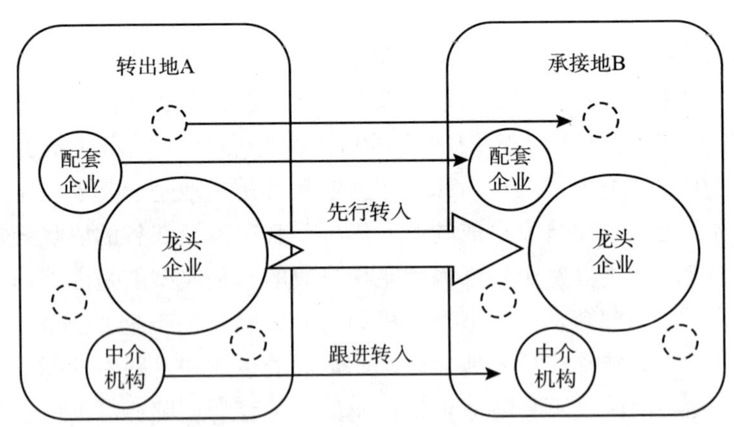

图 3－1　龙头企业带动配套企业一同转移形成产业集群

资料来源：笔者自行绘制。

① 贾生华，杨菊萍．产业集群演进中龙头企业的带动作用研究综述［J］．产业经济评论，2007（1）：129－136.

（二）产业园区集聚配套企业进而吸引龙头企业转入形成产业集群

地方政府依据本地产业发展的独特优势，优先选择具有产业集群成长潜力的区域规划建设工业园区，通过构建完善的基础设施和配套设施、规范化的管理和服务、制定科学的准入标准，将产业集群培育与招商引资相结合，依据园区主导产业，有针对性集聚关联产业，吸引同类龙头企业进驻，龙头企业的庞大需求又带动本地配套企业集聚和成长，进而形成产业集群（见图 3－2）。

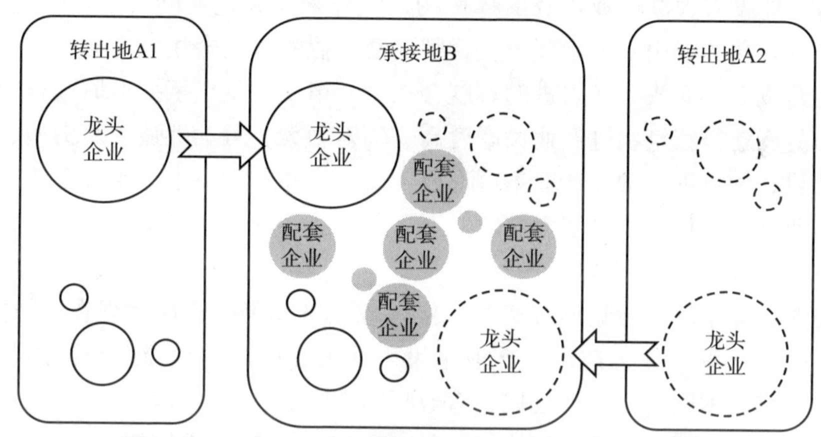

图 3－2　配套企业集聚吸引龙头企业转移形成产业集群

资料来源：笔者自行绘制。

二、龙头企业带动产业集群转移的特点及效应

（一）龙头企业带动产业集群转移的特点

龙头企业带动产业集群转移是通过引进一些产业领域的龙头企业，依托产业集聚效应，吸引大量相关行业企业及配套企业跟进转移的一种产业转移模式。配套企业出于继续保持和龙头企业紧密联合的需要，到龙头企业转移目标地投资办厂、就近配套。龙头企业带动产业集群转移有两种模式。一是承接地没有龙头企业，通过发展本地配套企业，吸引龙头企业转移，龙头企业进一步带动其配套企业转入；二是承接地本身具有竞争力强的龙头企业，龙头企业通过外包和零部件生产配套，吸引与之相关的配套企业、供应商转移，并建立起以龙头企业为中心的本土产业集群。

龙头企业带动产业集群转移的特点包括：（1）龙头企业的选择与引进是集群式产业转移的关键；（2）配套企业引进有一定的时滞性，与龙头企业关联性强的配套企业首先跟进转入，其他配套企业和辅助机构相继转入；（3）产业转移具有整体性，不是某一个产业或企业部门的单独转入，是核心企业与配套企业、关联企业和中间机构等的整体转入。

（二）龙头企业带动产业集群转移的条件和效应

承接地通过引进龙头企业带动产业集群转移，需要具备一定的条件。第一，着力提高产业协作配套能力，有意识地培育当地特色优势产业，并围绕特色优势产业发展关联产业以及支撑机构，使外来龙头企业能就近采购和协作，提升产业转移的吸引力和承载力，否则配套产业的缺失会相应增加龙头企业的生产经营成本，龙头企业引进的难度会加大。第二，重点承接本地区有较强配套能力的产业，特别引进产业关联度高、辐射力大、带动性强的龙头型、基地型大项目，依托项目加速产业集群形成。第三，注重扶持本土龙头企业，强化龙头企业的带动作用，鼓励大企业对上下游中小企业改造重组，延长、拓宽产业链条，形成产业集聚效应。

龙头企业带动产业集群转移对承接区域经济发展的效应体现在三个方面。第一，在产业承接地迅速形成产业集聚，壮大支柱产业，提升经济总量；第二，充分带动本土中小企业发展，有效吸纳富余劳动力本地就业；第三，龙头企业带动产业集群转移可以加快工业化进程，依托工业园区和产业集聚区形成工业新城，有效提升承接地的城市化进程。

第五节　产业转移的区域实现机制

产业转移是一个涵盖多要素的经济活动系统，其构成要素包括产业转移主体、产业转移客体、产业转移方式和产业转移环境。产业移出方和承接方是产业转移的主体，其中，政府与企业又构成产业转移的宏观主体和微观主体，中介机构在产业转移中起桥梁和纽带作用，产业转移实现过程就是这些利益攸关者相关诉求得到满足和实现的过程。产业转移的客体为产业、产品、资金、技术、管理经验等，产业转移效果还因转移方式不同而存在差异。

产业转移实现过程也是各个主体之间相互竞争和博弈的过程。促进利益主体间的积极互动，建立有效的推进机制是实现产业转移的重要环节之一。在我国，高效的产业转移推进机制应是以市场配置资源为基础，中央政府统筹，各级地方政府积极引导，中介机构发挥桥梁和纽带作用，以企业为主体的产业转移推进机制（见图 3－3）。

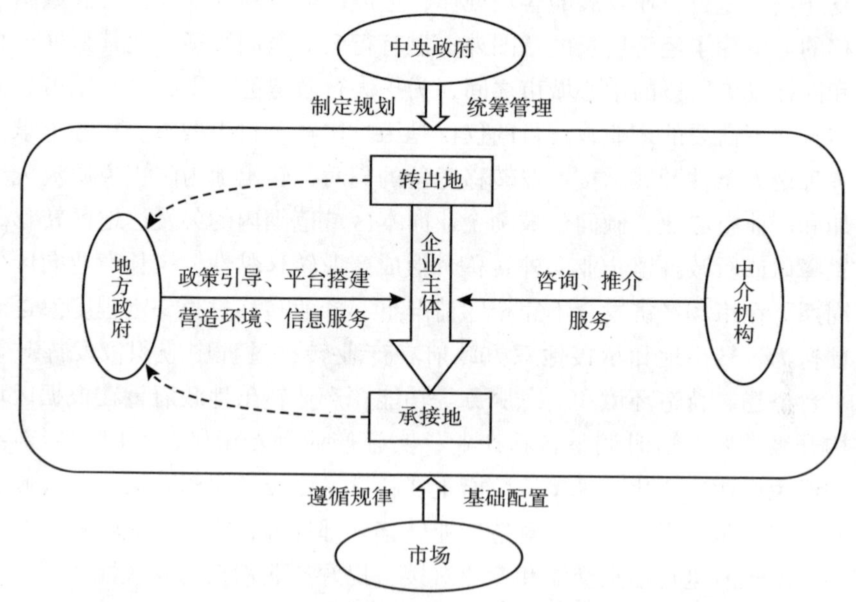

图 3－3　多主体推进的产业转移实现机制

资料来源：笔者自行绘制。

第一，国家层面的统筹管理。中央政府和地方政府在产业转移中的利益诉求有所不同，产业转移首先是国家战略意图的重要体现，中央政府更加关注区域协调发展和资源环境的空间均衡，追求国家整体利益和社会总福利最大化，而地方政府往往是行政区思维，只追求本区利益和本地区经济发展，因此，产业转移中国家整体利益和地方局部利益的博弈，需要中央政府在宏观层面上的统筹管理。产业区际转移是国家宏观经济政策和总体战略布局的重要体现，国家层面的统筹指导是保障区际产业转移有序推进、维护社会总福利和国家安全的需要。国家层面对产业转移的统筹管理体现在以下方面：根据主体功能区战略规划产业总体空间布局，制定产业转移规划，修订产业转移指导目录，明确各类产业转移的时间、区位和方式，制定针对不同区域差别化的产业转移与承接政策，严格规制污染转移和落后产能转移等。

第二，转出地和承接地政府的努力作为。转出地和承接地之间，以及承接地之间由于利益争夺也会产生矛盾和冲突。承接地为追求经济增长、增加税收、扩大就业，或迫于政绩考核的压力，会进行激烈的产业承接竞争，竞争的手段包括各种优惠政策和公共产品供给在内的正当手段，也包括一些不正当手段。承接地间的竞争在促进产业有效转移同时，也会导致不同区域产业同构化和重复建设，违背产业发展的客观规律，造成产业空间配置失衡。区域承接产业转移的竞争除了经济增长的意图外，也有行政竞争的嫌疑，尤其是处于相似区位和同样发展阶段的中心城市之间，为扩大行政势能范围，中心城市会盲目承接本身并不需要的产业，其目的仅仅是为打击竞争对手城市。在各个承接地采取各种诱人条件开展承接产业转移竞争的同时，转出地为防止税源流失、失业增加和产业空心化，倾向于鼓励企业向本区域范围内的欠发达地区转移，从而设置障碍或行政挽留企业向外转移，形成产业转移黏性，拉长产业向区外转移的周期。在市场经济发育不完全的情况下，产业转移过程一定程度渗透着政府干预行为，转出地和承接地双方政府在产业转移过程中应积极发挥政策引导、平台搭建、营造环境和信息服务等功能。产业转出地政府重在根据区域产业结构升级需要，适时调整转移产业，实施产业创新激励，及时发展新兴产业，并避免产业空心化；承接地政府重在科学制定招商引资政策，提升政府服务效率，加强基础设施建设，营造产业转移外部环境，搭建产业转移平台，积极与转出地政府进行信息交流和产业对接，提升产业承接的有效性。

第三，中介机构的桥梁和纽带作用。行业协会等中介机构在产业转移中起桥梁和纽带作用，其在产业转移工作中的推进作用包括：架起政府和企业间互动交流的桥梁，减少信息不对称；为企业提供有价值的行业动态和前沿信息，举办联席会议和专业博览会，搭建企业交流平台，进行区域优势推介；加强各协会之间的交流，为企业提供咨询服务，引进咨询机构、检测中心或研发机构等，为企业创新提供技术支撑。

第四，转移企业主体作用的发挥。企业是产业转移的微观主体，企业主体的行为决定着产业转移的规模、性质和方式。转移企业之间以及转移企业和本土企业之间，在分割市场、占有资源和劳动力等方面存在激烈的竞争，各企业在竞争与合作中实现共同发展壮大。产业转移中企业的主体作用主要表现为：（1）转移企业根据自身发展战略和政府宏观政策决定向外转移的部门，是转移研发部门或是生产基地，权衡各种因素后选择目标区位和转移方式，是绿地投资或是收购兼并等；（2）培养企业自主创新能力和消化吸收能力，提高吸纳产业转移的规模和层次，加强与转入企业的交流、对接和合作，融入全国或全球价值链体系。

第五，产业对接模式的选择。区域在承接产业转移过程中，要根据本区域发展阶段和产业发展特征合理选择产业承接模式，如共建园区模式、集群转移模式、产业链模式或其他模式等。总之，科学的产业承接模式将对产业转移产生事半功倍的效果，而不当的产业承接模式则会对区域经济安全构成一定的威胁。

第四章
我国价值链的空间分化特性

客观测度国内价值链的水平和空间分布特征是科学构建国内价值链的基本前提。本章运用综合指标构建、投入产出分析和计量经济学方法，研究我国各省份在国内价值链中的相对位置，分析典型制造业价值链投入产出关联特征和价值链波及范围，考察我国东部、中部、西部地区在典型制造业国内价值链中的位置和功能定位；考虑国内价值链构建的区域与产业异质性，构建国内价值链分工地位、嵌入位置、增值能力指数，考察我国 8 个区域 13 个产业部门的国内价值链分工现状，运用面板数据模型检验产业和区域特征因素影响价值链分工的规律和机理。本书力图通过科学严谨的方法系统考察我国价值链的空间形态，以期为不同区域和产业设计差异化的产业承接与升级路径提供实证分析基础。

第一节 省份间国内价值链空间分化特征

一、价值链地位水平测度综述

对一国内部不同区域价值链水平的客观考察是正确勾勒国内价值链空间形态的基本前提。关于价值链地位水平测度的相关成果主要围绕一国全球价值链地位水平展开，主流方法是从出口视角，基于贸易增加值或出口商品结构，构建单一指标度量一国全球价值链地位水平，具体有垂直专业化指数（Hummels，2001）、GVC 地位指数（Koopman，2012；王岚，2014；余振、顾浩，2016）、出口复杂度指数（Hausmann，2007；邱斌，2012）、产业上游度

(Antràs，2012)、附加值贸易测算法（Noguera，2012)、出口商品结构相似度指数（唐海燕、张会清，2009)、价值链高度指数（聂聆、李三妹，2016；Timmer，2013)、产业内分工高度（卢福财、罗瑞荣，2010）等。

目前，测度一国内部各区域国内价值链水平的成果还比较鲜见，相关研究主要从两个视角展开。第一，主要借鉴全球价值链的研究思路及分析方法（周密，2013；王海杰，2015)。其原因在于，部分学者认为，“尽管存在营销渠道、分工范围及治理结构的差异，但从生产网络组织运营角度，NVC 和 GVC 并无本质差别”（刘志彪，2009)。另外，还便于保证全球价值链与国内价值链相对地位具有统一性与可比性。该方法的前提假设是产品技术层次与该国整体价值链位次正相关，实际上二者具有显著差异。第二，采用投入产出关联法。国内价值链本质是跨区域的投入产出关联，投入产出表成为分析价值链地位的可用工具。黎峰（2016）结合改进的区域间投入产出表构建了国内价值链衡量指标，由于我国只编制了涵盖八大区域的地区间投入产出表，因此，很难用此方法对进一步细化的省份或区域价值链水平进行深入分析。张少军（2009）基于特定省份的投入产出表测度了广东和江苏的 GVC 和 NVC 水平，该方法利用某一特定省区的投入产出表测定某一地区整体或各行业的价值链水平，但我国各省份投入产出表编制不具连续性，编制标准不统一，因此，很难对各省份价值链水平进行长时间序列的比较分析。因此，建立既能够反映国内价值链内涵特征，又能够对一国内部各次级区域进行历时性系统对比的国内价值链指标体系显得尤为必要。

二、各省份国内价值链水平综合指标构建

本章力图建立反映各省份间国内价值链水平的综合指标体系，从区域层面考察国内价值链的空间分化特征。综合性指标相对于单一指标的优点是能够反映出产业发展和升级的目标所在，如卡普林斯基（Kaplinsky，2000）就从增值份额、利润份额、购买份额、核心技术或独特竞争能力、市场品牌五个方面构建了用以识别价值链治理者或战略环节的指标体系，但该指标体系的获得更多依靠具体企业的实地调研。本书从价值链上游、中游、下游各环节出发，选取表征各环节价值链获利能力的指标构建国内价值链综合指标体系（见表 4－1)。

表 4－1　　国内价值链环节特征及衡量指标

价值链环节	活动内容	核心能力	衡量指标
上游资本或技术密集环节	基础研究、应用开发、产品设计、高级材料或复杂零部件生产	研发和设计	区域创新能力
中游劳动密集环节	中间品采购、简单零部件加工、成品组装	生产率和利润率	各地区大中型企业总资产贡献率；各地区大中型企业成本费用利润率
下游管理与服务密集环节	品牌管理、专业服务、市场营销、物流管理	服务和品牌	生产性服务业城镇单位就业人口数；各省（区、市）进入《中国 500 最具价值品牌》品牌个数和品牌价值

资料来源：笔者整理。

第一，价值链上游环节。国内价值链上游研发设计环节的核心能力主要体现为区域创新能力的差别，故选取“区域创新能力”作为代表性指标。该指标由知识创造、知识获取、企业创新、创新环境和创新绩效 5 个一级指标和 137 个四级指标综合而成，能够客观反映各省份区域创新能力。数据来源于中国科技发展战略研究小组编著的历年《中国区域创新能力报告》。

第二，价值链中游环节。中游生产制造环节获利能力差别主要体现为制造业利润率的差异，因为制造业利润率水平一定程度反映了制造业在产品价值链上的相应地位。一般来说，高技术产业或产业价值链高端利润率通常要比低技术产业或者价值链低端的利润率要高（盛丰，2014）。因此，选取反映工业企业盈利能力的指标“各地区大中型企业总资产贡献率”和反映工业企业经济效益的核心指标“各地区大中型企业成本费用利润率”作为代表性指标。其中，2015 年总资产贡献率根据历年环比增长速度平均值计算，2015 年成本费用利润率由“利润总额 ÷（主营业务成本 + 销售费用 + 管理费用 + 财务费用）”计算而得。数据来源于历年《中国统计年鉴》。

第三，价值链下游环节。下游环节活动内容总体上为生产性服务业活动和总部经济活动。关于生产性服务业活动的考察对象，尽管我国制定了《生产性服务业分类（2015）》，但有些行业类别仅有部分内容属于生产性服务业，加之很多省份并没有开展生产性服务业的统计，导致科学、具体的生产性服务业数据较难获得。兼顾生产性服务业内涵和数据可得性，目前大多数文献选取五大行业作为生产性服务业的统计口径，即交通运输、仓储和邮政业，信息传输、计算机服务和软件业，金融业，租赁和商务服务业，科学研究、技术服务和地质勘查五个行业。关于生产性服务业的考察指标，有的文献采用上述五大行业生产总值衡量，但由于某些省份数据不可得，只能选取部分省或城市展开分析（孙晓华，2014；顾乃华，2011），有的文献用中间需求率大于50%判断为生产性服务业（刘纯彬，2013）。考虑到各省份数据可得性、连续性与可比性，本书也选用五大行业整体数据代表生产性服务业，利用“生产性服务业城镇单位就业人口数”表征各省区生产性服务业发展水平。

对于总部经济活动的考察，选取各省份本土企业进入《中国500最具价值品牌》的本土企业品牌个数和本土企业品牌价值总额指标。基础数据来源于世界品牌实验室（World Brand Lab）推出的历年《中国500最具价值品牌》分析报告。

三、国内价值链的省（区、市）分化特征

本书选取2006~2015年我国31个省（区、市）（港、澳、台地区除外）样本数据进行分析。由于部分指标之间具有一定的相关性，利用SPSS16.0软件将历年31个截面数据进行主成分分析，通过KMO检验，根据累计贡献率大于等于85%选取主成分个数，利用每个主成分特征值占选取主成分特征值总和的比重作为权重，计算历年各省（区、市）国内价值链综合水平得分值，将各省（区、市）得分值与31个省（区、市）平均值之比作为衡量各省（区、市）国内价值链相对水平的指标。各省（区、市）国内价值链水平综合得分值和排序见表4-2。

（一）国内价值链的省区分化特征

从表4-2可见，2006~2015年，北京、广东、上海、江苏一直位居国内价值链综合水平前四位，其中，北京和广东一直处于国内价值链最高端水平；东部省份河北、海南自2009年起国内价值链水平得分一直位居20名以后，处于价值链低端水平。东北地区和除山西、安徽、江西外的中部省份一直位于国内价值链中端和中低端水平，但辽宁呈现下降趋势，吉林、江西价值链位次稳步提升。值得注意的是，西部地区两极分化明显，陕西、贵州国内价值链位次显著提升，陕西最高为第9位水平，贵州从2010年的第27位上升到2015年的第5位，而新疆、甘肃、宁夏、青海、西藏的国内价值链得分一直处于全国最低水平。

表 4-2　　2006~2015 年我国各省（区、市）国内价值链水平得分及排序

地区		2006 年		2007 年		2008 年		2009 年		2010 年		2011 年		2012 年		2013 年		2014 年		2015 年	
		S	P	S	P	S	P	S	P	S	P	S	P	S	P	S	P	S	P	S	P
东部	北京	2.72	1	1.18	1	1.16	1	1.21	1	1.17	1	1.20	1	1.17	1	1.26	1	1.25	1	1.34	1
	广东	2.17	2	0.93	2	0.93	2	0.97	2	1.04	2	1.06	2	1.02	2	1.02	2	1.03	2	1.13	2
	上海	1.53	3	0.73	3	0.73	3	0.76	3	0.75	3	0.76	3	0.73	4	0.89	3	0.91	3	1.03	3
	江苏	1.31	4	0.62	4	0.63	4	0.73	4	0.72	4	0.72	4	0.77	3	0.85	4	0.88	4	0.98	4
	浙江	1.21	6	0.58	5	0.57	5	0.66	5	0.67	5	0.67	5	0.66	5	0.69	9	0.63	14	0.79	8
	山东	1.25	5	0.54	6	0.55	6	0.61	6	0.60	6	0.58	6	0.64	6	0.75	5	0.72	6	0.82	7
	天津	0.54	21	0.32	15	0.34	15	0.36	15	0.41	9	0.37	10	0.51	10	0.62	14	0.65	12	0.76	9
	福建	0.64	18	0.33	12	0.36	10	0.42	10	0.41	8	0.42	8	0.51	11	0.60	16	0.60	15	0.70	14
	河北	0.81	11	0.26	17	0.27	19	0.30	21	0.28	21	0.25	21	0.33	23	0.42	26	0.42	25	0.49	25
	海南	0.14	28	0.12	27	0.15	27	0.21	27	0.21	26	0.15	28	0.32	26	0.43	25	0.39	26	0.55	23
东北	辽宁	1.07	7	0.39	10	0.36	12	0.36	14	0.39	10	0.39	9	0.44	14	0.59	17	0.44	22	0.58	21
	黑龙江	0.76	12	0.19	24	0.35	13	0.37	13	0.36	13	0.32	15	0.57	7	0.68	10	0.68	8	0.60	20
	吉林	0.67	15	0.43	9	0.45	7	0.43	9	0.32	16	0.34	12	0.40	18	0.72	7	0.78	5	0.83	6

续表

地区		2006年		2007年		2008年		2009年		2010年		2011年		2012年		2013年		2014年		2015年	
		S	P	S	P	S	P	S	P	S	P	S	P	S	P	S	P	S	P	S	P
中部	湖北	0.86	10	0.32	14	0.34	16	0.39	11	0.38	12	0.33	14	0.42	16	0.60	15	0.64	13	0.74	11
	湖南	0.76	13	0.34	11	0.36	11	0.45	7	0.39	11	0.35	11	0.46	13	0.59	18	0.57	18	0.67	16
	河南	1.06	8	0.32	13	0.34	14	0.39	12	0.36	14	0.34	13	0.41	17	0.56	19	0.56	19	0.65	18
	安徽	0.56	19	0.26	16	0.26	20	0.33	17	0.32	15	0.26	20	0.39	20	0.48	22	0.43	23	0.56	22
	山西	0.66	17	0.20	22	0.22	22	0.25	25	0.23	24	0.20	25	0.20	27	0.33	28	0.20	29	0.26	28
	江西	0.46	24	0.20	21	0.21	23	0.25	23	0.22	25	0.21	23	0.34	22	0.52	21	0.59	17	0.66	17
西部	四川	0.96	9	0.49	7	0.41	8	0.45	8	0.44	7	0.43	7	0.53	8	0.72	8	0.68	10	0.75	10
	陕西	0.67	16	0.19	25	0.27	18	0.30	20	0.32	17	0.31	16	0.53	9	0.66	11	0.68	9	0.68	15
	重庆	0.48	23	0.23	20	0.25	21	0.30	18	0.30	20	0.29	18	0.33	24	0.54	20	0.55	20	0.70	13
	云南	0.68	14	0.43	8	0.39	9	0.30	19	0.31	18	0.29	19	0.39	19	0.73	6	0.59	16	0.52	24
	内蒙古	0.51	22	0.25	18	0.28	17	0.34	15	0.31	19	0.29	17	0.50	12	0.65	13	0.67	11	0.73	12
	贵州	0.37	25	0.23	19	0.19	24	0.26	22	0.19	27	0.20	24	0.43	15	0.66	12	0.70	7	0.85	5
	新疆	0.33	27	0.05	29	0.19	25	0.22	26	0.24	23	0.19	26	0.38	21	0.47	23	0.42	24	0.48	26
	广西	0.54	20	0.19	23	0.18	26	0.25	24	0.27	22	0.24	22	0.32	25	0.45	24	0.50	21	0.63	19
	甘肃	0.34	26	0.16	26	0.12	28	0.19	28	0.15	28	0.15	27	0.19	28	0.39	27	0.33	27	0.32	27
	宁夏	0.07	29	0.05	28	0.05	30	0.09	29	0.10	29	0.05	30	0.08	30	0.22	30	0.15	30	0.24	30
	青海	0.02	30	-0.05	30	0.07	29	0.06	30	0.08	30	0.07	29	0.18	29	0.27	29	0.20	28	0.25	29
	西藏	-0.07	31	-0.08	31	0.00	31	0.00	31	0.03	31	0.01	31	0.02	31	0.00	31	0.09	31	0.00	31

注："S"为各省份国内价值链综合水平得分值；"P"为各省份国内价值链综合水平得分位序。

资料来源：数据由笔者计算得出。

从全国层面看，成渝地区整体处于国内价值链中间环节位置。从西部地区内部看，成渝地区处于西部价值链环节的高端水平；从成渝地区内部看，四川省价值链水平高于重庆市，四川省一直位于国内价值链水平排名前10位，重庆市国内价值链水平也从2006年排名第23位上升到2015年的第13位。

（二）国内价值链的总体梯度分布特征

对比2006年、2010年，2014年我国省区间价值链水平差距有所减小，“中部塌陷”与“西部崛起”并存。区域层面的考察并未有效支持我国已经形成了严格的东部、中部、西部梯次分布的价值链空间格局。综合历年各省（区、市）国内价值链水平位序看，我国大致形成了“以北京、长三角、广东为价值链最高端水平，以山东、福建、四川、湖北、湖南、天津等为价值链中端水平，以东北三省、河南、陕西、云南、重庆等为价值链中低端水平，以河北、海南、山西、安徽、江西、贵州、广西、其他西北省份等为价值链最低端水平”的总体空间格局。

从各区域内部看，也呈现出明显的次区域内部价值链梯度分布格局特征，如京津冀地区“北京—天津—河北”价值链梯度格局；泛长三角地区“上海、江苏—浙江—安徽、江西等”价值链梯度格局；西部地区“四川—陕西、云南—贵州、重庆、内蒙古—其他西部省份”价值链梯度格局。

对我国31个省（区、市）近10年来价值链水平变动的分析发现，我国制造业国内价值链空间形态存在地理邻近性和空间相关性，呈现出东部三大城市群内部、三大城市群之间或西部地区内部等空间集聚的特征，跨越东部、中部、西部三大区域的价值链空间格局尚未形成。

第二节　典型制造业国内价值链空间分布形态

一、基于省份间投入产出表的价值链分工研究方法

（一）省份间投入产出模型

国内价值链的内在本质是区域间的投入产出关联。不同区域只有在某一产业领域针对某一产品存在价值链分工合作，即存在投入产出的技术经济联系，

才会产生区域间围绕价值增值的产业联系。因此，考察一国内部各区域间投入产出关联的方式、流向、流量、地理延伸范围和网络结构是判断国内价值链空间发育形态的主要指标。

我国省区间投入产出模型系统量化了我国不同省区各个产业部门之间的产业价值链关联，是分析产业价值链空间分布形态的有效工具。假设一国有 m 个省区（r，s = 1，2，…，m），且每个省区有 n 个产业部门（i，j = 1，2，…，n），省区间投入产出模型的基本形式见表 4 – 3。

表 4 – 3　　　　省区间投入产出模型的基本形式

<table>
<tr><td colspan="3" rowspan="3">投入</td><td colspan="7">中间需求</td><td colspan="3">最终需求</td><td rowspan="3">出口</td><td rowspan="3">进口</td><td rowspan="3">误差</td><td rowspan="3">总产出</td></tr>
<tr><td colspan="3">省区 1</td><td rowspan="2">…</td><td colspan="3">省区 m</td><td rowspan="2">省区 1</td><td rowspan="2">…</td><td rowspan="2">省区 m</td></tr>
<tr><td>产业 1</td><td>…</td><td>产业 n</td><td>产业 1</td><td>…</td><td>产业 n</td></tr>
<tr><td rowspan="7">中间投入</td><td rowspan="3">省区 1</td><td>产业 1</td><td>x_{11}^{11}</td><td>…</td><td>x_{1n}^{11}</td><td>…</td><td>x_{11}^{1m}</td><td>…</td><td>X_{1n}^{1m}</td><td>F_1^{11}</td><td>…</td><td>F_1^{1m}</td><td>E_1^1</td><td>M_1^1</td><td>err_1^1</td><td>X_1^1</td></tr>
<tr><td>…</td><td>…</td><td>…</td><td>…</td><td>…</td><td>…</td><td>…</td><td>…</td><td>…</td><td>…</td><td>…</td><td>…</td><td>…</td><td>…</td><td>…</td></tr>
<tr><td>产业 n</td><td>x_{n1}^{11}</td><td>…</td><td>x_{nn}^{11}</td><td>…</td><td>X_{n1}^{1m}</td><td>…</td><td>x_{nn}^{1m}</td><td>F_n^{11}</td><td>…</td><td>F_n^{1m}</td><td>E_n^1</td><td>M_n^1</td><td>err_n^1</td><td>X_n^1</td></tr>
<tr><td>…</td><td>…</td><td>…</td><td>…</td><td>…</td><td>x_{ij}^{rs}</td><td>…</td><td>…</td><td>…</td><td>…</td><td>F_s^{ri}</td><td>…</td><td>E_i^r</td><td>M_i^r</td><td>err_i^r</td><td>X_i^r</td></tr>
<tr><td rowspan="3">省区 m</td><td>产业 1</td><td>x_{11}^{m1}</td><td>…</td><td>x_{1n}^{m1}</td><td>…</td><td>x_{11}^{mm}</td><td></td><td>x_{1n}^{mm}</td><td>F_1^{m1}</td><td>…</td><td>F_1^{mm}</td><td>E_1^m</td><td>M_1^m</td><td>err_1^m</td><td>X_1^m</td></tr>
<tr><td>…</td><td>…</td><td>…</td><td>…</td><td>…</td><td>…</td><td>…</td><td>…</td><td>…</td><td>…</td><td>…</td><td>…</td><td>…</td><td>…</td><td>…</td></tr>
<tr><td>产业 n</td><td>x_{n1}^{m1}</td><td>…</td><td>x_{nn}^{m1}</td><td>…</td><td>x_{n1}^{mm}</td><td>…</td><td>x_{nn}^{mm}</td><td>F_n^{m1}</td><td>…</td><td>F_n^{mm}</td><td>E_n^m</td><td>M_n^m</td><td>err_n^m</td><td>X_n^m</td></tr>
<tr><td colspan="3">增加值</td><td>V_1^1</td><td>…</td><td>V_n^1</td><td>V_j^s</td><td>V_1^m</td><td>…</td><td>V_n^m</td><td>—</td><td>—</td><td>—</td><td>—</td><td>—</td><td>—</td><td>—</td></tr>
<tr><td colspan="3">总投入</td><td>X_1^1</td><td>…</td><td>X_n^1</td><td>X_j^s</td><td>X_1^m</td><td>…</td><td>X_n^m</td><td>—</td><td>—</td><td>—</td><td>—</td><td>—</td><td>—</td><td>—</td></tr>
</table>

表 4 – 3 中，x_{ij}^{rs}为省区 r 产业 i 对省区 s 产业 j 的投入或使用，也即省区 s 产业 j 生产中所消耗的省区 r 产业 i 的产品数量的价值；F_s^{ri} 是省区 r 产业 i 所提供的省区 s 的最终需求，E_i^r、M_i^r、err_i^r、X_i^r 分别表示省区 r 产业 i 的出口、进口、误差值、总产出（总产值）；V_j^s、X_j^s 分别为省区 s 产业 j 的增加值、总投入（总产值）。

（二）研究方法

本书借助我国省份间投入产出模型，侧重于制造业部门和重点省份的考察，揭示典型产业价值链投入产出关联的方向及强度，从而间接考察典型产业国内价值链的空间分布形态。

引入“区域间产业影响力系数”表征某省区某产业对其他区域所有产业部门的生产需求影响能力：

$$T_{jinter}^{s} = \frac{\sum_{r(r \neq s)} \sum_{i} A_{ij}^{rs}}{\frac{1}{n} \sum_{r(r \neq s)} \sum_{i} \sum_{j} A_{ij}^{rs}} \quad (4-1)$$

引入“区域间产业感应度系数”表征某省区某产业对其他区域提供生产的能力，即其他区域所有产业部门对该省区特定产业的需求依赖程度：

$$S_{iinter}^{r} = \frac{\sum_{s(s \neq r)} \sum_{j} A_{ij}^{rs}}{\frac{1}{n} \sum_{s(s \neq r)} \sum_{i} \sum_{j} A_{ij}^{rs}} \quad (4-2)$$

式（4－1）和式（4－2）中，T_{jinter}^{s}为省区 s 产业 j 的区域间产业影响力系数；S_{iinter}^{r}为省区 r 产业 i 的区域间产业感应度系数；A_{ij}^{rs}为省区 r 产业 i 对省区 s 产业 j 的里昂惕夫逆系数；n 为每个区域的产业部门数，n＝60。

运用省区间投入产出模型分析国内价值链空间形态分为两步。

第一步，根据T_{jinter}^{s}和S_{iinter}^{r}数值判断特定产业国内价值链的大致形态和构建模式。本书提出以下论断：

论断一：对于技术密集型和资本密集型制造业部门，如果东部省区S_{iinter}^{r}较大，而中西部省区T_{jinter}^{s}较大，说明东部省区主要为了满足中西部省区的核心技术需求，可以建立东部为主导、中西部为外围的价值链格局，反之亦然。本书重点检验西部省区是否具有主导部分优势产业国内价值链的能力。

论断二：对于原材料初级产品部门和劳动密集型制造业部门，如果中西部省区S_{iinter}^{r}较大，而东部省区T_{jinter}^{s}较大，说明中西部省区主要为了满足东部省区的生产需求，可以建立东高西低的价值链空间格局。本书重点验证西部省区是否属于明显的原材料等初级产品供给角色。

第二步，根据x_{ij}^{rs}取值特征，细化判断特定产业国内价值链的联系方向和空间形态。x_{ij}^{rs}表示省区 r 产业 i 与省区 s 产业 j 之间的投入产出关联强度，x_{ij}^{rs}取值越大，说明省区 r 产业 i 与省区 s 产业 j 之前的产业价值链关联越强。根据与省区 r 产业 i 产生投入产出关联的省区 s 的地理区位、与之关联的产业 j

的部门数量和部门属性，可以综合判断省区 r 产业 i 的国内价值链分布范围。

二、研究对象与数据来源

本书首先重点研究资本与技术密集型产业部门的价值链空间形态，故选取通信设备、电子计算机制造业和交通运输设备制造业作为典型代表，因为二者具有产品附加值高，产业链条长，能够进行价值链分割和工序化生产，易于形成跨区域产业价值链的特点。其次，分析以石油天然气开采产业、纺织业、纺织服装及皮革业等为代表的资源能源和劳动密集型产业部门的价值链空间形态。

我国典型制造业部门区域间产业影响力系数和感应度系数见表 4 - 4。

表 4 - 4　　我国典型制造业部门区域产业影响力系数和感应度系数

地区	通信设备、电子计算机制造业	铁路运输设备制造业	汽车制造业	煤炭开采和洗选业	石油和天然气开采	纺织业	纺织服装及皮革
北京	0.76 (6.28)	1.41 (0.09)	1.66 (0.68)	1.19 (2.65)	0 (0)	1.64 (0.62)	1.14 (0.4)
天津	0.9 (2.04)	0.92 (0.01)	1.61 (1.38)	2.26 (0.15)	0.39 (4.06)	1.87 (1.11)	1.91 (0.47)
河北	1.3 (0.09)	1.08 (0.11)	1.37 (0.18)	0.89 (2.91)	0.48 (3.52)	1.03 (3.03)	1 (0.41)
上海	1.46 (1.36)	1.26 (0)	1.23 (1.67)	0.55 (0.4)	0.42 (0.05)	1.64 (0.18)	1.84 (0.03)
江苏	0.81 (1.58)	0.93 (0.12)	1.23 (0.48)	0.56 (0.44)	0.19 (0.55)	1.89 (3.19)	1.22 (0.65)
浙江	1.67 (0.47)	1.36 (0.03)	1.28 (0.12)	0.32 (0.41)	0 (0)	1.28 (7.41)	1.47 (1.45)
广东	0.61 (7.88)	1.28 (0.04)	1.58 (0.35)	1.22 (0.01)	0.39 (4.24)	1.28 (1.31)	1.12 (1.33)
福建	0.96 (0.27)	1.21 (0)	1.32 (1.7)	0.65 (0)	0 (0)	1.9 (1.03)	5.4 (0.53)

续表

地区	通信设备、电子计算机制造业	铁路运输设备制造业	汽车制造业	煤炭开采和洗选业	石油和天然气开采	纺织业	纺织服装及皮革
山东	1.84 (0.37)	1.37 (0.35)	1.65 (0.4)	1.06 (1.77)	0.27 (6.66)	1.59 (1.32)	1.79 (0.33)
海南	2.05 (0)	2.48 (0.02)	0.86 (0.98)	0.39 (0.61)	0.34 (0.45)	2.63 (0.01)	2.49 (0.28)
辽宁	1.66 (1.07)	1.19 (0.16)	1.56 (0.32)	0.84 (0.89)	0.55 (4.27)	1.74 (0.51)	2.05 (0.19)
吉林	0.66 (0.23)	1.44 (1.88)	1.29 (0.97)	0.47 (2.44)	0.31 (0.5)	0.76 (0.47)	0.96 (0.15)
黑龙江	1.41 (0.09)	1.73 (0.67)	1.52 (0.41)	1.05 (0.96)	0.15 (21.69)	1.42 (1.01)	1.41 (0.33)
山西	0.76 (0.1)	0.93 (0.1)	1.08 (0.37)	1.43 (16.33)	0 (0)	0.76 (0.16)	1.62 (0.13)
安徽	1.48 (0.25)	1.16 (0.12)	1.29 (0.68)	0.66 (7.25)	0 (0)	1.39 (0.15)	1.86 (0.15)
江西	1.34 (0.32)	1.56 (0.22)	1.3 (0.44)	0.46 (2)	0 (0)	1.25 (0.6)	1.5 (0.1)
河南	1.26 (0.24)	1.09 (0.03)	1.71 (0.11)	0.87 (4)	0.78 (2.1)	1.4 (0.52)	1.7 (1.22)
湖北	0.94 (0.34)	1.28 (0.27)	1.2 (0.96)	1.56 (0.11)	1.23 (0.49)	1.29 (4.47)	1.32 (0.44)
湖南	2.07 (0.24)	1.35 (3.74)	1.86 (0.77)	0.63 (1)	0 (0)	1.35 (1.65)	1.16 (0.37)
重庆	0.98 (0.34)	1.74 (0.05)	1.15 (2.24)	0.87 (0.79)	0.5 (0.18)	1.2 (0.83)	2.64 (0.13)
四川	1.11 (1.29)	1.42 (1.36)	1.32 (0.19)	0.91 (1.44)	0.9 (0.75)	1.55 (0.84)	1.61 (0.19)
陕西	1.64 (1.65)	1.68 (1.17)	1.67 (0.45)	0.75 (1.23)	0.69 (5.08)	1.42 (0.21)	1.78 (0.26)

续表

地区	通信设备、电子计算机制造业	铁路运输设备制造业	汽车制造业	煤炭开采和洗选业	石油和天然气开采	纺织业	纺织服装及皮革
贵州	1.61 (0.22)	1.47 (1.1)	1.16 (0.25)	0.88 (3.1)	0.6 (0)	1.28 (0.13)	2.4 (0.19)
云南	2.05 (0.26)	1.5 (0.41)	1.31 (0.33)	1.51 (1.62)	1.13 (0)	2.04 (0.05)	2.01 (0.09)
甘肃	2 (0.35)	0.95 (0.67)	1.03 (0.07)	0.52 (4.47)	0.34 (1.95)	2.02 (0.12)	1.41 (0.11)
青海	1.79 (0.03)	0 (0)	2.36 (0.02)	1.34 (0.14)	1.08 (13.62)	0.76 (0.18)	0.72 (0.17)
宁夏	1.57 (0.11)	1.64 (1.11)	0.69 (0.13)	0.96 (4.43)	0.79 (4.62)	1.5 (0.48)	2.11 (0.25)
新疆	2.14 (0.06)	1.26 (0.4)	1.91 (0.27)	0.6 (0.86)	0.29 (15.96)	1.32 (0.6)	2.75 (0.11)
广西	1.33 (0.06)	1.14 (0.44)	1.44 (0.64)	0.43 (0.59)	0 (0)	1.44 (0.11)	2.06 (0.09)
内蒙古	1.77 (0.15)	1 (0.05)	1.11 (0.29)	1.25 (6.21)	0.68 (0.17)	2 (0.61)	2.21 (0.11)

注：表格里第一个数据为区域间产业影响力系数，括号里的数据为区域间产业感应度系数；

资料来源：石敏俊，张卓颖．中国省区间投入产出模型与省区间经济联系［M］．北京：科学出版社，2012：66-88.

三、典型产业国内价值链空间形态

（一）通信设备、电子计算机制造业

东部省（区、市）表现出明显的区域间产业感应度系数大同时影响力系数偏小的特征，最具代表性的有：广东区域间产业感应度系数和影响力系数分别为7.88和0.61，北京分别为6.28和0.76，天津分别为2.04和0.9，江苏分别为1.58和0.81。四省（市）产业价值链波及范围呈现如下特征（见表4-5）。(1) 北京、天津供给范围主要集聚在京津冀鲁地区内部，其次

为东北地区和长三角地区，北京与其他区域的价值链关联强度要优于天津。另外，北京、天津与西部地区的产业关联比较弱，仅仅与陕西、甘肃、宁夏、新疆极个别部门存在投入产出关联，与贵州、云南仅有一个部门的关联，与四川、重庆、青海、广西几乎没有关联。（2）江苏通信设备、电子计算机制造业波及范围首先为上海、江苏、浙江、安徽等长三角地区内部省份，从具体联系部门看，除与浙江省的钢铁及有色金属冶炼加工没有关联，与上海的食品加工、石油加工及炼焦、木材和家具制造，造纸、印刷及文化用品、玩具制造四个产业联系较少外，江苏和沪苏浙其他部门均有较强的投入产出联系；次级波及范围是山东省和广东省，其中与广东省的关联部门集中在电机及家电制造业，通信设备、电子计算机制造业，仪器仪表、办公用机械制造业领域；最后是京津冀地区，主要集中在通信设备、电子计算机制造业、运输业和服务业。（3）广东省通信设备、电子计算机制造业的供给范围首先为以湖南、广东、广西为主的泛珠三角区域，其次为浙江、安徽、江苏等长三角地区，与三地关联产业数量分别高达 20 个、14 个和 12 个；西部地区的云南、贵州、陕西、广西与广东的联系比与京津地区的联系更加显著。

表 4－5　　东部四省市通信设备、电子计算机制造业投入产出关联区域及部门数量

地区	北京	天津	江苏	广东	地区	北京	天津	江苏	广东
北京	15	4	2	4	河南	5	0	4	3
天津	8	14	4	5	湖北	0	0	0	0
河北	18	4	4	5	湖南	2	1	4	8
山西	4	0	4	0	广东	3	3	8	21
内蒙古	3	1	0	0	广西	0	0	1	13
辽宁	13	6	6	7	海南	0	0	4	6
吉林	4	0	1	3	重庆	0	0	0	1
黑龙江	12	3	4	6	四川	0	0	0	0
上海	7	8	13	4	贵州	1	0	0	9
江苏	8	8	21	12	云南	0	1	1	10
浙江	7	12	19	20	陕西	6	2	4	6
安徽	4	2	10	14	甘肃	4	2	3	3

续表

地区	北京	天津	江苏	广东	地区	北京	天津	江苏	广东
福建	0	0	3	3	青海	0	0	0	0
江西	2	0	5	8	宁夏	5	1	0	2
山东	12	9	13	13	新疆	2	1	2	2

注：选取投入产出关联值即 x_{ij}^{rs} 大于1000的部门。

资料来源：石敏俊，张卓颖．中国省区间投入产出模型与省区间经济联系［M］．北京：科学出版社，2012：66－88.

东部地区通信设备、电子计算机制造业的影响力偏小，说明东部地区该产业对其他区域的拉动作用小；感应度偏大，说明国内其他区域对东部地区需求依赖性很强，且主要是基础性技术或关键核心技术的需求。可以判断，对于通信设备、电子计算机制造业，可以构建基于东部地区核心技术和关键零部件，基于西部地区消费市场和制造基地的国内价值链空间模式。

与东部省区形成鲜明对比的是，中西部和东北地区通信设备、电子计算机制造业普遍表现出区域间产业影响力系数大而感应度系数小的特征。除山西（0.76）、吉林（0.66）、湖北（0.94）、重庆（0.98）外，其他16个省份区域间产业影响力系数均大于1，其中云南、甘肃、新疆、湖南区域间产业影响力系数大于2，远高于全国平均水平。从东西部具体关联产业看，西部通信设备、电子计算机制造业与其他省区的关联主要体现在通信设备、电子计算机制造业内部以及运输业和服务业等。西部省份陕西、四川有明显的外部需求特征，其他省份外向联系较弱（见表4－6）。可见，通信设备、电子计算机制造业国内价值链空间格局主要体现为京津冀、长三角、珠三角东部三大城市群内部以及三大城市群之间的产业关联，其显著高于跨越东部、中部、西部的跨区域产业关联，呈现明显的空间集聚性和空间相关性。

表4－6　西部省区通信设备、电子计算机制造业投入产出关联区域及部门

地区	内蒙古	广西	重庆	四川	贵州	云南	甘肃	陕西
北京	15	—	21	20，21	21	—	15	8，10，15，21
天津	21	—	—	21	—	—	15	15，21
河北	21	—	—	20，20	—	—	—	2，10，20，21
山西	—	—	—	20	—	—	—	9，10

续表

地区	内蒙古	广西	重庆	四川	贵州	云南	甘肃	陕西
内蒙古	—	—	—	—	—	—	—	10
辽宁	21	—	—	21	—	—	15	15
吉林	21	—	—	21	—	—	—	—
黑龙江	21	—	—	—	—	—	—	—
上海	21	20	—	20，21	—	—	15	10，15，21
江苏	21	—	—	20，21	—	—	15，21	8，10，15，20，21
浙江	21	—	21	20，21	21	21	—	20，21
安徽	—	—	—	21	—	—	—	—
福建	—	—	—	21	—	—	—	21
江西	—	—	—	21	—	—	—	20
山东	21	—	—	20，21	—	—	—	10，15，20，21
河南	—	—	—	20，21	—	—	—	8，9，10，21
湖北	—	—	—	20，21	—	—	—	9，10，20，21
湖南	—	—	—	21	—	—	—	—
广东	21	10，14，15，21	11	20，21	15，21	15，21	15	15，20，21
广西	—	—	—	20，21	—	—	—	—
海南	—	—	—	21		—	—	—
重庆	—	—	—	—		—	—	10
四川	—	14，15	—	—	15	—	15	8，9，10，15，21
贵州	—	—	—	21	—	—	—	—
云南	—	—	—	20，20，21	—	—	—	21
陕西	—	—	—	20，21	—	—	15	—
甘肃	—	—	11	11，20，21	—	—	—	8，9，10，11，15，21
青海	—	—	—	—	—	—	—	—

续表

地区	内蒙古	广西	重庆	四川	贵州	云南	甘肃	陕西
宁夏	—	—	—	—	—	—	—	8，9，10
新疆	—	—	—	—	—	—	—	8，20，21

注：（1）选取投入产出关联值即 x_{ij}^{rs} 大于1000 的部门；（2）部门代码分别为：1 农业；2 采矿业；3 食品加工业；4 纺织业；5 木材加工及家具制造业；6 造纸、印刷及文化用品、玩具制造业；7 石油加工业及炼焦；8 化学工业；9 水泥、玻璃和陶瓷；10 钢铁及有色金属冶炼加工；11 金属制品业；12 锅炉及其他专用设备制造业；13 运输设备制造业；14 电机及家电制造业；15 通信设备、电子计算机制造业；16 仪器仪表文化、办公用机械制造业；17 其他工业；18 电力、热力、燃气、水的生产和供应业；19 建筑业；20 运输业；21 服务业。

资料来源：石敏俊，张卓颖．中国省区间投入产出模型与省区间经济联系［M］．北京：科学出版社，2012：66 – 88.

（二）交通运输设备制造业

交通运输设备制造业是典型的影响力系数较大的产业。以汽车制造业为例，除海南（0.86）和宁夏（0.69）外，全国28 个省区的区域间产业影响力系数均大于1。而区域间产业感应度系数地区差异明显，东部仅天津、上海、福建区域间产业感应度系数高于1，其他省市普遍较低，如浙江、河北仅为0.12、0.18；东北和中部地区只有吉林感应度系数（1.88）高于1。西部地区中重庆表现尤为突出，汽车制造业、汽车零部件及配件制造业的影响力和感应度系数明显高于全国省份，分别为（1.15，2.24）、（1.22，1.68），其中，重庆汽车制造业区域间产业感应度系数以2.24 位居全国首位，西部地区陕西、青海、新疆汽车制造业影响力系数也分别高于1.6，说明其需求拉动效应较强。可以得出，在汽车制造、汽车零部件及配件产业，重庆市有较强的产业优势，可以构建起基于重庆，面向京津冀地区和西部地区的汽车制造业国内价值链。以铁路运输设备制造业为例，铁路运输设备制造业作为一个最终需求产业，影响力系数比较高，需求较大。从区域间影响力系数看，东部10 省份影响力系数均值为1.33，西部12 省份均值为1.25。从区域间产业感应度系数看，东部12 省份产业平均感应度系数仅为0.07，而中西部的湖南（3.74）、四川（1.36）、贵州（1.1）、陕西（1.17）成为区域间产业感应度系数高于全国平均水平的地区。

从表4 – 7 可见，我国交通运输设备制造业大致形成了西部川渝地区具有比较优势、价值链波及全国20 个省份的空间格局，其投入产出关联呈现明显的地域空间特征。（1）地理邻近性。第一，重庆与四川互为中间品提供需求，其中重庆对四川的中间品提供强于四川对重庆的中间品提供，四川省的采矿业、通信设备、电子计算机制造业等 11 个部门对重庆有较强的需求依赖；第二，川渝交通运输设备制造业与陕西、贵州相互依赖强度较大，与长江流域各省份投入产出关联普遍较密切，并且一直延伸至长三角地区；第三，相对于与北京、山西以及东北三省普遍联系较小，川渝交通运输设备制造业与以广东为代表的珠三角地区中间产品需求联系最大，涉及采矿业、锅炉及其他专用设备制造业、交通运输设备制造业、电机及家电制造业、通信设备、电子计算机制造业、运输业、建筑业、服务业八个产业部门。（2）典型的上下游价值链关联。川渝交通运输设备制造业与其他区域关联紧密的部门主要有两类：一是以交通运输设备制造业为主的产业内关联；二是上下游产业关联，突出表现在以交通运输设备制造业为中间消耗的下游产业即运输业、建筑业、锅炉及其他专用设备制造业等。

表 4 –7　川渝交通运输设备制造业投入产出关联区域及部门特征

地区	产业关联部门	地区	产业关联部门
天津	13	湖南	13，20，21
河北	1，12，13，20	广东	2，12，13，14，15，19，20，21
上海	13，20，21	广西	12，13，19，21
江苏	13，21	贵州	13，19，20，21
浙江	11，12，13，14，20	陕西	1，13，19，20，21
安徽	13，20	云南	20，21
江西	13	甘肃	19，20
山东	12，13，20，21	青海	20
河南	13	宁夏	19，20
湖北	13，20	新疆	21

注：（1）选取投入产出关联值即 x_{ij}^{m} 大于 1000 的部门；（2）部门代码同表 4 –6。

资料来源：石敏俊，张卓颖. 中国省区间投入产出模型与省区间经济联系［M］. 北京：科学出版社，2012：66 –88.

（三）资源能源密集型和劳动密集型产业

资源能源密集型产业部门的主要特征是感应度系数较大，这在西部地区尤为突出。西部地区成为典型的附加值较低的资源类初级产品输出地，如西北地区新疆、青海、陕西的石油天然气开采产业区域间产业感应度系数分别高达15.96、13.62和5.08。煤炭开采与洗选业也呈现同一特征，山西以区域间产业感应度系数16.63居全国首位，内蒙古、甘肃、宁夏分别为6.21、4.47、4.43，远高于东部10省份区域间产业感应度系数1.5的平均水平。对于石油天然气开采、煤炭开采与洗选业等资源能源密集型产业部门基本上形成了以西部尤其西北地区为价值链低端的空间格局，进行资源能源类产业价值链升级仍是未来较长时期西部产业发展面临的主要课题。

从劳动密集型具体产业部门看，东部10省（区、市）纺织、纺织服装及皮革、木材加工及家具制造业的平均区域间产业影响力系数分别为1.94、1.68、1.6，位居20个制造业部门的前三位。其中，具代表性的有福建的纺织服装及皮革（5.4）、木材加工及家具制造（1.92），浙江的纺织业（1.28）、纺织服装及皮革（1.47），江苏的纺织业（1.89）等。由此可见，东部对其他区域的显著拉动能力主要体现在与资源供给密切相关的轻工业部门，东部地区急需进行品牌和设计的价值链高端升级。

第三节　我国价值链分工的产业与区域异质性

一、产业特性、区域特征与价值链分工

异质性大国价值链重构是一个涉及多区域、多产业的系统工程。区域产业价值链地位伴随行业属性与区域特性呈现一定的规律性和差异性。已有的关于价值链地位的研究成果具有争议，其原因之一是质疑其未考虑区域差异和产业差异（陈晓华等，2016）。在全球价值链领域，行业产权结构、行业技术属性、出口倾向、区域要素结构、区域经济发展水平等产业与区域因素与全球价值链的地位关系得到了重点关注（姚博、魏玮，2012；王玉燕等，2014），部分学者关注了沿海和内陆地区嵌入全球价值链的模式差异（李跟强、潘文卿，2016），而产业和区域因素如何影响国内价值链构建尚未充分论证。

科学构建国内价值链的前提是客观分析区域产业国内价值链分工地位。区域间投入产出模型系统量化了不同区域各个产业部门之间基于价值链分工合作的技术经济关联，是目前应用最为广泛的价值链分析工具。近年影响较大的是“上游度”概念和测度方法（Antràs et al.，2012；Fally，2011），其将一个行业在价值链上的位置定量描述为该行业距离最终需求的加权平均距离，行业上游度越大，该行业距离最终需求的平均距离越远，越处于价值链上游位置，[①]也可以理解为“将越多的产品销售给相对上游的行业自身就越处于上游”，[②]这两种观点对应不同的计算公式和经济学解释，但数学证明二者等效。借鉴上游度思路，基于国家或区域之间的投入产出模型，王岚（2015）分析了我国的全球价值链地位，黎峰（2016）构建了国内价值链定量分析工具，潘文卿（2017）考察了国内价值链的关联特征，周华（2016）和费文博（2017）测算了我国不同省份或区域在价值链上的物理位置。

在既有研究的基础上，本书将产业、区域特征纳入统一分析框架，深入区域与产业系统内部，考察我国国内价值链分工的空间形态，并进一步检验产业、区域特征因素影响国内价值链分工的规律和机理，争取为构建合理的国内价值链分工格局、探求不同区域产业价值链升级路径提供理论支持。

二、区域产业国内价值链分工指数

本书从嵌入位置和增值能力视角，构建四个指数系统刻画区域产业国内价值链的分工形态。

（一）国内价值链分工地位指数

$$NVC_{ik} = va_{ik} + \sum_{i,\ j=1k,}^{M}\sum_{l=1}^{N}\frac{d_{ik,\ jl}Y_{jl}}{Y_{ik}}NVC_{jl} \tag{4-3}$$

国内价值链分工地位指数（NVC_{ik}）综合体现了特定区域产业参与国内价值链分工的价值获取能力，由产业自身直接价值增值和参与中间产品生产的间接价值增值两部分构成。构建思路如下：参考上游度思路（Antràs et al.，

① Pol Antras，Davin Chor，Thibault Fally，Russell Hillberry. Measuring the Upstreamness of Production and Trade Flows［J］. American Economic Review，2012：102.

② Fally. On the Fragmentation of Production in the US［R］. University of Colorado Working Paper，2011.

2012；Fally，2011），借鉴王岚等（2015）提出的全球价值链地位指数构建方法，[①] 将产业直接价值增值系数（va_{ik}）作为该产业与下一生产阶段的“经济距离”，修正产业上游度相邻两个生产阶段距离为 1 的假定。式（4－3）中，设一国有 M 个区域，每个区域有 N 个产业部门，Y_{ik}和 Y_{jl}分别为 i 区域 k 产业、j 区域 l 产业的总产出，$d_{ik,jl}$为 j 区域 l 产业对 i 区域 k 产业的中间直接消耗系数，va_{ik}为 i 区域 k 产业的直接价值增值系数。NVC_{ik}值越大，i 区域 k 产业价值获取能力越强，国内价值链分工地位越高。式（4－3）可转化成矩阵形式为 $NVC=[I-D]^{-1}[va]$，其中，I 是 MN × MN 阶单位矩阵，$\frac{d_{ik,jl}Y_{jl}}{Y_{ik}}$是 MN × MN 阶矩阵 D 的元素，［va］是 MN × 1 的直接价值增值系数向量。

（二）国内价值链嵌入位置指数

$$NVCP_{ik} = \sum_{i,j=1}^{M}\sum_{k,l=1}^{N} \frac{d_{ik,jl}Y_{jl}}{Y_{ik}} NVC_{jl} = NVC_{ik} - va_{ik} \qquad (4-4)$$

国内价值链嵌入位置指数（$NVCP_{ik}$）衡量的是特定区域某产业在国内价值链中的“物理”位置，用该产业参与中间产品生产实现的间接价值增值度量。$NVCP_{ik}$值越大，参与价值链分工实现的间接价值增值越多，说明该产业投入到其他产业的中间品比重越高，与最终需求端间隔的生产阶段越多，越处于价值链的相对上游位置。

（三）国内价值链增值能力指数

$$NVC_{ik0} = \frac{NVC_{ik}}{\sum_{i=1}^{M} NVC_{ik}} \qquad (4-5)$$

NVC_{ik0}为 i 区域 k 产业价值链分工地位指数与 k 产业价值链分工地位指数区域均值之比，旨在消除各产业固有属性的差异性，使不同区域各产业价值增值能力具有可比性。$NVC_{ik0}>1$，表明 i 区域 k 产业价值增值能力高于该产业在区域内的平均水平；其值越大，也说明与 i 区域其他产业相比，k 产业在价值链分工中的竞争优势更明显。

---

① 王岚，李宏艳．中国制造业融入全球价值链路径研究［J］．中国工业经济，2015（2）：76－88.

（四）区域整体国内价值链分工地位指数

$$NVC_i = \sum_{k=1}^{N} \frac{Y_{ik}}{Y_i} NVC_{ik0} \tag{4-6}$$

区域整体国内价值链分工地位指数（NVC_i）反映特定区域所有产业部门体现在区域层面的国内价值链地位水平。其值等于以i区域k产业产出占比为权重，对各区域各产业部门相对价值增值能力指数的加权求和。NVC_i 取值越大，表明i区域整体国内价值链分工地位越高。其中，N为产业部门数量，Y_{ik} 为i区域k产业总产出，Y_i 为i区域所有工业部门总产出之和。

三、区域产业国内价值链分工特征

本书使用的数据来源于国家信息中心编制的1997年、2002年和2007年《中国区域间投入产出表》（8区域①17部门）。根据李跟强、潘文卿（2016）对国内价值链内部分工的研究发现，1997～2007年我国区域间增加值联系不断加强，各区域逐渐由内向型垂直专业化转向外向型垂直专业化生产，②因此，我们认为有必要基于1997～2007年区域间投入产出关联，进一步研究区域产业国内价值链分工的空间形态和影响机理。由于价值链分工与深化主要体现在产业链条长、配套环节多、投入产出关联密切的工业部门，因此，本书剔除了农林牧渔业、建筑业、货物运输及仓储业、其他服务业，重点选取13个工业部门作为国内价值链分工的研究对象，分别为：采选业，食品制造及烟草加工业，纺织服装业，木材加工及家具制造业，造纸、印刷及文教用品制造业，化学工业，非金属矿物制品业，金属冶炼及制品业，机械工业，交通运输设备制造业，电气机械及电子通信设备制造业，其他制造业及电力、热力、燃气及水生产和供应业。研究的产业部门及其包含的细分行业见表4－8。

① 研究的8大区域及其对应省份为：东北地区（黑龙江、吉林和辽宁）、京津地区（北京和天津）、北部沿海地区（河北和山东）、东部沿海地区（江苏、上海和浙江）、南部沿海地区（福建、广东和海南）、中部地区（山西、河南、安徽、湖北、湖南和江西）、西北地区（内蒙古、陕西、宁夏、甘肃、青海和新疆）、西南地区（四川、重庆、广西、云南、贵州和西藏）。

② 李跟强，潘文卿．国内价值链如何嵌入全球价值链：增加值的视角［J］．管理世界，2016（7）：10－22.

表 4-8　研究的工业部门及其细分行业

行业及代码	包含的细分行业
C2 采选业	煤炭开采和洗选业，石油和天然气开采业，黑色金属矿采选业，有色金属矿采选业，非金属矿采选业，木材及竹材采运业，其他矿采选业
C3 食品制造及烟草加工业	食品加工业，食品制造业，饮料制造业，烟草加工业
C4 纺织服装业	纺织业，服装及其他纤维品制造业，皮革、毛皮、羽绒及其制品业
C5 木材加工及家具制造业	木材及竹、藤、棕、草制品业，家具制造业
C6 造纸、印刷及文教用品制造业	造纸及纸制品业，印刷和记录媒介复制业，文教体育用品制造业
C7 化学工业	石油加工及炼焦业，化学原料和化学制品制造业，医药制造业，化学纤维制造业，橡胶制品业，塑料制品业
C8 非金属矿物制品业	非金属矿物制品业
C9 金属冶炼及制品业	黑色金属冶炼和压延加工业，有色金属冶炼和压延加工业，金属制品业
C10 机械工业	普通机械制造业，专用设备制造业
C11 交通运输设备制造业	交通运输设备制造业
C12 电气机械及电子通信设备制造业	电气机械和器材制造业，电子及通信设备制造业
C13 其他制造业	仪器仪表及文化、办公用机械制造，其他制造业
C14 电力、蒸汽、热水、煤气、自来水生产供应业	电力、蒸汽、热水、煤气、自来水生产供应业

资料来源：国家信息中心．中国区域间投入产业表［M］．北京：社会科学文献出版社，2012.

（一）区域产业国内价值链分工地位

计算三个年度 8 个区域 13 个产业部门国内价值链分工地位指数（NVC_{ik}），其均值为 0.55503，最大值为 1997 年京津地区的采选业（1.499），最小值为

2002 年东北地区的非金属矿物制品业（0.142）。从三个年度指数分布的规律看（见表4-9），价值链分工地位位居前列的是采选业、化学工业、金属冶炼及制品业、其他制造业和电力、热力、燃气及水生产和供应业，这些产业均为资源采集、原料加工等资源密集型产业，中间需求率高，位于价值链上游位置。价值链分工地位位列后四位的产业分别为食品制造及烟草加工业、电气机械及电子通信设备制造业、纺织服装业、交通运输设备制造业，这些产业具有明显的接近最终消费者的属性，中间投入率较高，位于价值链相对下游环节。分工地位处于中间水平的是加工制造类产业，如造纸印刷及文教用品制造业、非金属矿物制品业、机械工业、木材加工及家具制造业。可见，国内价值链分工地位与产业属性密切相关，产业特性决定了嵌入价值链的“物理”位置，进而影响了在国内价值链中的分工地位。

表4-9　区域产业国内价值链分工地位特征

地区	1997 年				2002 年				2007 年			
	前三位		后三位		前三位		后三位		前三位		后三位	
东北地区	C2	1.138	C12	0.422	C2	1.127	C11	0.393	C2	1.218	C4	0.370
	C14	0.785	C4	0.351	C14	0.913	C3	0.339	C13	0.948	C12	0.329
	C13	0.784	C3	0.289	C13	0.824	C8	0.142	C14	0.721	C3	0.294
京津地区	C2	1.499	C4	0.398	C2	0.984	C12	0.327	C2	1.055	C3	0.272
	C14	0.867	C5	0.387	C14	0.708	C4	0.311	C14	0.690	C5	0.246
	C13	0.729	C3	0.276	C13	0.526	C5	0.213	C13	0.659	C12	0.193
北部沿海	C2	1.201	C11	0.426	C2	0.877	C10	0.424	C2	0.868	C10	0.424
	C14	1.113	C3	0.365	C14	0.795	C11	0.341	C14	0.774	C12	0.310
	C9	0.777	C5	0.363	C13	0.770	C12	0.290	C13	0.617	C3	0.266
东部沿海	C2	1.259	C12	0.401	C2	1.115	C11	0.362	C2	0.758	C11	0.300
	C14	0.804	C11	0.344	C14	0.844	C12	0.326	C13	0.668	C12	0.285
	C7	0.708	C3	0.327	C7	0.607	C5	0.301	C14	0.634	C5	0.280
南部沿海	C2	1.119	C5	0.380	C2	1.058	C4	0.351	C2	1.043	C11	0.289
	C14	0.705	C12	0.339	C14	0.645	C3	0.347	C13	0.451	C12	0.265
	C7	0.647	C3	0.299	C13	0.488	C12	0.303	C14	0.915	C5	0.457

续表

地区	1997 年				2002 年				2007 年			
	前三位		后三位		前三位		后三位		前三位		后三位	
中部地区	C2	1.176	C11	0.456	C2	1.045	C12	0.446	C2	0.952	C11	0.296
	C14	1.035	C12	0.412	C14	0.919	C11	0.439	C13	0.672	C12	0.410
	C13	0.801	C3	0.325	C13	0.668	C3	0.396	C14	0.739	C5	0.535
西北地区	C2	1.175	C12	0.389	C2	1.101	C5	0.366	C2	1.245	C3	0.377
	C14	0.905	C4	0.342	C14	0.867	C4	0.365	C14	0.901	C12	0.329
	C13	0.744	C3	0.334	C13	0.667	C3	0.299	C13	0.705	C11	0.319
西南地区	C2	0.998	C3	0.428	C2	1.040	C4	0.423	C2	0.963	C4	0.356
	C14	0.924	C11	0.402	C14	0.924	C5	0.421	C13	0.781	C11	0.346
	C13	0.647	C4	0.341	C13	0.719	C12	0.376	C14	0.764	C12	0.335

注：表中数字为区域产业国内价值链分工地位指数，其值越大，价值链分工地位越高。

资料来源：笔者经过计算求得。

（二）区域产业国内价值链嵌入位置和增值能力

考察三个年度 8 区域 13 个产业部门共计 312 个观测值的区域产业国内价值链增值能力指数（NVC_{ik0}）和嵌入位置指数（$NVCP_{ik}$），增值能力指数最大值、最小值、均值分别为 1.4134、0.3559、1，嵌入位置指数最大值、最小值、均值分别为 0.8908、0.0392 和 0.2511。以二者均值 1、0.2511 为分界线划分四个象限，在 312 个观测值中，有 157 个样本增值能力高于全国平均水平，131 个样本嵌入位置高于全国平均水平，分别占比 48% 和 42%；位于第 Ⅰ、Ⅱ、Ⅲ、Ⅳ象限的样本个数分别为 87 个、70 个、111 个、44 个，占全样本比重分别为 28%、22%、36% 和 14%（见图 4－1）。总体看，增值能力高于全国平均水平的产业普遍分布在东北、中部、北部沿海、西南和西北地区，增值能力低于全国平均水平的产业突出集中在南部沿海和京津地区。在每个区域 3 个年度共计 39 个观测值中，中部地区有 31 个、东北地区有 23 个产业增值能力高于全国平均值，京津地区有 32 个、南部沿海有 25 个产业增值能力低于全国平均值。从嵌入位置看，位于价值链下游的产业集中分布在京津、南部沿海、西北和西南地区，四个区域嵌入价值链下游的产业部门观测值数分别为 21 个、24 个、27 个、23 个。

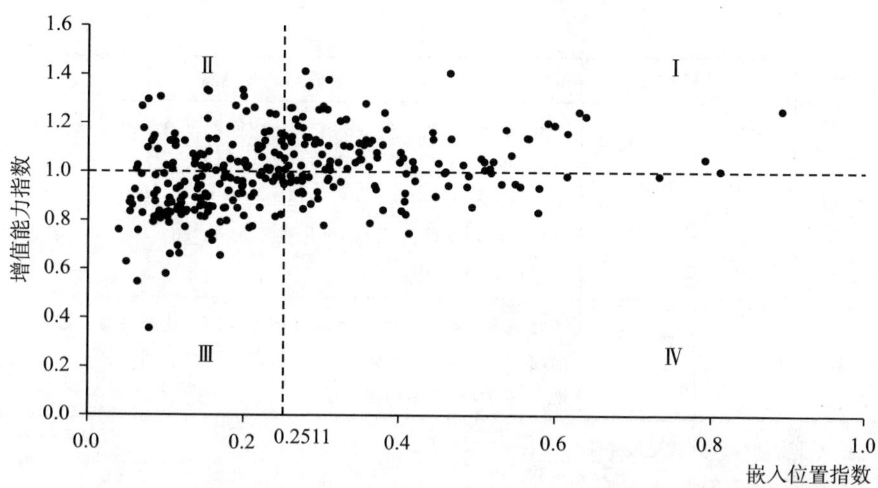

图4-1　1997年、2002年和2007年区域产业国内价值链增值能力和嵌入位置指数分布

资料来源：笔者运用Excel绘制。

在四个象限中，我们重点提取三年中出现在此象限的次数大于等于2次的产业，并标记为该区域某产业的价值链特征；对于三个年份离散分布的产业，我们认为由于其波动较大，暂时不具备明显固定的价值链属性。依此方法，根据区域产业国内价值链嵌入位置和增值能力与全国平均水平的差距，将区域产业国内价值链属性划分为四种类型（见表4-10）。

表4-10　区域产业国内价值链嵌入位置和增值能力特征

类型	价值链特征	区域与产业分布
类型Ⅰ	嵌入位置高 增值能力强	东北地区（c2，c7，c9，c10，c13）；京津地区（c2）；北部沿海（c7，c9，c14）；东部沿海（c2，c7）；南部沿海（c2，c10）；中部地（c5，c6，c7，c8，c9，c13，c14）；西北地区（c2，c13，c14）；西南地区（c6，c7，c9，c14）
类型Ⅱ	嵌入位置低 增值能力强	东北地区（c5，c12）；京津地区（无）；北部沿海（c3，c4，c8，c11，c12）；东部沿海（c4）；南部沿海（c5）；中部地区（c3，c4，c11，c12）；西北地区（c3，c5，c8，c11，c12）；西南地区（c3，c5，c12）

续表

类型	价值链特征	区域与产业分布
类型Ⅲ	嵌入位置低 增值能力弱	东北地区（c3，c4，c8）；京津地区（c3，c4，c5，c6，c8，c10，c11，c12，c13）；北部沿海（c10）；东部沿海（c3，c5，c6，c8，c10，c11，c12，c13）；南部沿海（c6，c7，c12，c13）；中部地区（无）；西北地区（c4，c6，c7，c10）；西南地区（c4，c8，c10，c11）
类型Ⅳ	嵌入位置高 增值能力弱	东北地区（c14）；京津地区（c9，c14）；北部沿海（c2）；东部沿海（c9，c14）；南部沿海（c9，c14）；中部地区（c2）；西北地区（无）；西南地区（c2）

注：产业部门代码列式见表4－8。

资料来源：笔者整理。

类型Ⅰ：嵌入位置高，增值能力强。该类产业主要包括采矿业、化学工业、金属冶炼及制品业等资源能源密集型产业部门，区域分布主要以中部地区、东北地区为主。13个产业部门中，中部地区有7个产业部门、东北地区有5个产业部门位于第一象限，中部地区除化学工业、非金属矿物制品业、金属冶炼及制品业外，还包括木材加工及家具制造、造纸印刷及文教用品制造业等。可见，嵌入位置高、增值能力强的产业主要体现为原材料属性、源于内陆地区的资源禀赋优势。

类型Ⅱ：嵌入位置低，增值能力强。此类产业集中体现在接近最终需求端的下游制造业部门。从具体区域看，中部地区、西北部地区和西南地区的食品制造及烟草加工、交通运输设备制造业、电气机械及电子通信设备制造业嵌入位置低但增值能力强，说明内陆地区在资本与技术密集型产业国内价值链分工中具有比较优势。北部沿海和东部沿海的纺织服装业、南部沿海的木材加工及家具制造业明显体现为较低的嵌入位置和较强的增值能力，说明沿海地区高增值能力主要源于价值链低端嵌入，源于经济高度外向性以及劳动力等要素禀赋优势导致的成本节约。

类型Ⅲ：嵌入位置低，增值能力弱。与类型Ⅱ相比，此类产业还包括造纸印刷及文教用品制造业、非金属矿物制品业、机械工业，尤其机械工业在5个区域均呈现嵌入位置和增值能力“双低”特征。从区域分布看，主要集中在京津地区（9个产业部门）和东部沿海地区（8个产业部门）。与类型Ⅱ对应，同样处于价值链下游的产业，在不同区域却体现为不同的价值增值能力，如京津、东部和南部沿海地区表现出资本与技术密集型产业部门低增值能力特征，尤其体现在电气机械及电子通信设备制造业、交通运输设备制造业。这在一定程度上说明，我国东部沿海地区资本与技术密集型产业增值能力需要增强。

类型Ⅳ：嵌入位置高，增值能力弱。该类产业与第Ⅰ类产业存在重叠，均为高端嵌入价值链上游产业，但不同区域产业增值能力迥异。东北、京津、东部沿海和南部沿海的采矿业增值能力普遍较强，但金属冶炼及制品业、电力、热力、燃气及水生产和供应业增值能力弱；北部沿海、中部和西南地区采矿业增值能力弱，但金属冶炼及制品业增值能力强。沿海、内陆地区处于价值链上游的产业增值能力却相反，这可能与产业所在区域环境紧密相关。

（三）八个区域整体国内价值链分工地位特征

计算得到八个区域国内价值链分工地位指数（NVC_i）。如图 4－2 所示，东北、中部、北部沿海价值链分工地位相对较高，南部沿海、西北和西南地区价值链分工地位缓慢上升。中部地区在国内价值链中的分工地位快速上升，三个年度分别为 1.528、1.703 和 1.920，成为 2007 年价值链分工地位最高的区域。京津地区国内价值链分工地位呈连续快速下降趋势，从 1997 年的第二位（1.752）下降到 2007 年的第八位（1.075）。总体上，我国尚未形成严格的东部、中部、西部梯次分布的价值链空间格局，区域产业价值链分工处于快速调整中，国内价值链重构背景下区域竞争将会越发激烈。

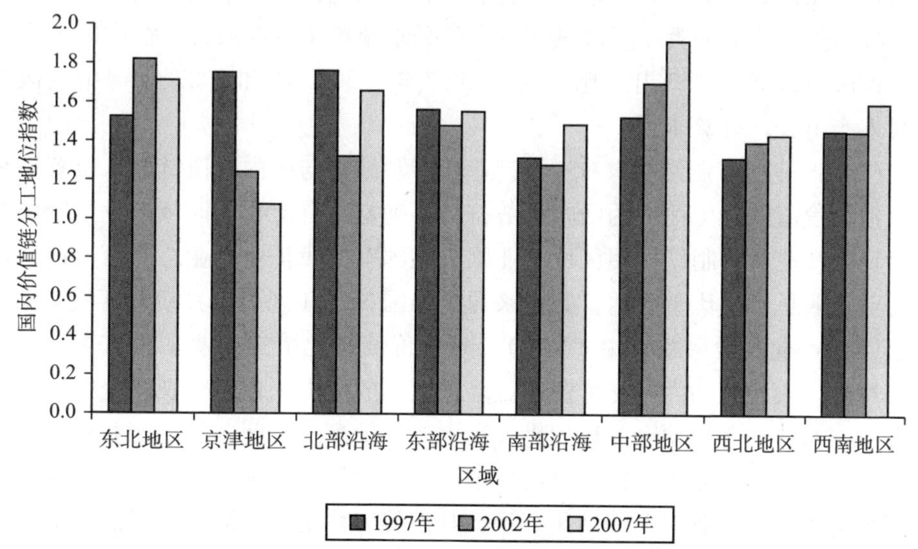

图 4－2　八个区域整体国内价值链分工地位指数

资料来源：笔者自行绘制。

第四节　区域产业国内价值链影响因素实证分析

一、基本假定与变量说明

我国国内价值链分工具有区域与产业异质性，同一产业在不同区域具有不同的增值表现，同一区域的不同产业处于不同的价值链环节。本章将检验行业、区域特征因素对国内价值链嵌入位置和分工地位的影响。

（一）产业特征

（1）产业价值链属性（MN）。用区域间投入产出表中的产业中间需求率表征产业价值链属性，中间需求率越高，意味着产业作为中间品投入到其他地区产品生产的比例越高，参与的中间生产环节越多，与价值链最终需求端的物理距离越远，越处于价值链上游。但是，较高的中间需求率意味着价值增值主要通过参与其他产品中间生产而实现，与产业自身直接价值增值可能负相关。我们预期产业价值链属性与国内价值链嵌入位置正相关，与产业自身直接价值增值负相关，对价值链分工地位的影响具有不确定性，这取决于其对间接增值和直接增值影响力的大小。区域产业中间需求率等于各区域各产业中间需求总和占该区域该产业总产出之比，根据 1997 年、2002 年和 2007 年《中国区域间投入产出表》计算求得。

（2）产业所有制结构（OS）。产业所有制结构与国内价值链嵌入位置正相关，但与价值链分工地位的回归系数符号不确定，有待我国区域产业层面的经验验证。产业所有制结构用区域产业国有及国有控股工业企业总产值占该区域该产业工业总产值比重表示，数据来源于中国各省（区、市）统计年鉴。

（3）产业要素禀赋结构（K/L）。处于价值链上游的产业多具有高资本密集度性质，人均劳动力可支配资本量多进而形成资本深化，表现为企业购进先进设备，客观上会推动产业技术进步和生产率提高。因此，预期产业要素禀赋结构与国内价值链嵌入位置、国内价值链分工地位具有正相关关系。产业要素禀赋结构用区域产业资本劳动比表示，其值等于特定区域某产业规模以上工业企业固定资产净值年平均余额除以该产业规模以上工业企业全部从业人员年平均人数（1997 年指标为全部职工年平均人数）。为去除价格因素影响，各产业固定资产净值年平均余额用“以1990年为基期的固定资产投资价格定基指数”进行调整，数据来源于《中国工业经济统计年鉴》。

（4）产业平均规模（SCALE）。较大的产业规模伴生规模经济效应，降低产业生产成本；但产业平均规模越大，意味着市场竞争程度较低，不利于产业增加值获取，因此，我们认为产业平均规模与国内价值链分工形态紧密相关，但产业平均规模与国内价值链嵌入位置、分工地位的相关关系仍待检验。我们用某区域特定产业规模以上工业企业工业总产值除以该产业规模以上工业企业单位数进行度量。为去除价格因素，用“以1985年为基期的工业生产者出厂价格定基指数”对工业总产值进行调整，数据来源于《中国工业经济统计年鉴》。

（二）区域特征

区域是产业发展的外部环境系统，在国内价值链构建中，区域环境突出体现为区域创新能力、区域市场化水平、人力资本结构和区域经济外向度。

（1）区域创新投入强度（INNVO）。价值链高端增值来源于研发、设计、品牌、营销等高附加值环节，增加区域创新投入、提升自主创新能力是改善价值链分工地位的根本动力。我们预期区域创新投入强度与国内价值链嵌入位置负相关，与产业自身增值能力和价值链分工地位正相关，即区域创新投入强度越高，越倾向于价值链下游环节，产业自身直接价值增值能力越强，价值链分工地位越高。基于数据可得性，考虑到科技活动经费支出效果具有一定的滞后性，区域创新投入强度用某区域当年及上年度科技活动经费内部支出总额占该区域当年国内生产总值比重表示，数据来源于中国各省（区、市）统计年鉴。

（2）区域市场化水平（MAR）。优良的市场环境和高效整合的一体化市场有利于降低企业构建国内价值链的制度成本和产业链上下游协作，良好的市场化水平有助于区域产业向价值链上游攀升，预期区域市场化水平与价值链嵌入位置和价值链分工地位呈正相关关系。我们以各省区国内生产总值为权重，对各省区市场化指数进行加权平均得到各区域市场化指数。省区市场化指数来源于樊纲著《中国市场化指数——各省区市场化相对进程报告》，其将各省份1997～2007年各指标得分统一处理为以2001年为基期的、口径基本一致的得分数据，使不同年份数据具有可比性。

（3）区域人力资本结构（HR）。在一国范围内，资本与劳动力可流动性强，不同区域价值链环节的资本回报率与工资水平会逐渐趋同，价值链各环节增值差异主要体现为人力资本构成差异。区域高技术劳动力比重越高，对知识技术的学习吸收能力越强，价值增值能力也越强，价值链分工地位也越高。预期区域人力资本结构与国内价值链嵌入位置负相关，与价值链分工地位正相关。我们用区域高技术劳动力与低技术劳动力人数之比表征区域人力资本结构，高技术劳动力指具有大学及以上教育程度的劳动力，低技术劳动力指具有高中及以下教育程度的劳动力，数据来自《中国劳动统计年鉴》。

（4）区域经济外向度（FDI）。高经济外向度对区域经济具有双重效应。一方面，对外开放产生的技术外溢能够促进后发地区技术进步，有助于价值链地位攀升和价值增值；另一方面，较高的经济外向度意味着较强的外资依赖，低端嵌入全球价值链产生的路径依赖会导致企业丧失升级能力和构建国内价值链的动力。因此，我们认为区域经济外向度对区域产业国内价值链嵌入位置和分工地位具有显著影响，但作用方向仍需经验验证。我们用区域实际利用外商直接投资占区域国内生产总值比重表征区域经济外向度，数据来自各省（区、市）统计年鉴。

二、模型构建与样本描述

本书构建如下面板数据模型验证产业与区域特征对国内价值链嵌入位置和分工地位的影响：

$$\begin{aligned} NVCP_{ikt} = C &+ \beta_1 MN_{ikt} + \beta_2 K/L_{ikt} + \beta_3 SCALE_{ikt} + \beta_4 OS_{ikt} \\ &+ \beta_5 INNVO_{it} + \beta_6 MAR_{it} + \beta_7 HR_{it} + \beta_8 FDI_{it} + \varepsilon \end{aligned} \tag{4-7}$$

$$\begin{aligned} NVC_{ikt} = C &+ \beta_1 MN_{ikt} + \beta_2 K/L_{ikt} + \beta_3 SCALE_{ikt} + \beta_4 OS_{ikt} \\ &+ \beta_5 INNVO_{it} + \beta_6 MAR_{it} + \beta_7 HR_{it} + \beta_8 FDI_{it} + \varepsilon \end{aligned} \tag{4-8}$$

模型（4－7）和模型（4－8）中，因变量为 NVCP 和 NVC，分别代表区域产业国内价值链嵌入位置指数和分工地位指数；模型中解释变量 MN、K/L、SCALE、OS 为反映产业特征的变量，INNOV、MAR、HR、FDI 为反映区域特征的变量（见表 4－11）。C 为截距项，$\beta_1 \sim \beta_8$ 为解释变量的对应系数，表示产业、区域特征因素对国内价值链嵌入位置、分工地位的影响程度，ε 为随机误差项。下标 i 表示区域，k 表示产业部门，t 表示样本年份。按照《中国区域间投入产出表》中区域、产业分类标准，将我国 31 个省区数据横向加总为 8 个区域层面数据；将各类统计年鉴产业分类按照《中国区域间投入产出表》产业分类标准进行对应加总，形成 13 个产业层面数据。面板数据集的样本区间为 1997 年、2002 年、2007 年，截面单元为 8 个区域、13 个产业部门，共计 104 个区域产业样本，三个年度共计 312 个观测值，符合短面板数据特征。

表 4－11　　样本描述性统计

变量定义	变量名	样本量	均值	标准差	最小值	最大值
国内价值链分工地位指数	NVC	312	0.547	0.222	0.142	1.499
国内价值链嵌入位置指数	NVCP	312	0.249	0.149	0.392	0.891
直接价值增值系数	VA	312	0.298	0.112	0.063	0.725
产业价值链属性（%）	MN	312	71.72	24.65	19.67	160.7
产业要素禀赋结构（万元/人）	K/L	312	6.124	9.983	0.745	88.73
产业平均规模（亿元）	SCALE	312	0.240	0.339	0.005	4.067
产业所有制结构（%）	OS	312	37.84	25.47	0.226	96.34
区域创新投入强度（%）	INNOV	24	4.646	3.765	1.378	16.40
区域人力资本结构	HR	24	0.087	0.084	0.021	0.420
区域市场化水平	MAR	24	6.226	2.202	2.494	11.08
区域经济外向度（%）	FDI	24	4.792	3.021	1.006	12.85

资料来源：笔者根据 Stata14.0 统计输出整理。

三、计量结果

（一）回归分析：国内价值链嵌入位置、分工地位与区域、产业属性

面板数据容易产生异方差，可能导致 OLS 估计失效。为保证回归结果的稳健性，首先进行异方差检验，发现表 4－12 中模型（1）至模型（6）均存在组间异方差，故用聚类稳健标准误进行校正；然后，利用 F 检验、Hausman 检验判定混合面板模型、固定个体效应模型及随机个体效应模型在本文实证方程中的适用性，确定选取固定个体效应回归模型。由于模型仅有三个时间节点且时间跨度较大，故在固定效应模型中考虑时间效应，检验结果显示模型（1）至模型（3）强烈拒绝“无时间效应”的原假设，模型（4）至模型（6）时间效应不显著，因此，对模型（1）至模型（3）采用个体时间双向固定效应模型。我们先对产业特征、区域特征变量分别回归，然后同时引入产业特征和区域特征变量回归，回归结果如表 4－12 所示。

表 4-12　　NVCP、NVC 与区域、产业特征因素回归结果

变量	NVCP			NVC		
	(1)	(2)	(3)	(4)	(5)	(6)
MN	0. 00434*** (12. 06)	— —	0. 00420*** (11. 03)	0. 00424*** (9. 29)	— —	0. 00405*** (7. 41)
K/L	0. 00178** (2. 15)	— —	0. 00197** (2. 27)	-0. 00148 (-1. 62)	— —	-0. 00102 (-1. 18)
SCALE	-0. 0165 (-1. 50)	— —	-0. 0143 (-1. 55)	-0. 0461*** (-2. 65)	— —	-0. 0254 (-1. 52)
OS	0. 000908** (2. 51)	— —	0. 000718* (1. 93)	0. 00129** (2. 55)	— —	0. 000801 (1. 28)
INNOV	— —	-0. 0402*** (-3. 95)	-0. 00963 (-1. 47)	— —	-0. 0316*** (-5. 31)	-0. 00402 (-0. 70)
HR	— —	-0. 577*** (-2. 78)	-0. 283*** (-3. 34)	— —	-0. 671*** (-3. 69)	-0. 338*** (-2. 65)
MAR	— —	0. 0184 (1. 21)	0. 00584 (0. 64)	— —	-0. 00258 (-0. 50)	-0. 00413 (-0. 72)
FDI	— —	-0. 00918* (-1. 96)	-0. 00543** (-2. 16)	— —	-0. 0127** (-2. 18)	-0. 00742* (-1. 86)
2002. t	-0. 0530*** (-7. 54)	-0. 0426** (-2. 30)	-0. 0431*** (-3. 55)	— —	— —	— —
2007. t	-0. 0135 (-1. 45)	-0. 0357 (-0. 76)	-0. 0188 (-0. 66)	— —	— —	— —
Cons	-0. 0805** (-2. 46)	0. 442*** (6. 65)	-0. 00755 (-0. 12)	0. 214*** (4. 62)	0. 829*** (13. 67)	0. 348*** (4. 70)
Obs	312	312	312	312	312	312
Within - R^2	0. 761	0. 398	0. 772	0. 527	0. 265	0. 547

续表

变量	NVCP			NVC		
	(1)	(2)	(3)	(4)	(5)	(6)
F	64.45 ***	21.04 ***	45.67 ***	37.32 ***	12.73 ***	35.16 ***
Hausman Test	chi(2) = 15.07 Prob(2) = 0.0101	chi(2) = 59.97 Prob(2) = 0.000	chi(2) = 55.54 Prob(2) = 0.000	chi(2) = 17.92 Prob(2) = 0.003	chi(2) = 19.17 Prob(2) = 0.0018	chi(2) = 24.03 Prob(2) = 0.0042

注：(1) ***、**、* 分别表示在1%、5%和10%的水平上显著；(2) 括号内数值为相应 t 统计量；(3) 回归估计所用软件为 Stata14.0；(4) Hausman Test 原假设为：Difference in coefficients not systematic。

资料来源：笔者根据 Stata14.0 统计输出整理。

产业特性对国内价值链分工的影响包括四个方面。(1) 以中间需求率表征的产业价值链属性（MN）与国内价值链嵌入位置（NVCP）、国内价值链分工地位（NVC）均在1%显著性水平上正相关。产业中间需求率越高，越处于价值链上游，价值链分工地位也越高，验证了产业特性对价值链分工的决定作用。(2) 产业要素禀赋结构（K/L）与国内价值链嵌入位置在5%显著性水平上正相关，与分工地位负相关，但不显著，说明高资本劳动比产业倾向于价值链上游，较高的资本劳动比带来的资本深化增加了产业参与中间环节生产的间接增值，却并未显著提升价值链分工地位。(3) 同时考虑区域与产业特征因素时，产业平均规模（SCALE）对价值链嵌入位置和分工地位没有显著性影响，单独考察产业特征因素，检验结果显示产业平均规模与国内价值链分工地位在1%水平上显著负相关，产业平均规模增加1个单位，国内价值链分工地位下降0.461。(4) 所有模型中产业所有制结构（OS）系数均为正值，模型(1) 和模型 (4) 单独考察产业特征变量时，OS 系数在5%水平上显著为正，验证了王永进、刘灿雷（2016）的结论，即国有及国有控股工业企业总产值比重高的产业倾向于价值链上游位置。不同之处在于，本书发现国有产权占比越高，其价值链分工地位越高、整体价值增值能力也越强，上游国有企业并没有恶化国内价值链资源配置效率，相反，国有企业对于引导我国本土企业国内价值链升级有一定的积极作用。当联合考察产业与区域特征变量时，模型 (3) 中 OS 系数仍显著为正，模型 (6) 中 OS 系数为正但不显著，说明产业国有产权比重对价值链嵌入位置的影响强于对价值链分工地位的影响。

区域特性对国内价值链分工的影响包括四个方面。（1）同时考察区域与产业特征变量时，区域创新投入强度（INNOV）与价值链分工关系不显著。单独考察区域特征因素时，模型（2）和模型（5）中 INNOV 系数估计值显著为负，且在 1% 水平上显著，区域创新投入每增加 1 个单位，区域产业向国内价值链下游知识密集环节移动 0.0402 个单位，国内价值链分工地位指数下降 0.0316 个单位。区域创新投入与国内价值链分工地位的关系与预期不符，说明我国区域创新投入还未对改善价值链分工地位形成推动作用。（2）区域人力资本结构（HR）与国内价值链嵌入位置、分工地位显著负相关，说明在高技术劳动力集中的区域，其产业发展倾向于价值链下游环节，但区域人力资本结构优化却弱化了价值链分工地位提升，与预期相反。（3）区域市场化水平（MAR）与国内价值链嵌入位置正相关、与国内价值链分工地位负相关，但均不显著，说明区域市场化对国内价值链分工还未显示出明显的促进作用。（4）以外商直接投资表征的区域经济外向度（FDI）与国内价值链嵌入位置、分工地位呈显著负相关关系，说明 FDI 多流入我国低端加工制造环节，FDI 使本土产业陷入价值链“低端陷阱”，并导致增值能力弱化。

（二）进一步检验：直接价值增值系数与区域、产业属性的内在关联

前述分析中，我们发现一些与预期相反的回归结果，如 INNOV、HR、MAR 均与 NVC 负相关。由于国内价值链分工地位体现为整体价值获取能力，等于间接增值能力（体现为价值链嵌入位置）与直接增值能力之和。因此，上述变量在影响国内价值链分工地位、嵌入位置时，也深刻影响着产业自身直接增值，对产业直接增值能力的考察有助于了解价值链分工地位变化的内部原因。表 4 - 13 为利用个体固定效应模型检验区域、产业特征变量与直接价值增值系数（VA）的回归结果。检验结果显示，模型（7）单独考察产业特征因素时，四个产业特征变量系数估计值均通过显著性检验，产业特性与直接价值增值能力显著相关，尤其是我们发现产业国有产权比重（OS）越高越有助于产业获取直接价值增值。考察区域特征变量时，模型（8）和模型（9）中，区域创新投入强度（INNVO）系数显著为正、区域市场化水平（MAR）系数显著为负，说明区域创新投入是产业自身价值增值的主要来源，区域市场化水平弱化了产业自身价值增值能力；区域人力资本结构（HR）系数为正、区域经济外向度（FDI）系数为负，二者均未通过显著性检验，说明我国区域人力资本结构优化对产业直接价值增值的积极效果尚未显现，FDI 的介入总体上削弱了产业自身价值增值。

表 4 – 13　　VA 与区域、产业特征因素回归结果

变量	(7)	(8)	(9)
MN	-0.000924*** (-4.05)	—	-0.000269 (-1.14)
K/L	-0.00280*** (-3.45)	—	-0.00303*** (-3.49)
SCALE	-0.0324* (-1.97)	—	-0.00590 (-0.39)
OS	0.000632** (2.39)	—	0.000191 (0.52)
INNOV	—	0.0226*** (5.62)	0.0222*** (4.99)
HR	—	0.0186 (0.15)	0.0707 (0.69)
MAR	—	-0.0204*** (-6.08)	-0.0156*** (-3.91)
FDI	—	-0.00253 (-1.31)	-0.00137 (-0.57)
Cons	0.365*** (17.68)	0.331*** (14.84)	0.324*** (7.65)
Obs	312	312	312
Within – R^2	0.200	0.232	0.319
F	12.1***	13.68***	9.93***
Hausman Test	chi(2) = 38.3 Prob(2) = 0.000	chi(2) = 14.97 Prob(2) = 0.0105	chi(2) = 50.16 Prob(2) = 0.000

注：（1）***、**、*分别表示在1%、5%和10%的水平上显著；（2）括号内数值为相应 t 统计量；（3）回归估计所用软件为 Stata 14.0；（4）Hausman Test 原假设为：Difference in coefficients not systematic。

资料来源：笔者根据 Stata 14.0 统计输出整理。

第五节　我国价值链空间特征总结

通过实证分析，总结我国价值链空间形态特征如下。

第一，我国省区间国内价值链水平空间分化明显，对各省区国内价值链水平的度量支持我国大致形成了“东部—东北、中部和西部四川、陕西、内蒙古—西北”的国内价值链总体空间格局。对典型产业投入产出关联方向与强度的考察，表明我国国内价值链呈现地理邻近性与空间相关性，东部价值链引领作用尚不突出，价值链关联主要局限于东部城市群内部，总体尚未形成严格的东部、中部、西部梯次分布的价值链空间格局。

第二，当前东部省区对其他区域的显著带动能力主要体现在与资源供给密切相关的轻工业部门，并且局限于东部地区主要城市群内部，东部价值链高端升级和优势重塑是构建国内价值链的首要前提。这不仅包括东部企业自主创新能力、学习能力和价值链治理能力的提升，也包括市场制度、信用体系、政府服务等制度创新，更包括区域创新网络培育、产业集群和专业化市场扩展、生产性服务业等支撑体系建设。东部地区未来应着重优化利用外资的层次和方向，将引进外资从劳动密集型产业低端环节向资本与技术密集型产业高端环节转移，重点提升技术密集型产业国内价值链的治理能力，进行价值链高端升级和优势重塑。

第三，西部地区部分省份已经具备主导部分优势产业价值链的能力，在以交通运输设备制造业为代表的制造业领域具有主导国内价值链的现实可能性，但是西北地区仍旧处于资源类初级产品的价值链低端环节。西部地区应充分发挥资源禀赋优势，提高资源利用效率，重点延长资源能源类产业链，提升产业附加值。鉴于西部地区在电气机械及电子通信设备制造业、交通运输设备制造业等产业部门已经形成一定的比较优势，可依托主导企业，面向重点城市群，优先构建优势产业的国内价值链。

第四，从产业与区域层面考察国内价值链分工的影响因素发现，沿海地区资本与技术密集型产业呈现嵌入位置和增值能力“双低”特征，轻工业高价值增值源于低端嵌入的成本节约；东北和中部地区资源类产业位于上游且增值能力强，西部地区资本与技术密集型产业具有引领国内价值链的比较优势。产业特征中，产业价值链属性与国内价值链嵌入位置、价值链分工地位显著正相关；产业平均规模与嵌入位置、分工地位关系不显著；较高的资本劳动比提升嵌入位置、弱化直接价值增值，最终限制分工地位攀升；产业国有产权比重越高，越处于价值链上游，并有助于产业自身增值和分工地位提升。区域特征中，区域创新投入强化产业直接价值增值、市场化水平的提高显著提升价值链嵌入位置，但二者对价值链分工地位的影响均不显著；区域 FDI 导致价值链低端锁定和增值能力弱化；区域人力资本结构优化反而不利于价值链分工地位改善。

第五章 我国产业转移趋势与成渝地区产业转移分析

本章是对我国区域间制造业转移趋势和成渝地区产业转移历程及现状的总体分析。首先，从产业产值、主导企业分布、固定资产投资、劳动力流动视角识别我国制造业整体转移趋势，以及劳动密集型、资本密集型、技术密集型分行业转移趋势。其次，分析了成渝地区承接产业转移的历程、产业承接的行业结构特征、产业承接存在的问题、比较优势和承接产业转移的战略意义。本书研究发现，我国区域间产业转移的雁阵模型正在形成，东部地区为制造业转出区，中部、西部和东北地区为制造业转入区；从转移顺序看，我国遵循"劳动密集型产业—资本密集型产业—技术密集型产业"的转移顺序。总体而言，成渝地区承接产业转移成效明显，但存在承接产业转移低端化、空间无序竞争、承接模式较为单一和被动、区域间产业转移合作机制尚未健全等问题。

第一节 我国区域间产业转移的特征及趋势

一、区域产业转移度量方法综述

第一，产业份额变化视角。对于区域间产业转移的研究，较为常用的方法是利用区域间产业份额的比重变化判断产业转移的方向与规模等（刘红光，2011；张明之、谢浩，2017）。冯根福等（2010）利用各区域行业增加值占全国该行业增加值比重的变化研究区域间的产业转移状况；贺曲夫、刘友金（2011）通过考察区域间工业产业份额变动研究我国东部、中部和西部地区及八大地区之间的产业转移态势；曲玥等（2013）通过计算 1998 ~ 2008 年沿海地区的产值份额、资产份额及就业份额的变动情况及分析 12 个劳动密集型产业的空间布局，验证了我国制造业（特别是劳动密集型制造业）的雁阵模式在区域间的存在性；毛广雄等（2016）通过计算各行业产值份额，分析了江苏省各地区产业转移情况。

第二，投入产出关系视角。部分研究认为，利用产值比重变动状况测度区域间产业转移的方法缺乏全面性，主张利用地区之间产业的投入及产出关系衡量产业转移状况，这样的测度方式更具研究的宏观性，也更加科学、准确。具有代表性的研究是刘红光（2011，2014）通过投入产出表建立产业转移的定量测度模型，以此衡量产业布局变化及规模变动。但这种研究视角也受到部分学者质疑，例如，熊雪如（2013）指出了这种方法的缺陷，认为基于该视角的产业转移测度无法精确表达产业转移连续、动态的变化过程。

第三，产业集聚视角。黄钟仪（2009）、张春法等（2006）通过计算产业 Hoover 系数构建了产品静态区域集聚指数，以此作为判断产业集聚状况和产业转移速率、方向及相关规律的依据。张明之、谢浩（2017）研究发现，对产业集聚及产业扩散的研究所选的指标主要有赫芬达尔指数、产业绝对份额以及区位熵，牛青山（2011）就利用以上三类指标的变动情况对产业转移态势进行了分析。

第四，综合指标。范剑勇（2004）综合利用市场占有率及空间集中度两项指标研究长江三角洲地区产业转移状况；雒海潮等（2014）通过产业集聚指标及市场份额指标研究区域产业转移规律；肖雁飞等（2017）综合计算行业空间集聚指标、地区结构差异和集中率变化指标等，对湖南、广东、江西和广西等地的制造业进行研究；成艾华、喻婉（2018）利用地区产业平均集中率、SP 指标、地区专业化指标测度产业转移状况。

二、我国四大区域间产业转移趋势分析

（一）研究方法

本书选取传统的产业相关指标份额变化识别区域产业转出与转入特征，份额增加表示产业转入，份额降低表示产业转出；选取销售产值份额、企业单位数份额、固定资产合计份额和从业人员平均人数份额四项指标进行分析，四个指标从不同侧面反映了各区域制造业企业单位数变化、制造业产值规模变化、

制造业生产能力变化和制造业劳动力流动状况等。选取的时间节点为2006年、2009年、2012年、2015年，其中，从业人员平均人数份额用2013年数据代替2012年数据，数据统计口径均为规模以上制造业工业企业，研究区域为东部、西部、中部、东北四个区域板块，数据来源于《中国工业统计年鉴》。四个区域制造业转移趋势见表5－1。

表5－1　2006～2015年我国四大区域制造业转移趋势　单位：%

指标	区域	2006年	2009年	2012年	2015年	趋势
销售产值份额	东部	67.41 —	62.70 (－4.71)	57.85 (－4.95)	59.87 (＋2.02)	－－＋
	中部	13.75 —	16.25 (＋2.50)	19.49 (＋3.24)	21.30 (＋1.81)	↑
	西部	11.14 —	12.76 (＋1.62)	13.88 (＋1.12)	12.90 (－0.98)	＋＋－
	东北	7.70 —	8.29 (＋0.59)	8.78 (＋0.49)	5.93 (－2.85)	＋＋－
企业单位数份额	东部	67.17 —	64.27 (－2.90)	59.33 (－4.94)	58.52 (－0.81)	↓
	中部	15.24 —	17.22 (＋1.98)	20.86 (＋3.64)	22.47 (＋1.61)	↑
	西部	10.55 —	10.88 (＋0.33)	12.49 (＋1.61)	13.23 (＋0.74)	↑
	东北	7.04 —	7.63 (＋0.59)	7.32 (－0.31)	5.78 (－1.54)	＋－－
固定资产合计份额	东部	54.20 —	50.88 (－3.32)	54.77 (＋3.89)	53.20 (－1.57)	－＋－
	中部	18.01 —	19.37 (＋1.36)	19.95 (＋0.58)	21.88 (＋1.93)	↑

续表

指标	区域	2006 年	2009 年	2012 年	2015 年	趋势
固定资产合计份额	西部	18.16 —	20.04 (+1.88)	16.46 (-3.58)	17.74 (+1.28)	+ - +
	东北	9.63 —	9.71 (+0.08)	8.82 (-0.89)	7.18 (-1.64)	+ - -
从业人员平均人数份额	东部	62.99 —	61.48 (-1.51)	61.79 (+0.31)	57.18 (-4.61)	- + -
	中部	16.92 —	17.90 (+0.98)	19.81 (+1.91)	22.56 (+2.75)	↑
	西部	12.65 —	13.05 (+0.40)	12.20 (-0.85)	14.42 (+2.22)	+ - +
	东北	7.44 —	7.57 (+0.13)	6.20 (-1.37)	5.84 (-0.36)	+ - -

资料来源：笔者根据历年《中国工业统计年鉴》整理。

（二）转移趋势分析

从制造业销售产值份额看，2006～2009 年，东部地区制造业销售产值份额下降了 4.71%，中部、西部和东北地区销售产值份额分别增加了 2.5%、1.62%、0.59%；2009～2012 年，东部地区制造业销售产值份额下降近 5 个百分点，而中部、西部和东北地区销售产值份额分别提升 3.24%、1.12%、0.49%；2006～2012 年，东部地区制造业销售产值份额累计下降 9.66%，表明在此期间东部地区发生了大规模的制造业转出，主要转移到了中部地区；2012～2015 年，东部地区销售产值份额开始回升，而西部、东北地区则呈下降趋势。

从制造业企业单位数份额看，2006～2015 年，东部地区企业单位数量逐年递减，此间份额共减少 8.65%，而中部地区和西部地区均呈逐年递增趋势，分别增加了 7.23% 和 2.68%。东北地区在 2006～2009 年企业单位数份额增加了 0.59%，2009～2012 年、2012～2015 年间分别减少了 0.31% 和 1.54%。

从制造业固定资产份额看，2006～2009 年，只有东部地区固定资产份额有所下降，下降幅度为3.32%，中部、西部及东北地区固定资产份额分别上升1.36%、1.88%和0.08%；2009～2012年，东部和中部地区制造业固定资产份额有所上升，但西部和东北地区分别下降了3.58%和0.89%；2012～2015年，东北地区制造业固定资产份额持续下降，而中部地区仍然处于上升趋势，东部地区份额下降1.57%，西部地区上升1.28%。

从制造业从业人员平均人数份额看，2006～2009年，东部地区制造业从业人员平均人数份额只有东部地区呈下降趋势，中部、西部和东北地区均有不同程度的上升。2009～2012年，东部和中部地区从业人员平均人数份额分别上升0.31%和1.91%，而西部和东北地区分别下降了0.85%和1.37%。2012～2015年，东部地区制造业从业人员份额出现回落，下降4.61%；同期，东北地区制造业从业人员平均人数份额也下降了0.36%，而中部地区和西部地区分别上升2.75%和2.22%。

将四个指标的增减趋势结合起来分析，可得到表5－2。从左到右，四个加减符号分别代表在该时间段内销售产值份额、企业单位数份额、固定资产合计份额及从业人员平均人数份额的增减趋势。由表5－2可见，2006～2009年，东部地区制造业销售产值份额、企业单位数份额、固定资产份额及从业人员平均人数份额均呈下降趋势，表明无论从哪个维度衡量，东部地区在该时间段内都发生了制造业转出；同样，2006～2009年，中部、西部和东北地区四项指标均为上升趋势，表示在该时间段这三个区域为制造业转入区域。2009～2012年，只有中部地区四项指标均上升；2012～2015年，中部地区四项指标仍全部上升，而东北地区四项指标全部下降。

表5－2　　我国四大区域各指标份额变化趋势

区域	2006～2009年	2009～2012年	2012～2015年
东部	－　－　－　－	－　－　＋　＋	＋　－　－　－
中部	＋　＋　＋　＋	＋　＋　＋　＋	＋　＋　＋　＋
西部	＋　＋　＋　＋	＋　＋　－　－	－＋　＋　＋
东北	＋　＋　＋　＋	＋　－　－　－	－　－　－　－

资料来源：笔者根据历年《中国工业统计年鉴》整理。

接着，我们做如下假设：若一个地区在 P_i（i＝1，2，3）时间区间某项指标较上一时间节点相比发生了a%的份额变动，且满足 $|a|\geq4.5$，我们视该地

区在 $P_i(i=1, 2, 3)$ 期间就某指标而言发生了大规模转移；如果 $|a| \leq 0.5$，视该地区在 $P_i(i=1, 2, 3)$ 时间区间就某指标而言没有发生明显的转移。基于上述假定和趋势分析，可以推断出如下结论。

2006～2009 年，我国制造业整体转移趋势为东部地区制造业转往中部、西部和东北地区，中部、西部和东北地区承接份额依次递减。东部地区制造业产品销售规模发生了大规模的转出，而西部地区的制造业企业和劳动力未发生明显转移，东北地区的固定资产和劳动力转移趋势也较不明显。

2009～2012 年，中部地区为制造业转入区，东部地区为转出区。东部地区制造业产品销售份额和制造业企业数发生了大规模转出，对于同样的指标，东北地区则未发生明显的转移，另外，东部地区的劳动力也未发生明显转移。

2012～2015 年，中部和西部地区为制造业转入区，东部和东北地区为转出区，东部地区制造业劳动力开始发生大规模转出，而东北地区劳动力未发生明显转移。

三、我国制造业分行业转移趋势分析

（一）研究方法

借鉴鲁桐、党印（2014）对于制造业的分类方法，① 按照要素使用密集度将两位数制造业划分为劳动密集型产业、资本密集型产业及技术密集型产业，在此基础上进行细微调整，分析不同要素密集度产业在国内区域间的转移趋势，两位数制造业分类见表 5－3。研究方法仍是考察 2006～2015 年东部、西部、中部、东北地区的制造业销售产值份额、企业单位数份额、固定资产合计份额、从业人员平均人数份额变化情况。由于部分数据严重缺失且难以获取，研究区域未包含青海省和西藏自治区，研究产业未包括“皮革、毛皮、羽毛及其制品和制鞋业，木材加工和木、竹、藤、棕、草制品业，家具制造业，印刷和记录媒介复制业，文教、工美、体育和娱乐用品制造业，其他制造业，橡胶和塑料制品业，废弃资源综合利用业”相关数据。为使数据具有典型性及代表性，所计算数据均来自规模以上制造业工业企业。制造业分行业转移趋势见表 5－4。

① 鲁桐，党印．公司治理与技术创新：分行业比较［J］．经济研究，2014（6）：115－128.

表 5-3　　两位数制造业分类及表示方法

产业类型	两位数制造业	表示方法
劳动密集型	农副食品加工业	L_1
	食品制造业	L_2
	酒、饮料和精制茶制造业	L_3
	烟草制品业	L_4
	纺织业	L_5
	纺织服装、服饰业	L_6
	造纸和纸制品业	L_7
资本密集型	石油加工、炼焦和核燃料加工业	Z_1
	化学原料和化学制品制造业	Z_2
	化学纤维制造业	Z_3
	非金属矿物制品业	Z_4
	黑色金属冶炼和压延加工业	Z_5
	有色金属冶炼和压延加工业	Z_6
技术密集型	金属制品业	J_1
	通用设备制造业	J_2
	专用设备制造业	J_3
	汽车制造业	J_4
	铁路、船舶、航空航天和其他运输设备制造业	J_5
	电气机械及器材制造业	J_6
	计算机、通信和其他电子设备制造业	J_7
	仪器仪表制造业	J_8
	医药制造业	J_9
	金属制品、机械和设备修理业	J_0

资料来源：鲁桐，党印. 公司治理与技术创新：分行业比较［J］. 经济研究，2014（6）：115-128.

表 5－4　2006～2015 年我国四大区域制造业分行业转移趋势　单位：%

指标	产业类型	时间区间	东部	中部	西部	东北
销售产值	劳动密集型	2006～2009 年	-36.2	+17.4	+9.3	+9.5
		2009～2012 年	-30.5	+23.5	+2	+5
		2012～2015 年	-13.4	+21.4	+6.3	-14.3
	资本密集型	2006～2009 年	-14.7	+8.8	+5.7	+0.2
		2009～2012 年	-12.5	+9.6	+4	-1.1
		2012～2015 年	+5.6	+5.7	+3.4	-14.7
	技术密集型	2006～2009 年	-37.3	+18	+9	+10.3
		2009～2012 年	-35.6	+30.2	+2.6	+2.8
		2012～2015 年	+6.4	+24.2	+6	-36.6
固定资产合计	劳动密集型	2006～2009 年	-24.8	+19.9	+5.8	+5.2
		2009～2012 年	-36.2	+17.4	+9.3	+9.5
		2012～2015 年	-11.8	+26.6	-4.5	-10.3
	资本密集型	2006～2009 年	+2.3	-3.2	+6.8	-5.9
		2009～2012 年	-14.7	+8.8	+5.7	+0.2
		2012～2015 年	-0.4	+3.4	+8.1	-11.1
	技术密集型	2006～2009 年	-29.5	+23.6	+0.1	+5.8
		2009～2012 年	-37.3	+18	+9	+10.3
		2012～2015 年	-0.5	+21.8	-0.7	-20.6
从业人员平均人数	劳动密集型	2006～2009 年	-19.4	+13.1	+4.3	+2
		2009～2013 年	-25.5	+21.4	+8.7	-4.6
		2013～2015 年	-8.3	+10.4	+3.7	-5.8
	资本密集型	2006～2009 年	+4.1	-4.2	-0.8	+0.9
		2009～2013 年	+4.6	+3.1	+0.3	-8
		2013～2015 年	+2.2	+5.1	-0.5	-6.8
	技术密集型	2006～2009 年	-13.6	+11.9	-1.9	+3.6
		2009～2013 年	-29.3	+27.2	+5.3	-3.2
		2013～2015 年	+14	+14.3	-4.6	-23.7

资料来源：笔者根据历年《中国工业统计年鉴》整理。

（二）转移趋势分析

1. 劳动密集型产业转移趋势

从制造业销售产值份额看，东部地区劳动密集型产业销售产值份额除2009～2015年烟草制造业有2.6%的上升外，其余行业一直处于下降趋势，但总体而言下降幅度逐年减小。中西部地区劳动密集型产业销售产值份额持续上升，其中，中部地区的农副食品加工业，酒、饮料和精制茶制造业，纺织业，纺织服装、服饰业，西部地区的酒、饮料和精制茶制造业上升幅度均超过10%。东北地区则在2006～2012年保持上升趋势，但2012～2015年下降幅度高达14.3%。

就制造业固定资产合计份额而言，东部地区劳动密集型产业固定资产合计份额整体处于持续下降趋势，只有烟草制造业持续上升；中部地区劳动密集型产业固定资产份额维持增长势态，西部和东北地区则在2006～2012年增长，2012年后开始下降。

就从业人员平均人数份额看，东部地区整体依旧持续下降，其中农副食品加工业，食品制造业，酒、饮料和精制茶制造业，纺织服装、服饰业四个行业从业人员平均人数份额在2006～2015年从未上升；中西部地区从业人员平均人数占比持续上升，中部地区只有烟草制造业在2009年后份额下降，西部地区则和东部地区相反，农副食品加工业，食品制造业，酒、饮料和精制茶制造业，纺织服装、服饰业四个行业从业人员平均人数比重在2006～2015年持续上升，东北地区自2009年开始加速下降，2013～2015年下降的行业样本数量高达100%。

2. 资本密集型产业

从制造业销售产值份额角度看，东部地区资本密集型产业销售产值份额在经历了2006～2012年的下降态势后，2012～2015年出现5.6%的正增长，且只有非金属矿物制品业呈现下降态势；中西部地区持续增长，其中中部地区化学原料和化学制品制造业、非金属矿物制造业、有色金属冶炼和压延加工业及西部地区非金属矿物制造业份额持续上升；东北地区则在2006～2009年实现0.2%的微弱增长，之后持续下降，2012～2015年下降幅度达到14.7%，全行业样本均呈现下降趋势。

从制造业固定资产比重角度看，东部地区资本密集型产业在2009年后份额开始下降，中部地区固定资产合计份额在2009年后上升，西部地区资本密集型产业固定资产合计份额持续增加，2009～2012年、2012～2015年分别只有化学纤维制造业及石油加工、炼焦和核燃料加工业有所下降；而东北则呈现先减后增再减的趋势。

就制造业从业人员平均人数而言，东部地区资本密集型产业从业人员平均人数所占比重保持增长势头，其中黑色金属冶炼和压延加工业持续增长；中部地区在2009年后迎来增长态势，且增长幅度逐年上升，2009~2015年只有石油加工、炼焦和核燃料加工业份额下降，西部和东北地区则在2013年后呈现下降趋势。

3. 技术密集型产业

从制造业销售产值份额角度看，东部地区技术密集型产业在2006~2012年份额呈现显著下降趋势，达到35%以上，但在2012~2015年间保持6.4%的上升比例；中西部地区在2006~2015年持续上升，且中部地区上升份额较大，保持全行业样本上升，2012~2015年达到26.6%，西部地区只有通用设备制造业、专用设备制造业、交通运输设备制造业、医药制造业份额在2009~2012年有所下降；东北地区在经历了2006~2012年的增长后，迎来一轮较为剧烈的下降态势，所有技术密集型产业销售产值份额均呈下降趋势。

从制造业固定资产份额看，东部地区技术密集型产业固定资产占比持续下降，每个时间段分别只有两个行业有所上升；中部地区持续上升，只有交通运输设备制造业、仪器仪表制造业在2009~2012年所占比重下降；西部和东北地区则在2012年后开始下降，且东北地区下降幅度较大，2012~2015年只有医药制造业有1.6%的上升。

就制造业从业人员所占比重而言，东部地区劳动密集型产业从业人员平均人数占比在2006~2012年呈现下降态势，2009~2012年下降幅度达到29.3%，金属制品业，电气机械和器材制造业，计算机、通信和其他电子设备制造业尤为突出，但在2012年后迎来了14%的增长；中部地区技术密集型产业从业人员占比持续上升，2012~2015年上升幅度高达27.2%，只有医药制造业在2006~2009年经历下降；西部和东北地区分别在2012年、2009年后迎来下降态势。

（三）总结

从制造业转移的方向看，整体上讲，2006~2015年我国制造业主要从东部地区转往中西部地区。分产业类型看，三大类型产业均显著转往中部地区，东北地区资本密集型产业和技术密集型产业转出趋势明显，劳动密集型产业主要由东部地区转往中西部地区，技术密集型产业主要由东部地区承接，且东部地区在2012年后转入趋势明显增强。

从制造业转移的规模看，第一，东部和中部地区整体转出规模较大，西部和东北地区转移趋势较不明显；第二，相较于劳动密集型产业，资本密集型产业和技术密集型产业整体转移规模较小。

从制造业转移的顺序看，我国制造业在区域间的转移遵循“劳动密集型产业—资本密集型产业—技术密集型产业”的转移顺序。

第二节　成渝地区承接产业转移的阶段性特征

成渝地区先后经历了抗战时期和“三线”建设时期计划经济时代下的产业转移，以及改革开放后尤其西部大开发战略实施以来的大规模产业承接，历次的产业转移为推进成渝地区工业化进程奠定了坚实的基础，成渝地区承接产业转移也呈现明显的阶段性特征。

一、抗战和“三线”建设时期的产业承接

我国现代史上曾出现过两次大规模的产业转移，但主要以计划经济手段为主。第一次是抗战时期。第二次是“三线”建设时期。两次大规模的产业转移初步奠定了西部地区现代工业的基础，而成渝地区是两次产业转移的主要承接地。在《全国老工业基地调整改造规划（2013—2022 年）》确立的老工业基地城市中，成渝地区就占据了自贡、泸州、内江、宜宾、乐山、德阳、绵阳七个地级老工业城市和成都市青白江区、重庆市大渡口区两个市辖区，成为西部地区老工业基地城市最为集中的经济区。

成渝地区是国家大规模“三线”建设的重点区域，产业发展具有明显的嵌入性特征。“一五”时期，在苏联援建的 156 个重点工业项目中，四川建成了一批技术装备较好的骨干企业。同时，各地的小型钢铁、煤炭、水泥、化肥、机械等“五小”工业也有了较快发展。“三线”建设时期，四川省交通运输、国防科技、钢铁、有色金属、机械制造、电力、煤炭、石油化工等工业行业得到国家重点支持和发展。“三线”建设时期，建成了在全国具有重要地位的工业基地，初步奠定了四川现代产业的基础。这一时期，四川建成了成昆线、川黔线两条铁路干线和部分重要港口码头，德阳第二重型机器厂、东方电机厂、东方汽轮机厂、东方锅炉厂等大型水火电设备生产基地以及核工业科研生产基地、战略战术导弹科研生产基地及高分子合成化工研究院等。

二、改革开放和西部大开发时期的产业承接

早在 1994 年的中央经济工作会议中，我国就提出发挥西部地区的资源优

势，合理选择和承接沿海地区产业转移。1996 年《国民经济与社会发展“九五”计划和 2010 年远景目标规划纲要》明确提出“优先在中西部地区安排资源开发和基础设施建设项目，调整加工工业的地区布局，引导资源加工型和劳动密集型产业向中西部地区转移，加快中西部地区改革开放的步伐，引导外资更多地投向中西部地区。”“鼓励东部沿海地区向中西部地区投资，组织好中西部地区对东部沿海地区的劳务输出。东部经济发达地区采取多种形式与中西部地区联合开发资源，利用中西部地区丰富的劳动力资源，发展劳动密集型产业。”①

1999 年开始，国家加强了对西部地区经济的支持，并正式提出了“西部大开发”的战略部署。在西部大开发战略的第一个十年，西部地区交通基础设施等投资环境得到改善，生态环境承载能力逐步增强，给西部地区承接产业转移带来了机遇。自西部大开发战略实施以来，成渝地区承接产业转移规模不断扩大，2000 年成渝地区实际利用外商直接投资为 6. 81 亿美元，2011 年增加到 200. 11 亿美元，以平均每年 2. 67 倍的速度增长。从实际利用内资来看，成渝地区 2000 年实际利用省外到位资金 163. 32 亿元人民币，2011 年增加到 12003 亿元，是 2000 年的 73. 49 倍（见图 5 - 1 和图 5 - 2）。

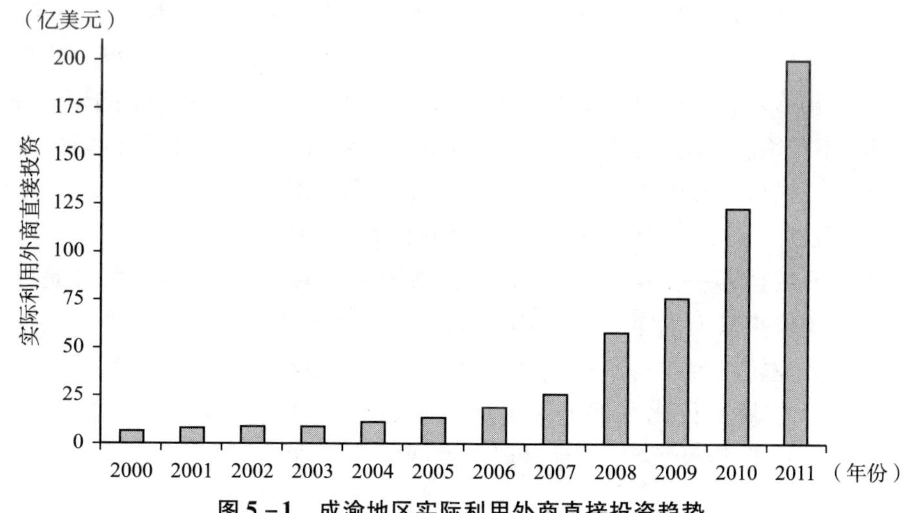

图 5 - 1　成渝地区实际利用外商直接投资趋势

资料来源：历年《四川省统计年鉴》和《重庆市统计年鉴》。

① 中华人民共和国国民经济与社会发展“九五”计划和 2010 年远景目标规划纲要［R］. 中国人大网，http：//www. npc. gov. cn/wxzl/gongbao/2001 - 01/02/content_5003506. htm.

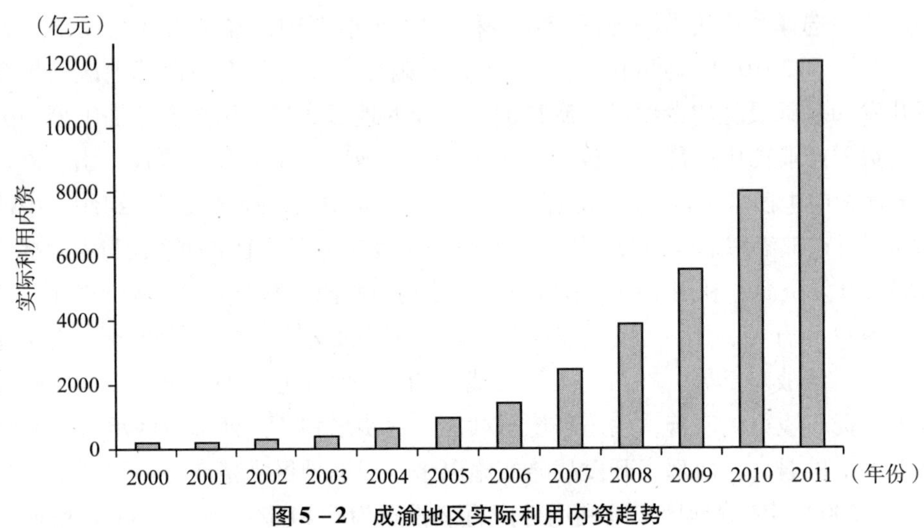

图 5－2　成渝地区实际利用内资趋势

资料来源：历年《四川省统计年鉴》和《重庆市统计年鉴》。

分别考察四川省和重庆市承接国内外产业转移的总体情况，可以发现：1999～2011 年，四川省和重庆市实际利用外商直接投资和实际利用国内省外到位资金均呈上升趋势，其中，1999～2005 年上升相对较为平稳，从 2005 年以后，尤其从 2008 年始，承接国内外产业转移数额呈加速上升趋势。从承接国际产业转移来看，1999～2008 年四川省实际利用外商直接投资高于重庆市，从 2009 年开始，重庆市实际利用外商直接投资超过四川省。从承接国内产业转移来看，四川省利用省外境内资金一直高于重庆市，二者差距从 2000 年的 77.24 亿元扩大到 2011 年的 2163 亿元（见图 5－3 和图 5－4）。

改革开放至第一轮西部大开发时期，成渝地区承接产业转移的特征是以数量驱动和规模扩张为主导，在国家政策引导和市场机制作用下的产业承接。这一时期的产业转移旨在解决成渝发展的资金瓶颈制约，重在构建产业转移的“吸引力”，依靠实行比东部地区更加优惠的投资促进政策，以资源、市场、换取资本、技术等要素，增强地区经济发展的外部动力。

三、新一轮西部大开发时期的产业承接

随着 2011 年《成渝经济区区域规划》获批，成渝经济区发展正式进入国家视野，并上升到西部重要经济中心和全国重要经济增长极的战略高度。2012 年公布的《西部大开发“十二五”规划》将成渝经济区作为新一轮西部大开

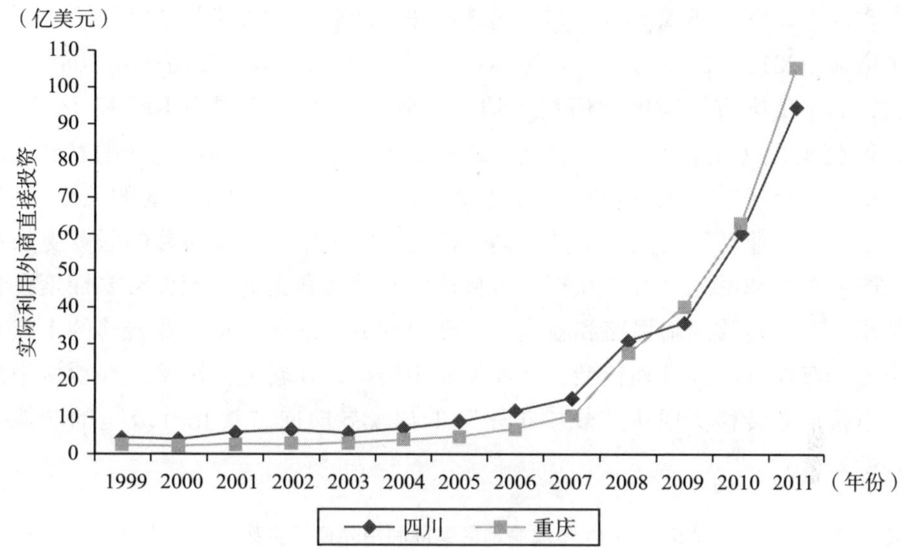

图 5-3　四川省和重庆市实际利用外商直接投资趋势

资料来源：历年《四川省统计年鉴》和《重庆市统计年鉴》。

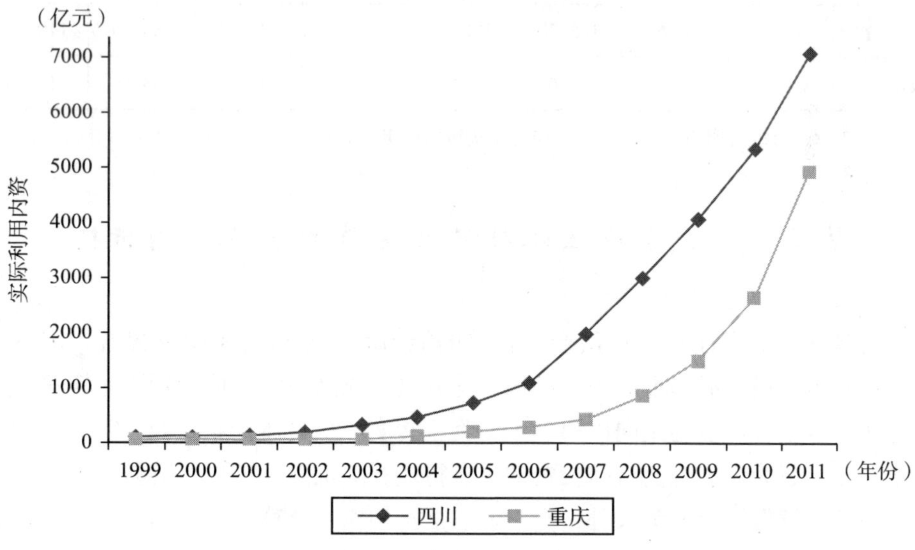

图 5-4　四川省和重庆市实际利用内资趋势

资料来源：历年《四川省统计年鉴》和《重庆市统计年鉴》。

发重点支持、率先发展的经济区之一，自此，成渝地区发展进入重要的战略机遇期。

经历了改革开放尤其第一轮西部大开发时期的资本积累，成渝地区承接产业转移成果丰厚，涌现出了许多承接产业转移的典型，成渝经济区经济实力进一步增强。2011～2018年，成渝地区平均每年实际利用外资额达到208.08亿美元，其中重庆市、四川省历年平均实际利用外资额分别为106.18亿美元、101.89亿美元（见表5－5）。在新一轮西部大开发时期，成渝地区的发展也进入了由追求经济增长规模和速度向追求经济发展质量和效益转变的关键时期，进入了承接产业转移的又一个黄金期，但这一时期承接产业转移的任务更加艰巨，既要总结和反思过去十几年来承接产业转移暴露出的问题，又要探索在新时期承接产业转移的新思路和新模式。新时期成渝地区承接产业转移的重点在于突出既有经济的提升和转型，要在发展中转型，在转型中承接，在承接中创新，承接产业转移实现从“规模扩张”的规模导向向“优化升级”的功能导向转变。

表5－5　2011～2018年成渝地区实际利用外商投资额度　单位：亿美元

地区	2011年	2012年	2013年	2014年	2015年	2016年	2017年	2018年
重庆市	105.79	105.77	105.97	106.29	107.65	113.42	101.83	102.73
四川省	110.30	105.50	105.70	106.53	104.37	85.44	86.99	110.37
成渝地区	216.09	211.27	211.67	212.83	212.02	198.86	188.81	213.10

资料来源：历年《四川省统计年鉴》和《重庆市统计年鉴》。

第三节　成渝地区承接产业转移的产业结构特征

总体来看，成渝地区承接产业转移的能力和水平获得了明显提升，国际产业转移有力促进了成渝地区产业结构优化升级。成渝地区承接国际产业转移的产业分布从以第二产业为主向以第三产业为主转变。从具体行业来看，制造业和房地产业分别成为吸引外商直接投资的重点行业，除批发、零售、贸易、餐饮等传统服务业继续保持上升势头外，金融业、信息传输、计算机服务和软件业以及商务和租赁服务业等现代服务业正逐渐成为成渝地区承接产业转移的新兴领域。

一、四川省承接产业转移的产业和行业特征

从四川省承接产业转移的三次产业结构看，1998～2016年，四川省引进外资从以第二产业为主逐渐转向第三产业。1998年第二产业引进外资总额占

比高达75.7%，第三产业仅为23.14%，而到2016年，第二产业引资数量显著下降到33.66%，第三产业快速上升到66.26%，其中，2009年第三产业利用外资占比高达66.9%。从具体的行业结构看，四川省承接产业转移的行业领域逐渐增加，1998年主要集在11个行业，2007年以后扩大到14个。制造业和房地产业一直是四川省承接的主要行业，1998～2004年，四川省制造业利用外资一直占据半壁江山，从1998年的18955万美元上升到2011年的96800万美元，利用外资的比重于2011年达到最大值，占比64.78%。虽然从2007年开始制造业利用外资比重逐渐下降，但截止到2016年，制造业仍占据利用外资总额的32.91%（见表5－6）。

表5－6　2000～2011年四川省分行业实际利用外商直接投资比重　单位：%

项目	1998年	2004年	2007年	2009年	2016年
总计	100	100	100	100	100
第一产业	1.16	1.01	0.56	—	0.08
第二产业	75.7	65.62	41.72	33.1	33.66
采掘业	5.3	0.3	0.08	1.9	—
制造业	50.89	60.94	38.88	26.8	32.91
电力煤气及水生产和供应业	13.69	3.61	2.19	4.4	0.75
建筑业	5.82	0.77	0.57	—	—
第三产业	23.14	33.38	57.71	66.9	66.26
交通运输仓储及邮电通讯业	0.05	4.14	1.02	—	1.56
批发零售贸易餐饮业	1.63	2.92	9.04	10.5	6.53
房地产业	9.4	23.27	41.92	48.6	38.78
居民服务和其他服务业	11.4	0.76	1.93	—	0.55
租赁和商务服务业	—	—	1.05	2.9	2.24
信息传输、计算机服务和软件业	—	0.83	0.44	2.7	0.73
科学研究、技术服务业	0.04	0.12	0.09	—	0.23
水利、水环境和公共设施管理业	—	0.03	0.28	—	0.01
教育文化体育卫生和娱乐业和社会福利业	0.08	1.31	0.17	—	0.17
其他行业	0.54	0	1.77	2.2	15.46

资料来源：历年《四川省年鉴》。

值得注意的是，由表5-7可见，服务业逐渐成为四川承接产业转移的新领域，1998~2016年，批发、零售、贸易、餐饮等传统服务业利用外资总额从1998年的606万美元增加到2016年的65775万美元，增长了108.5倍。房地产业是吸引外资比重增速最快的行业，从2007年开始，房地产业超过制造业成为吸引外商投资最多的行业，1998~2016年，房地产业吸引外商投资总额从3501万美元增加到390373万美元，占比从9.4%增加到38.78%，承接产业转移总额增长了111.5倍。此外，生产性服务业承接产业转移的比重上升，信息传输、计算机服务和软件业实现了从无到有的突破，2004年仅为571万美元，2009年达到9600万美元，占比从0.83%上升为2.7%。租赁和商务服务业也于2007年实现了零突破，2016年实现22551万美元总金额，占第三产业实际利用外资总额的3.4%。

表5-7　2000~2011年四川省分行业实际利用外商直接投资总额　单位：万美元

项目	1998年	2004年	2007年	2009年	2016年
总计	37250	68650	177151	352900	1006620
第一产业	432	696	1000	—	816
第二产业	28200	45044	73904	119300	338791
采掘业	1975	203	145	6700	—
制造业	18955	41834	68875	96800	331234
电力煤气及水生产和供应业	5101	2477	3872	15800	7533
建筑业	2169	530	1012	—	24
第三产业	8618	22910	102235	241600	667013
交通运输仓储及邮电通讯业	18	2839	1811	—	15655
批发零售贸易餐饮业	606	2005	16022	38100	65775
房地产业	3501	15978	74256	175600	390373
居民服务和其他服务业	4247	523	3425	—	5550
租赁和商务服务业	—	—	1855	10300	22551
信息传输、计算机服务和软件业	—	571	779	9600	7369
科学研究、技术服务业	15	80	160	—	2346

续表

项目	1998 年	2004 年	2007 年	2009 年	2016 年
水利、水环境和公共设施管理业	—	18	502	—	52
教育文化体育卫生和娱乐业和社会福利业	31	896	296	—	1727
其他行业	200	—	3129	8000	155615

资料来源：历年《四川省年鉴》。

二、重庆市承接产业转移的产业和行业特征

从重庆市三次产业实际利用外商直接投资的绝对值看，第二、第三产业承接国际产业转移的绝对值都呈快速上升趋势，第三产业增长最快，第一产业实际利用外资呈下降趋势。与 2000 年相比，2018 年第二、第三产业利用外商直接投资总额分别增长了 3.64 倍和 33.69 倍。从三次产业吸引外资的内部结构看，第一、第二产业利用外资比重呈大幅下降趋势，尤其第二产业利用外资比重从 2000 年的 66.16% 下降到 2018 年的 18.09%，而第三产业承接国际产业转移的比重大幅上升，从 2000 年的 32.29% 增加到 2018 年的 81.79%，承接产业转移的产业结构不断优化（见表 5－8）。

表 5－8　2000～2018 年重庆市分行业实际利用外商直接投资比重　单位：%

<table>
<tr><th>项目</th><th>2000 年</th><th>2004 年</th><th>2009 年</th><th>2014 年</th><th>2018 年</th></tr>
<tr><td>总计</td><td>100</td><td>100</td><td>100</td><td>100</td><td>100</td></tr>
<tr><td>第一产业</td><td>1.54</td><td>0.17</td><td>0.25</td><td>0.04</td><td>0.03</td></tr>
<tr><td>第二产业</td><td>66.16</td><td>55.36</td><td>36.66</td><td>17.95</td><td>18.09</td></tr>
<tr><td>工业</td><td>62.33</td><td>55.25</td><td>35.68</td><td>17.71</td><td>18.09</td></tr>
<tr><td>建筑业</td><td>0.87</td><td>0.11</td><td>0.97</td><td>0.24</td><td>—</td></tr>
<tr><td>第三产业</td><td>32.29</td><td>44.48</td><td>63.09</td><td>82.01</td><td>81.79</td></tr>
<tr><td>交通运输、仓储及邮电通讯业</td><td>6.08</td><td>0.35</td><td>0.10</td><td>1.15</td><td>4.12</td></tr>
<tr><td>信息传输、计算机服务和软件业</td><td>—</td><td>—</td><td>0.02</td><td>4.38</td><td>3.11</td></tr>
<tr><td>批发和零售业</td><td rowspan="2">3.67</td><td rowspan="2">0.41</td><td>3.66</td><td>0.03</td><td>0.07</td></tr>
<tr><td>住宿和餐饮业</td><td>0.26</td><td>1.12</td><td>0.07</td></tr>
</table>

续表

<table>
<tr><th>项目</th><th>2000 年</th><th>2004 年</th><th>2009 年</th><th>2014 年</th><th>2018 年</th></tr>
<tr><td>金融业</td><td>—</td><td>—</td><td>6. 19</td><td>11. 77</td><td>24. 27</td></tr>
<tr><td>房地产业</td><td>11. 88</td><td>36. 02</td><td>35. 94</td><td>46. 56</td><td>14. 77</td></tr>
<tr><td>租赁和商务服务业</td><td>—</td><td>—</td><td>13. 40</td><td>15. 82</td><td>34. 87</td></tr>
<tr><td>科学研究、技术服务和地质勘测业</td><td>—</td><td>—</td><td>—</td><td>0. 02</td><td>0. 02</td></tr>
<tr><td>水利、环境和公共设施管理业</td><td>—</td><td>—</td><td>2. 49</td><td>—</td><td>—</td></tr>
<tr><td>居民服务和其他服务业</td><td>10. 21</td><td>—</td><td>0. 58</td><td>1. 16</td><td>—</td></tr>
<tr><td>教育</td><td>—</td><td rowspan="2">0. 27</td><td>0. 44</td><td>—</td><td rowspan="2"></td></tr>
<tr><td>文化、体育与娱乐业</td><td>—</td><td>—</td><td>—</td></tr>
<tr><td>其他</td><td>—</td><td>7. 42</td><td>—</td><td>—</td><td>0. 49</td></tr>
</table>

资料来源：历年《重庆市统计年鉴》。

从承接国际产业转移的具体行业结构看，由表 5 –9 可知，重庆市利用外商直接投资的行业领域不断增加。工业、房地产业一直是外资比较青睐的两大领域。2018 年，重庆市工业领域吸引外资总额为 58790 万美元，占全市利用外资总量的 18. 09%，房地产业利用外资总额为 48007 万美元，是 2000 年的 16. 53 倍，说明重庆市承接产业转移的行业结构不太合理，承接产业转移的内生机制尚未建立。与西部地区其他省份吸引外资不同的是，服务业已经成为重庆市吸引外资的重点领域，尤其生产性服务业超过传统服务业成为承接国际产业转移的新兴领域。2018 年租赁和商务服务业、金融业利用外资总额分别高达 113330 万美元和 78881 万美元，分别占比 34. 87% 和 24. 27%，超过工业和房地产业成为利用外资最多的两大行业。信息传输、计算机服务和软件业实际利用外资绝对额也呈直线上升趋势，从 2009 年的 77 万美元增加到 2014 年的 1854 万美元，占比从 0. 02% 上升到 4. 38%。科学研究、技术服务和地质勘测业也于 2014 年实现了零的突破。综上可见，重庆市承接国际产业转移在总量上升的同时，产业结构也得到了不断优化。

表 5 –9　　2000 ~2018 年重庆市分行业实际利用外商直接投资总量　　单位：万美元

<table>
<tr><th>项目</th><th>2000 年</th><th>2004 年</th><th>2009 年</th><th>2014 年</th><th>2018 年</th></tr>
<tr><td>总计</td><td>24436</td><td>40508</td><td>401643</td><td>423348</td><td>325030</td></tr>
<tr><td>第一产业</td><td>377</td><td>67</td><td>1001</td><td>177</td><td>85</td></tr>
<tr><td>第二产业</td><td>16168</td><td>22424</td><td>147233</td><td>75981</td><td>58790</td></tr>
<tr><td>工业</td><td>15232</td><td>22379</td><td>143324</td><td>74973</td><td>58790</td></tr>
<tr><td>建筑业</td><td>212</td><td>45</td><td>3909</td><td>1008</td><td>—</td></tr>
<tr><td>第三产业</td><td>7891</td><td>18017</td><td>253409</td><td>347190</td><td>265841</td></tr>
<tr><td>交通运输、仓储及邮电通讯业</td><td>1485</td><td>142</td><td>414</td><td>4882</td><td>13407</td></tr>
<tr><td>信息传输、计算机服务和软件业</td><td>—</td><td>—</td><td>77</td><td>18542</td><td>10119</td></tr>
<tr><td>批发和零售业</td><td rowspan="2">897</td><td rowspan="2">166</td><td>14698</td><td>128</td><td>218</td></tr>
<tr><td>住宿和餐饮业</td><td>1036</td><td>4731</td><td>217</td></tr>
<tr><td>金融业</td><td>—</td><td>—</td><td>24864</td><td>49836</td><td>78881</td></tr>
<tr><td>房地产业</td><td>2904</td><td>14591</td><td>144357</td><td>197119</td><td>48007</td></tr>
<tr><td>租赁和商务服务业</td><td>—</td><td>—</td><td>53832</td><td>66954</td><td>113330</td></tr>
<tr><td>科学研究、技术服务和地质勘测业</td><td>—</td><td>—</td><td>—</td><td>81</td><td>77</td></tr>
<tr><td>水利、环境和公共设施管理业</td><td>—</td><td>—</td><td>10018</td><td>—</td><td>—</td></tr>
<tr><td>居民服务和其他服务业</td><td>2495</td><td>—</td><td>2322</td><td>4907</td><td>—</td></tr>
<tr><td>教育</td><td>—</td><td rowspan="2">111</td><td>1785</td><td>—</td><td>—</td></tr>
<tr><td>文化、体育与娱乐业</td><td>—</td><td>—</td><td>10</td><td>—</td></tr>
<tr><td>其他</td><td>—</td><td>3007</td><td>6</td><td>—</td><td>1585</td></tr>
</table>

资料来源：历年《重庆市统计年鉴》。

第四节　成渝地区承接产业转移的比较优势和问题

一、承接产业转移的比较优势

依托成渝地区形成的成渝经济区是我国西部地区经济发展基础最好、人口集聚能力最强、城镇化水平最高、发展潜力最大的区域，是《全国主体功能区规划》确定的重点开发区和《西部大开发“十二五”规划》确定的重点经济区之一，在中西部地区承接产业转移竞争中具有明显的比较优势。

（一）交通区位优势

古典区位论认为企业区位选择具有运费指向性，交通区位条件成为企业迁移的重要因素之一。国家“十二五”规划构建了“两横三纵”的城市化战略格局，提出要在中西部有条件的地区培育壮大若干城市群。成渝地区位于长江发展横轴和包昆发展纵轴的交汇处，是国家“两横三纵”城市化战略格局中西南战略节点，在带动西部地区加快发展和全国区域协调发展中占有重要位置。成渝地区位于长江上游，地处国家西北、西南和中部地区的重要结合部，是连接南北、承接东西的重要桥梁，是我国沟通东南亚、中亚、南亚的重要交通走廊，是构建沿长江经济带、丝绸之路经济带的重要支撑。成渝地区是中亚地区能源资源输入的最佳承接地，也是我国产业向中亚扩张的理想转出地。

成渝地区已形成以铁路、公路、水路、航空、管道多种运输方式相互衔接的综合交通运输体系，为承接产业转移提供了物流支撑。成渝地区形成了宝成、成渝、襄渝、遂渝、成昆、内昆、达万、兰渝、渝利、渝怀、渝黔等多条进出大通道，2018 年铁路营运里程 7371 千米；形成了以高速公路为骨架的干线公路网络，高速公路通车里程达到 8395 千米。成渝地区有民用机场 18 个，成都双流国际机场现已开通定期航线 270 条，通航城市达 209 个；重庆江北国际机场与国内 247 个城市通航，国际客货运航线达 82 条，旅客吞吐量达 4159.5 万人次，货邮量 38.2 万吨。区内有重庆、泸州、宜宾、乐山、南充、广安等长江上游港口群，四级航道里程 2401 千米，港口集装箱吞吐能力达到 465 万标箱。管道运输形成一定规模，境内有油气管网 1.97 万千米。良好的交通条件和区位优势成为成渝地区承接产业转移的有利条件之一。

（二）要素成本优势

成渝地区属于亚热带季风气候，温度适中，降水丰沛，土地肥沃，是西部地区最宜居的地区之一。成渝地区水系发达，拥有长江及其支流等优质岸线资源，蕴藏巨大的水能资源，可开发水能资源占据西部地区的 33.11% 和全国的 27.24%。成渝地区也是我国矿产资源密集的地区之一，是全国重要的煤炭生产基地，天然气、盐卤、铝土、硫磷等矿产资源富集配套。丰富的矿产资源奠定了成渝地区原材料工业的有利基础，也成为成渝地区发展能源矿产精深加工产业的有力保障。

成渝地区土地和生物资源丰富，是全国重要的粮食和特色农产品生产基地。优质的气候条件成就了“中国白酒金三角”的美誉，“五粮液”“泸州老窖”“剑南春”等名酒享誉全球。成渝地区历史文化悠久、民族众多、气候和地貌复杂多样，旅游资源组合配套，在全国占据重要地位。

成渝经济区更是我国重要的人口、城镇、产业集聚区。人口总量大，劳动力资源丰富。2018 年常住人口 9655.4 万人，劳动力资源总数超过 6900 万人，专业技术人员超过 210 万人，拥有各类高等院校 173 所，职业技术学校 789 所，2018 年在校大学生 239 万人以上。科研机构众多，科技活动人员约 30 万人，为承接产业转移提供了丰富的智力资源。

（三）产业基础优势

成渝地区工业文化底蕴深厚，中华人民共和国成立伊始和“三线”建设时期奠定了成渝地区较强的工业基础。成渝地区工业门类齐全，在全国 40 个工业大类中，成渝地区有 39 个，目前“形成了以装备制造、汽车摩托车、电子信息、生物医药、能源化工、冶金建材、轻纺食品、航空航天等为主导的工业体系”,[①] 特别国防科技产业和成套机械装备制造业在全国具有领先地位。成渝经济区第三产业发展迅速，是西部地区重要的商贸物流中心和金融中心。2018 年成渝经济区实现地区生产总值 55912.44 亿元，人均地区生产总值为 56133 元，规模以上工业总产值实现 49743 亿元，三次产业结构比例为 8.4∶43.3∶48.3。

成渝地区产业园区发展基础较好，产业发展集聚度高。截至 2018 年，成渝经济区内部包含高新技术产业开发区、经济技术开发区、综合保税区和出口加工区等省级及以上开发区 140 个，其中国家级高新区 11 个、国家级经开区 10 个。高水平的产业园区建设使成渝地区产业承载能力进一步增强，产业承接也由以城市为重点分散布局，转向以开发区为核心的集中布局趋势，给新时期的集群承接、高端承接和绿色承接提供了较高的平台。随着重庆沿江承接产业转移示范区和四川广安承接产业转移示范区相继获批，成渝地区承接产业转移的载体能力更加有力，也为成渝地区创新产业转移承接模式和区域合作思路提供了政策支撑。

---

① 国家发展和改革委员会．成渝经济区区域规划［R］．国家发展和改革委员会门户网站，2011.05.30.

（四）政府推进优势

成渝地区四川与重庆两地政府都高度重视承接产业转移工作，政府推动有力。自2008年起，四川省便出台了《2008年承接产业转移工作方案》，提出围绕“7+3”优势产业，构建“六带、一链、四集群”格局。同时，“为保证承接产业转移工作的有效推进，四川省还建立了督查督办考核机制，把承接产业转移工作成效纳入各级政府和部门目标考核的重要内容。”“四川省政府还成立了推进承接产业转移工作领导小组，定期召开联席会议，研究承接产业转移的政策举措，统筹重大产业转移项目区域布局和要素配置，协调项目促进重大问题。为增加工作的有效性和针对性，方案还配发了《四川省承接产业转移工作手册》和《四川省加工贸易投资服务手册》，前者开出了重点承接企业和省内主要承接地清单，后者集成了承接加工贸易的环境介绍和政策指南。”①

2008年3月，四川省《关于加快推进承接产业转移工作的实施意见》出台，指出把四川省建设成为“承接国际国内产业转移、加快产业创新的重要基地和辐射西部、面向全国、融入世界的西部经济发展高地”，根据区位、产业、市场等综合优势，明确了五大经济区的承接产业转移的重点领域，出台了促进产业转移的财税、投资、金融、土地等支持政策，以及相应的组织保障和激励机制。随着中西部地区承接产业转移工作竞争日益激烈，以及顺应国内外产业转移新趋势和新特点，2011年6月，四川省出台了《四川省人民政府关于承接产业转移的实施意见》，明确了四川省重点承接的高新技术产业、先进制造业、能源矿产开发和加工业、农产品加工业、现代服务业、劳动密集型产业及加工贸易的重要领域；并细化了支持产业有序转移的财税、金融、产业与投资、土地、商贸、科教文化六大政策支持体系。尤其在人力资源支撑、体制机制创新、承接产业转移环境建设等方面，提出了产业承接的保障措施。

重庆市委也充分认识到产业转移纵深推进给重庆市带来的机遇与挑战，于2008年7月出台《中共重庆市委关于进一步扩大开放的决定》，号召全市积极参与国际国内分工与合作，提出要把重庆建设成为西部内陆开放高地，并明确了新一轮扩大开放的战略重点，提出力争5年时间，通过承接汽车摩托车、钢铁有色、建材、电子信息、化工、装备制造、节能环保、医药等重点行业的承接目标，最终建设开放型制造业高地。同时，积极引进电子商务企业、金融机构，发展内陆型加工贸易，通过引进技术、智力和人才增强自主创新能力。

① 曾小清.5年内引资力争超1.8万亿元［N］.四川日报，2008-4-12.

重庆市承接产业转移工作高度重视规划的引领作用，先后编制了《重庆沿江承接东部产业示范区规划》和《重庆市承接中高档陶瓷产业转移规划》等规划，并出台了《关于区县产业招商的指导意见》《重庆市促进开放条例》《重庆市人民政府关于促进服务外包产业发展的意见》。两江新区作为重庆对外开放的突破口，也相继出台多项政策，推进招商引资工作，如出台了《两江新区工业开发区招商引资工作实施意见》《两江新区九大产业价值链分析与招商策划》《两江新区八大产业招商引资目录企业》《两江新区工业开发区鼓励产业目录》等。重庆市还健全承接产业转移的工作机制，通过培训交流、年度考核等手段强化工作绩效，承接产业转移工作取得了骄人成绩。

二、承接产业转移存在的突出问题

成渝地区承接产业转移成效明显，但承接产业转移过程中也存在一定的问题，主要体现在承接产业转移低端化、空间无序竞争、承接模式较为单一和被动、区域间产业转移合作机制尚未健全等。

（一）承接产业转移低端化严重

成渝地区各级城市高度重视产业转移工作，将产业转移、招商引资作为对外开放的重中之重，但是，普遍对国内外产业转移的新趋势和新特征把握不足，承接产业转移观念落后、承接产业转移层次较低，单纯把产业转移作为做大经济总量和推进工业化进程的简单方式，不注重在产业承接中推进产业结构优化升级，并积累自我发展能力。成渝地区承接产业转移主要集中在制造业，服务业尤其生产性服务业承接水平较低，纺织服装等劳动密集型、资源开采等资源密集型产业，以及附加值较低的加工、制造、装配等边际价值链环节成为产业承接的主要领域，产业结构低端化严重，不利于成渝地区产业结构升级和产业可持续发展。

（二）承接产业转移空间无序竞争

成渝经济区作为一个跨行政区的经济区，长期以来，经济区内各城市承接产业转移各自为政，招商引资非理性竞争较为严重，产业转移只是停留在各地区和各部门的工作层面，尚未上升到成渝经济区区域战略层面，承接产业转移缺乏合力，尤其是行政分割制约了成渝经济区内部的产业扩散与转移。经济区内部各城市鼓励承接的产业和承接产业转移来源地有极大的相似性，资源开发与劳动密集型产业、装备制造、高技术产业成为竞相承接的重点领域，京津冀、珠三角和长三角成为承接产业转移的集中来源地。

从承接产业转移的园区来看，成渝地区产业园区主导产业门类众多，涉及电子信息、数字家电、化工、装备制造、冶金材料、食品饮料等，主导产业不突出，园区特色不明显，高附加值产业比重低，发展方式粗放，园区布局分散，与城市和区域发展协调不够，尤其在承接产业转移过程中无序竞争，低水平同构现象突出，产业转移承载能力不强。受制于行政区思维和经济增长考核压力，成渝经济区内部承接产业转移是以行政区为单位进行产业承接和规划，尚未从经济区总体空间结构优化的高度出发，打破行政区壁垒，统筹承接产业转移。盲目的空间无序承接不利于成渝经济区“双核五带”空间布局的形成，不利于成渝经济区总体经济增长极目标的实现。

（三）承接产业转移模式相对单一

虽然在理论上产业转移有助于区域实现跨越式发展，并能医治衰退地区、膨胀地区的区域病，但是，产业转移效应的发挥是有条件的，在承接方法不当时，推动产业转移的努力不但不会取得预期的理想效果，反而会适得其反。当前，成渝地区承接产业转移模式比较单一，主要以承接边际产业转移模式、顺梯度转移模式为主。从具体承接产业转移方式来看，主要以直接投资、建立生产基地、营销网络和企业总部为主，承接产业转移模式呈现粗放性和被动性；梯度转移模式承接的多是发达地区已经失去比较优势的产业，产业的成长性很差，容易导致承接地产业低端化，对承接地经济发展带动能力有限。以经济增长为目标，以资源开发为导向，低端、被动的产业承接模式使成渝地区陷入“高增长低发展”陷阱。

由于成渝地区内部各地区发展差距较大，各类产业发展基础和特征不同，急需对传统落后的承接产业转移思路进行扬弃和反思，根据不同地区的发展基础和发展需求，创新体现区域特色、尊重产业转移规律、顺应产业转移新趋势和特征的产业承接模式，实现从经济总量扩张向培植区域优势产业转变，构建良性循环的内生性发展模式。

（四）产业转移合作机制尚未健全

近年来，成渝地区制定了大量产业发展规划，四川省进行了承接产业转移示范区研究，出台了承接产业转移的实施意见；重庆市编制完成了《重庆沿江承接产业转移示范区实施方案》，并获国家发展改革委批准。但到目前为止，成渝地区尚没有一部承接产业转移的中长期发展规划，经济区内承接产业转移工作基本上各自为政，承接产业布局混乱、重复引进严重，不利于成渝地区产业结构升级和创新能力提升。

成渝地区处于长江上游，承接产业主要来源地主要集中在长三角、珠三角以及京津冀地区；但是，成渝地区目前还没有建立与东部发达地区的产业对接和协调机制，缺乏与对口支援、对口帮扶省份建立承接产业转移长效机制，在一定程度上影响了产业承接工作的持续性和有效性。

第五节　成渝地区承接产业转移的战略意义

一、实现历史使命和战略定位的重要途径

承接产业转移是成渝经济区实现历史使命和战略定位的重要途径。成渝经济区面积占西部地区的3.8%，但承载常住人口却占西部地区的25.4%，成渝经济区加快发展对引领西部地区发展有重要意义。《成渝经济区区域规划》对未来成渝经济区的发展方向和战略定位进行了总体规划，成渝经济区肩负着引领西部地区加快发展、提升内陆开放水平，以及支撑我国区域协调发展的重要战略使命。《成渝经济区区域规划》指出，到2020年，成渝经济区要建设成为西部地区重要的经济中心，并成为我国综合实力较强的区域、全国重要的现代产业基地、统筹城乡发展的实验区和长江上游生态安全的保障区。成渝经济区要成长为中国经济发展的第四增长极，需要增强要素集聚功能，吸引外部要素注入，通过承接产业转移做大经济总量，加快产业结构优化升级，打造现代产业基地。产业转移是区域经济联系的主要途径，科学引导产业转移可以有效促进西部地区与东部、中部地区的优势互补和良性互动，对全国区域协调发展具有重要作用。

二、对西部地区高质量发展的增长极作用

成渝经济区位于国家“两横三纵”城市化战略格局中沿长江通道横轴和包昆通道纵轴的交汇处，是我国西部地区资源环境承载能力最强、发展潜力最大、综合实力最强的经济区域之一，也是长江流域上游发育最完备的城市群。

2018 年成渝经济区常住人口 9655.4 万人，占西部地区的 25.4%，占全国的 6.9%，人口密度为每平方千米 469 人，城镇化率达到 57.87%，实现地区生产总值 55912 亿元，规模以上工业总产值 49743 亿元。成渝地区已经构建起了以装备制造、汽车摩托车、电子信息、生物医药、能源化工、冶金建材、轻纺食品、航空航天等为主导的现代产业体系。成渝地区也是西部地区产业承接能力最强的区域之一，成渝地区高质量承接产业转移，创新产业承接方式和产业转移跨区域合作机制，集聚高级生产要素，促进创新资源综合集成，加快区域创新，对于在西部地区形成高质量发展的重要增长极具有重大意义。通过产业转移与承接，密切与“一带一路”沿线国家与地区的产业经济关联，对于构建国家向西开放战略支点、打造内陆开放战略高地有重要作用。

三、对长江经济带转型升级的支撑作用

长江流域是中国近代经济的摇篮，长江干流通航里程达 2800 多千米，素有“黄金水道”之称，依托长江黄金水道的长江经济带是整个长江流域经济最发达、经济密度最大的地区，长江流域经济带也是支撑中国经济转型升级的新支撑带。长江沿线包括上海、江苏、安徽、江西、湖南、湖北、重庆、四川、云南七省二市，面积 177.4 平方千米，2018 年常住人口 5.05 亿人，经济总量 33.2 万亿元，占全国 18.5% 的国土面积，集聚了全国 35.22% 的人口，创造了 36.3% 的经济总量。

当前，我国正由沿海、沿边开放向内陆地区梯度推进，国家提出依托长江黄金水道打造中国经济升级版新支撑带，其目的是带动长江中上游地区加快发展，促进中西部地区有序承接沿海产业转移。成渝经济区是长江上游最大的经济区，成渝城市群是长江上游最大的城市密集区。处于长江经济带转型升级和西部大开发战略结合点的成渝经济区，其科学发展将有效带动西部地区和长江上游腹地加快发展。成渝经济区承接长三角地区产业转移，将有效促进长江上游、中游和下游地区充分开放和发展平衡，通过搭建成渝经济区与长江中下游地区产业对接平台，强化产业转出和承接的协调机制，支持长江流域各城市产业分工和产业协作，将进一步推进整个长江经济带的整体转型升级。

第六章 成渝地区承接产业转移的传统模式及其评价

成渝地区历经抗战时期和“三线”建设时期计划经济体制下的产业承接，以及第一轮西部大开发时期的产业承接，承接产业转移成绩突出，在产业转移的丰富实践中积累了颇多经验，尤其积极探索出了具有区域特色的承接产业转移模式。本章结合成渝地区承接产业转移实践和典型产业案例，对成渝地区承接产业转移的模式及其经济效应进行了分析。

第一节　产业承接模式的内涵及类型

一、产业承接模式的内涵

“模式”是指某种事物的标准形式或使人可以照着做的标准样式。产业转移模式是指产业在不同国家或地区进行转移表现出的不同方式和特征。承接产业转移模式或产业承接模式，是欠发达国家或地区顺应产业转移特点和趋势，遵循产业演进和发展的内在规律，在充分尊重地区比较优势的基础上，科学选取移入产业，并与本地产业深入融合的方法和途径。

产业转移模式多种多样，每个地区在不同的产业发展阶段，要转移出去的产业和需要承接的产业是不同的，因此，选择的模式也不尽相同。不同的模式选择对产业移入地和转出地会产生很大的影响，只有当产业转移的正效应大于负效应，产业转移模式的选择才是正确和明智的。产业转移模式的选择不应只追求经济利益，还要从本地区可持续发展出发进行规制引导。科学的产业承接模式，可以加速承接地经济起飞进程，而不当的承接模式则对地区经济安全构成一定威胁。科学的产业承接模式，应当跟随、反映国际国内产业转移新潮流、新特点，符合区域发展的阶段性和产业发展实际，并最终助推区域实现自主发展和跨越赶超。

二、产业承接模式的类型梳理

已有的对产业转移模式的理论研究深度不够，比较泛化，缺乏较为系统的研究；并且多是从产业转出地视角研究产业转移模式，从承接地视角研究产业承接模式的成果少之又少。以下对部分产业转移模式进行梳理和比较。

（一）基于产业转移规模视角

根据产业转移规模的不同，产业转移模式可归纳为集群式产业转移模式、完整价值链转移模式和部分迁移模式。

集群式产业转移模式是规模最大的产业转移模式，是有产业关联的上下游企业相继由某一地区迁移到另一地区，进行投资办厂，以维持原有的生产关系。集群式产业转移重视转移的整体性和网络关系的复制性，随着产业转移规模的扩大，研发机构和销售机构等也会随之迁移。但集群式产业转移具有高流动性与低根植性特点，当移入地丧失低成本的比较优势时，嵌入式的产业集群就会整体向成本更低处转移。由于产业集群内部具有自我完善的产业联系和供需网络，并已经建立起相对深化的基于产业分工的紧密合作关系，移入地企业很难嵌入产业集群中，相对封闭的产业集群与本地企业学习交流甚少，联系不够紧密，产业转移的溢出效应有限。

完整价值链转移模式指在当地达到规模优势以后，边际成本大于边际收益，企业在当地继续发展的优势已不存在，企业的所有活动整体向更为有利的经营地迁移的行为。

部分迁移模式也指选择性迁移模式，指企业仅仅转移生产链中的某些环节，把设计、研发、销售等核心环节、有长期竞争力的环节留在本地，而将组装、生产等低附加值环节转移至初级生产要素丰裕地区进行生产的行为。

（二）基于产业级差视角

基于产业级差视角，产业转移模式可分为顺梯度产业转移模式、逆梯度产业转移模式。

顺梯度转移模式是发达国家或地区基于产业结构调整的需要，不断把低级产业向发展中国家或地区转移的过程。从产业层次来说，先转移轻纺等劳动密集型产业，再逐渐转移钢铁、石化等资本密集型产业，最后转移高新技术等知识密集型产业；从地区层次来讲，先是向现代工业主导的新型工业化国家转移，再顺次向半工业化国家或落后国家或地区转移。顺梯度转移可以发生在相邻级差国家之间，也可以是不相邻级差国家间的“越级”转移。主流产业转移理论，如弗农的产品生命周期理论、小岛清的边际产业论，以及邓宁的折衷理论都是顺梯度转移理论，都是以发达国家的产业优势为前提，是发达国家产业优势在世界范围内的再次充分利用。

逆梯度产业转移模式最早由谭杰辉于 1998 年提出，其观点是我国应实现从被动接受到主动获取的产业承接策略转变。通过直接投资、并购、合资建厂等方式，加大对发达国家的技术密集型产业，尤其是高技术含量、高产品附加值产业投资，或者通过引进外资对落后产业进行技术改造等方式，为高级产业发展腾出空间，扶持新兴产业成长和传统产业升级。

（三）基于产业转移动机视角

根据产业转移的动机不同，可以分为成本导向型、市场拓展型、被动跟进型、策略投资型产业转移模式。

成本导向型产业转移是指以降低成本为目标的产业转移。由于区域内外供给和需求因素发生变化，企业现有区位比较优势丧失，迫于外部竞争和内部调整的压力，将产业转移至低梯度地区，重获比较优势。由于资源空间分布的不均衡性、不可流动性和不可再生性，导致不同地区要素收益差异明显，为提高原材料供应效率和降低运输成本，企业为掌控上游资源供应，会选择将制造业部分转移至资源富集地区。另外，由于发达地区产业发展进入成熟期，产业集聚负外部性增大，土地、劳动力、资本等要素供应不足，发达地区的劳动密集型产业有必要向成本更低的内陆转移，而欠发达地区承接成本导向型产业转移，可以有效解决劳动力就业和资源开发利用问题。

市场拓展型产业转移模式是指本产业在原区域仍属于成长型产业，仍具有比较优势，为了扩大销售份额和出口，缩短产品生产与消费者需求间的距离，增强市场信心反馈，或充分利用目标区位优势资源，拓展市场腹地而进行的产业转移。市场拓展型产业转移模式主要考虑目标区位的市场大小及发展潜力、人均消费水平和收入差距、目标区位的资源供应状况以及目标区位中心城市竞争力状况。

被动跟进型产业转移又分为竞争跟进型和配套跟进型产业转移。竞争跟进型产业转移指当一些产业转移到某一地区后，其竞争对手为保持原来的竞争状态而移入同一目标区位的一种转移模式，又称为“蜂拥效应”，即竞争对手转移到哪儿，自己就转移到哪儿。[①] 尤其在寡头市场中，当某一寡头企业为提高市场占有率，而开辟新的市场获取竞争优势时，其他寡头企业也会被迫跟随采取相同战略，寻求同样的发展机会。配套跟进型产业转移指当某个产业的某一企业转移到目标区位后，其配套企业为保持供应链的连续性，也随之转移到目标区位的行为，这种产品供应链整体迁移现象，也被称为“头羊现象”。

策略投资型产业转移模式指“以多元化经营为目标的企业，利用欠发达地区经营不善的企业，通过合资合作、改制并购等方式注入投资，承接原公司的业务、技术或品牌，从而进入一个新的行业，拥有一项成熟的技术或拥有一个成熟的品牌。”[②] 欠发达地区可以把引进企业与本地企业改制以及产业结构升级相结合。

（四）基于产业转移具体方式

产业转移是产业内大量企业生产经营活动重心转移的过程，实质是企业空间区位再调整的过程。从转移企业的具体行为看，产业转移的具体方式有三种。

第一，投资新建式转移，即企业通过直接投资，建立新的加工点、销售网点、设立研究发展机构、转移生产设施和转移总部等，建立新的生产体系并扩大产能。投资新建式转移起始投资规模小，投资容易控制，但新建投资往往有较长的筹备期和建设期，进入目标市场较为缓慢，面临的市场竞争也较为激烈。

第二，并购式转移，即企业通过兼并、合并、收购等跨区域并购的方式实现产业转移。与新建投资相比，跨区域并购式转移可以廉价购买资产，快速获取管理和技术人员以及生产设备、销售网络等，扩大市场份额；有利于获得专利技术等通过市场交易难以获取的资源，可以利用分销渠道快速与消费者建立信任关系。

---

① 马子红，胡洪斌．中国区际产业转移的主要模式探究［J］．生产力研究，2009（13）：141-143.

② 蔡坚．中西部承接东部产业转移的模式选择——基于湖北产业链整合的视角［J］．当代经济，2011（11）：74-76.

第三，非股权方式转移，指转出地企业不以直接投资获取股权的方式，而以签订合同的方式参与生产经营活动的各种方式的总称，包括许可证交易、特许授权经营、合同生产、分包或转包合同。其中，国际转包成为跨国公司进行国际产业转移的主要方式，其优势在于，跨国公司不必设立专厂供应元器件、零部件，节省了固定资产投资，能够利用不同国家廉价的生产要素优势、特有的技术专长或技能等有利条件，降低成本；还能够根据市场调整订单数量，具有适应市场的灵活性。

三、成渝地区承接产业转移的典型模式

西部大开发战略实施以来，成渝地区进入了承接国内外产业转移的高峰期，地区内部各城市抢抓机遇，在承接产业转移模式的探索上取得了许多新突破，有力促进了成渝地区经济社会发展。通过对成渝地区各区域承接产业转移实践进行归纳和总结，得出成渝地区承接产业转移模式主要有承接边际产业转移模式、产业集群转移模式、产业链式转移模式、灾后对口支援框架下产业转移模式。本章将结合成渝地区承接产业转移实践和典型产业案例，分析每种产业转移模式的特征和经济效应。

第二节　成渝地区承接边际产业转移分析

从成渝地区承接国内区际产业转移看，2007 年以来，重庆市承接国内区际产业转移总量规模居前七位的地区分别是北京、广东、四川、浙江、上海、江苏、福建，虽然各省市排序小幅波动，但总体排序变动不大。如表 6－1 所示，2009 年，重庆市承接前六位地区产业转移总量占据重庆市实际利用内资总量的 78.5%，2016 年比重最低，也高达 68.2%，重庆市实际利用内资主要来源于东部发达地区省份。

表 6－1　重庆市承接区际产业转移来源地分析　单位：%

年份	占比总计	实际利用内资项目来源前六位地区及比重
2016	68.2	广东 18.3，四川 16.4，北京 14.9，浙江 6.7，上海 6.6，江苏 5.3
2014	68.8	四川 16.3，广东 15.9，北京 14.8，浙江 8.4，上海 7.8，江苏 5.6

续表

年份	占比总计	实际利用内资项目来源前六位地区及比重
2011	74.1	北京 22.2，广东 15.2，四川 13.2，浙江 9.2，上海 7.2，江苏 7.1
2010	76.4	北京 21.5，广东 16.3，浙江 11.5，四川 10.9，上海 9.9，江苏 6.3
2009	78.5	广东 19.1，北京 18.1，上海 13.7，浙江 11.8，四川 11.2，福建 5.5
2008	78.2	广东 17.9，北京 17.8，上海 12.5，浙江 11.8，四川 10.7，福建 7.4
2007	77.4	广东 18.7，北京 14.9，上海 13.4，浙江 12.1，四川 9.9，福建 8.4

资料来源：根据历年《重庆市统计年鉴》整理。

从四川省承接区际产业转移来看，2010 年四川省实际利用内资来源名列前五位的是北京、重庆、广东、浙江、上海，四川省实际利用五省市资金占实际利用国内省外资金总额的比重为 68.9%。①

可见，成渝地区承接区际产业转移主要以珠三角、长三角、环渤海地区为重点。因此，在成渝地区承接区际产业转移的分析中，重点以北京、广东、上海、江苏、浙江为例进行对比研究。

一、东部地区边际产业转移趋势显现

根据生产要素密集程度，可将工业行业划分为资源开采业、劳动密集型产业、资本密集型产业和技术密集型产业。通过计算每一种行业类型规模以上工业企业工业总产值占该省全部行业工业总产值的比重，可以得出各省市产业结构状况。如表 6-2 所示，以北京、广东、上海、江苏、浙江五省市为代表的东部发达地区产业结构呈现高度化特征。2015 年，上海市资本和技术密集型产业工业总产值占全部行业工业总产值的 81.68%，技术密集型产业占比高达 57.64%，资源开采产业仅占比 0.02%，劳动密集型产业占比为 12.88%。同年，四川省技术密集型产业工业总产值占比 32.34%，资源开采产业占比 6.29%，劳动密集型产业占比 25.35%，四川省产业结构的资源、劳动力初级结构明显。

① 郭丽娟，邹洋．产业升级与空间均衡视角下成渝经济区承接产业转移模式创新［J］．经济问题探索，2015（5）：123-130.

表 6－2　　2004 年、2015 年典型地区四大类型产业结构比重及变化　　单位：%

行业	年份	四川	重庆	北京	广东	上海	江苏	浙江
资源开采产业	2015 年	6.29	2.81	0.46	0.89	0.02	0.38	0.27
	2004 年	6.17	4.49	2.05	1.55	0.14	0.83	0.44
	变化	0.12	－1.68	－1.59	－0.66	－0.12	－0.45	－0.17
劳动密集型产业	2015 年	25.35	13.74	8.19	20.74	12.88	18.12	26.17
	2004 年	25.02	16.99	11.96	21.39	14.33	21.89	32.45
	变化	0.33	－3.25	－3.77	－0.65	－1.45	－3.77	－6.28
资本密集型产业	2015 年	27.87	22.98	10.63	24.08	24.04	32.71	32.19
	2004 年	33.76	36.24	29.78	23.26	29.96	33.85	29.63
	变化	－5.89	－13.26	－19.15	0.82	－5.92	－1.14	2.56
技术密集型产业	2015 年	32.34	60.46	52.64	47.14	57.64	45.21	33.4
	2004 年	26.95	30.12	52.89	49.09	53.02	39.22	30
	变化	5.39	30.34	－0.25	－1.95	4.62	5.99	3.4

注：“四大类型产业结构比重”计算方法为，各产业类型所属行业规模以上工业企业工业总产值占该省（市）工业总产值总额的比重。

资料来源：本表中数据均根据 2016 年和 2005 年各省市统计年鉴整理所得。

从各省份产业构成看，与 2004 年相比，2015 年东部地区资源开采产业和劳动密集型产业在各自省份工业总产值中所占份额均有大幅下降，其中，浙江劳动密集型产业比重下降了 6.28%，北京和江苏均下降 3.77%；而同年，四川省劳动密集型产业所占比例上升了 0.33%，资源开采产业上升 0.12%。资源开采产业、劳动密集型产业以及部分技术含量低的技术密集型产业，正逐渐成为东部发达地区的边际产业。与四川省相比，重庆市承接产业转移的效果比较明显，2015 年与 2004 年相比，呈现出技术密集型产业过快增长趋势，增加了 30.34%；而同年，资源开采型、劳动密集型和资本密集型产业占比均呈现下降趋势。

二、成渝地区承接东部制造业西移的特征和趋势

对2004~2011年东部五省区二位数采矿业和制造业行业工业总产值份额进行比较分析发现（如表6-3所示），2011年东部发达省份工业总产值占比高于50%的行业有8个，其中资本和技术密集型行业占据5个，为化学纤维制造业，金属制品业，电气机械和器材制造业，计算机、通信和其他电子设备制造业以及仪器仪表制造业；劳动密集型产业有3个，为纺织服装、服饰业，皮革、毛皮、羽毛及其制品和制鞋业，以及文教、工美、体育和娱乐用品制造业。但是，从2004~2011年各行业总产值比重的变化来看，东部五省市除黑色金属矿采选业（B08）、有色金属矿采选业（B09）、其他采矿业（B11）和化学纤维制造业（C28）四个行业的工业总产值份额出现增加外，其余30个行业均出现了较为明显的下降趋势，即向中西部地区转移趋势，东部发达省份劳动密集型和资本密集型产业工业总产值份额的下降幅度，明显高于发生转移的技术密集型制造业产值份额下降幅度。

表6-3　成渝地区承接东部发达地区产业转移的特征和趋势　单位：%

分类	行业名称	2011年工业总产值份额		2004~2011年份额变化	
		成渝地区	东部五省区	成渝地区	东部五省区
资源开采产业	B06 煤炭开采和洗选业	5.97	4.19	2.68	-1.35
	B07 石油和天然气开采业	3.23	7.70	0.23	-1.16
	B08 黑色金属矿采选业	5.23	11.20	2.14	0.05
	B09 有色金属矿采选业	5.79	6.23	3.80	0.75
	B10 非金属矿采选业	10.52	18.92	5.57	-5.73
	B11 其他采矿业	0.00	2.33	0.00	2.33

续表

分类	行业名称	2011 年工业总产值份额		2004 ~ 2011 年份额变化	
		成渝地区	东部五省区	成渝地区	东部五省区
劳动密集型产业	C13 农副食品加工业	6.57	17.68	1.83	-8.31
	C14 食品制造业	4.91	25.92	1.53	-11.53
	C15 酒、饮料和精制茶制造业	16.94	25.22	3.96	-11.72
	C16 烟草制品业	4.76	29.05	0.39	-0.58
	C17 纺织业	2.98	49.05	1.40	-12.60
	C18 纺织服装、服饰业	1.68	68.36	1.26	-6.58
	C19 皮革、毛皮、羽毛及其制品和制鞋业	4.66	64.77	2.59	-8.18
	C20 木材加工和木、竹、藤、棕、草制品业	3.34	33.63	1.55	-14.17
	C21 家具制造业	8.71	49.72	6.32	-9.53
	C22 造纸和纸制品业	5.19	41.76	2.55	-3.83
	C23 印刷和记录媒介复制业	6.42	49.32	2.79	-13.50
	C24 文教、工美、体育和娱乐用品制造业	2.96	77.42	2.88	-1.70
	C42 工艺品及其他制造业	2.17	31.58	1.59	-30.19
资本密集型产业	C25 石油加工、炼焦和核燃料加工业	1.48	27.42	0.76	-3.82
	C26 化学原料和化学制品制造业	4.69	41.63	0.85	-5.28
	C28 化学纤维制造业	2.52	81.67	0.54	3.58
	C29、C30 橡胶和塑料制品业	3.94	46.06	2.21	-11.16
	C31 非金属矿物制品业	6.99	27.19	2.42	-12.20
	C32 黑色金属冶炼和压延加工业	4.83	26.81	0.94	-2.37
	C33 有色金属冶炼和压延加工业	3.68	24.96	-0.36	-6.00
	C34 金属制品业	4.45	52.79	3.07	-15.35

续表

分类	行业名称	2011 年工业总产值份额		2004 ~ 2011 年份额变化	
		成渝地区	东部五省区	成渝地区	东部五省区
技术密集型产业	C27 医药制造业	7.47	31.40	1.36	-7.82
	C35 通用设备制造业	4.85	40.17	1.19	-13.86
	C36 专用设备制造业	4.76	35.03	1.14	-4.33
	C37 汽车、铁路、船舶、航空航天和其他运输设备制造业	7.87	40.58	5.26	-1.36
	C39 电气机械和器材制造业	3.21	60.28	1.08	-2.74
	C40 计算机、通信和其他电子设备制造业	4.48	77.00	3.21	-2.03
	C41 仪器仪表制造业	2.52	55.98	0.13	-23.31

注：（1）成渝地区指四川、重庆两省市，东部五省区指北京、广东、上海、江苏、浙江五省市；（2）表中数据，“2011 年工业总产值份额”指各区域分行业规模以上工业企业工业总产值占全国该行业工业总产值比重，“2004 ~ 2011 年份额变化”，指 2011 年与 2004 年各行业总产值占全国比重的差值；

资料来源：本表中数据均根据 2012 年和 2005 年全国和各省市统计年鉴整理所得，其中，2004 年全国国有及规模以上非国有工业企业分行业工业总产值数据来源于 2005 年《广东工业统计年鉴》。

2004 ~ 2011 年成渝地区除有色金属冶炼和压延加工业（C33）工业总产值占比有小幅下降外，其余 33 个行业所占比重均明显上升，其中家具制造业（C21）上升了 6.32%，非金属矿采选业（B10）增加了 5.57%，汽车制造业和铁路、船舶、航空航天等其他运输设备制造业增加了 5.26%。从各省市制造业内部结构看（见表 6 - 4），有色金属冶炼和压延加工业（C33）工业总产值比重在四川和重庆均呈现下降趋势，重庆医药制造业（C27）、专用设备制造业（C36）和仪器仪表制造业（C41）分别下降了 0.18%、0.36% 和 0.18%，两省市其余行业总产值占比均有明显增加。东部省份分行业工业总产值份额增加的行业有：北京市的工艺品及其他制造业，上海市的工艺品及其他制造业和烟草制品业，浙江省的非金属矿物制品业和化学纤维制造业，江苏省的技术密集型产业。

总体上，无论从东部五省市各行业比重变化看，还是从东部发达地区总体比重变化看，东部地区原材料产业和劳动密集型产业外溢的趋势加强，成渝地区承接区际产业转移的能力不断提升。

表 6－4　2004～2011 年典型省份制造业分行业工业总产值构成变化　单位：%

行业代码		四川	重庆	北京	广东	上海	江苏	浙江
劳动密集型产业	C13	1.47	0.36	－0.65	－2.57	－0.92	－1.50	－2.35
	C14	1.39	0.14	－1.74	－2.69	－2.87	－2.51	－1.68
	C15	3.49	0.47	－2.02	－3.64	－2.33	－1.67	－3.39
	C16	0.26	0.13	－0.56	－0.62	2.33	－0.50	－1.17
	C17	1.24	0.16	－0.26	－1.72	－1.58	－4.44	－6.07
	C18	0.93	0.33	－0.75	0.12	－4.51	4.73	－6.83
	C19	2.09	0.51	－0.04	－0.26	－1.83	－3.87	－10.66
	C20	1.48	0.06	－0.65	－5.29	－4.16	2.62	－8.35
	C21	5.94	0.38	－0.53	－0.87	－1.35	－1.88	－3.47
	C22	2.05	0.50	－0.39	0.12	－0.73	－0.78	－2.73
	C23	1.94	0.86	－2.51	－4.35	－3.98	0.94	－2.86
	C24	2.41	0.47	－0.50	－2.61	－6.19	9.61	－2.77
	C42	0.74	0.85	1.52	－18.10	0.73	－4.61	－8.21
资本密集型产业	C25	0.71	0.05	－0.63	－0.08	－2.94	0.12	－0.85
	C26	0.71	0.15	－2.29	－2.60	－1.51	2.32	－0.47
	C28	0.49	0.04	－0.10	0.15	－2.96	1.97	0.56
	C29，C30	1.52	0.69	－0.40	－2.09	－2.62	－2.68	－3.67
	C31	2.20	0.21	－0.91	－3.65	－2.36	－1.32	－3.04
	C32	0.61	0.33	－2.53	1.13	－3.44	1.78	0.37
	C33	－0.24	－0.11	－0.25	0.29	－1.90	－1.16	－3.42
	C34	2.17	0.90	－0.64	－3.60	－5.36	－2.28	－3.66

续表

行业代码		四川	重庆	北京	广东	上海	江苏	浙江
技术密集型产业	C27	1.54	-0.18	-0.83	-1.22	-2.68	0.84	-3.53
	C35	1.13	0.06	-0.42	1.74	-4.53	-4.47	-6.46
	C36	1.50	-0.36	-1.08	0.46	-1.38	1.59	-3.19
	C37	0.35	4.91	-1.20	-0.04	-3.39	3.75	-0.55
	C39	0.41	0.67	-0.12	-4.36	-3.03	8.80	-3.51
	C40	2.10	1.11	-1.89	0.10	-3.07	4.62	-0.70
	C41	0.31	-0.18	-1.83	-29.06	-5.41	14.19	-0.23

注："2004～2011年典型省份分行业工业总产值构成变化"，指2011年和2004年各地区分行业规模以上工业企业工业总产值占全国该行业工业总产值比重的差值。

资料来源：本表中数据均根据2012年和2005年全国和各省（区、市）统计年鉴整理所得，其中，2004年全国国有及规模以上非国有工业企业分行业工业总产值数据，来源于2005年《广东工业统计年鉴》。

第三节　产业集群驱动成渝电子信息产业发展

一、成渝电子信息产业集群发展历程和现状

成渝地区电子信息产业发展溯源于"一五"规划至"三线"建设时期的电子工业发展。改革开放以后，成渝地区电子信息产业规模仍较小，2000年，成都的电子工业总产值仅有69.5亿元。伴随全球电子信息产业转移浪潮的涌入，以及西部大开发战略的深入推进，成渝地区电子信息产业发展迎来了新的机遇，在成渝两地政府的大力推进下，电子信息产业迅速发展。"一五"规划至"三线"建设时期的历史积累为成渝地区电子信息产业发展奠定了根基，充分开放后的大规模产业承接则是成渝地区电子信息产业发展的触发器和加速器。

2003年英特尔入驻成都，2009年惠普入驻重庆，成渝地区电子信息产业实现了从无到有、由小到大、由弱到强的突破，电子信息产业进入了快速发展的新时期。2012年四川省电子信息产业实现销售收入4095亿元，五年内增长

了 234%；软件业务收入突破千亿元，居全国第七；成都地区集成电路产业与长三角、珠三角比肩，PDP 产量全国第一，彩色电视机产量居全国第四；“北斗”终端产品市场占有率达 40% 以上；军事电子全国第一，拥有国家级军民结合产业基地。龙头企业发展良好，引进和培育了英特尔、富士康、戴尔、联想、长虹、九洲等一批具有重要影响力的大企业。2019 年，四川省电子信息产业主营业务收入实现 10259. 9 亿元，同比增长 13. 8%，其中，计算机、通信和其他电子设备制造业、软件与信息服务业分别实现主营业务收入 5342. 2 亿元和 4917. 7 亿元，同比增长分别达到 13. 2% 和 14. 4%。同年，四川省电子信息制造业主要产品累计实现出口 2596. 6 亿元，占全省出口总量的 66. 7%，集成电路出口 823. 6 亿元，同比增长 32. 5%。2019 年，成都智能终端产业实现产值 2478 亿元，占全国总产量的比重约 9. 3%，排名全国前五，中西部第一，全球 70% 的 iPad 平板电脑、近 20% 的笔记本电脑产自成都。成渝地区电子信息产业集群发展状况见表 6－5。

表 6－5　　成渝地区电子信息产业集群发展现状

项目	四川	重庆
龙头企业	戴尔、联想、仁宝、纬创、富士康、长虹、九洲、英特尔、德州仪器、中芯国际、华为、格罗方德、紫光展锐、中电子、中电科等	惠普、宏碁、华硕、东芝、富士通、广达、富士康、英业达、仁宝、纬创、和硕、达丰、鸿富锦、AOS、莱宝高科、京东方、奥特斯、SK 海力士、紫光展锐、中国电科等
优势产业链	计算机（含笔记本电脑、平板计算机）、新型显示与智能视听、集成电路、软件及信息服务等产业链	计算机整机及配套、通信设备及物联网、集成电路与元器件、智能终端软件及信息服务等产业链
重点产品	笔记本电脑、平板计算机、智能手机、液晶电视机、等离子电视、卫星通信设备、空中交通管制设备等	笔记本电脑、打印机、智能手机、智能家电、集成电路与元器件、光伏与 LED、汽车电子等
主要园区	成都高新区、绵阳高新区	两江新区、西永微电园、两路寸滩保税港区
分布城市	成都都市区、绵阳、德阳、遂宁、内江、乐山、广安、南充、眉山、资阳、泸州、宜宾、自贡等	重庆都市区、璧山、铜梁、永川、江津、万州、涪陵等

资料来源：笔者根据相关资料整理得到。

重庆市也毫不示弱，2012 年重庆电子信息产业实现规模产值 2193.7 亿元，比 2005 年增长 10 倍，电子信息产品产量占全球产量的 20%；笔记本电脑产量突破 4000 万台，占全国的 11.8%；打印机产量突破 900 万台，占全国产量的 12.8%。2013 年 1～4 月电子产业实现利润 17 亿元，产值同比增长 33.8%，对经济增长的贡献率居七大产业首位。2005～2011 年，电子信息产业及软件业务收入比 2005 年增长了近 10 倍。其中，2011 年，规模以上电子制造业实现总产值 1511.28 亿元，年均增长 46.94%，比全国平均增速高 28 个百分点，软件行业实现主营业务收入 505.8 亿元，年均增长 44.67%。[①] 2018 年，重庆市集成电路产量 5.4 亿块、同比增长 16.7%，实现产值 180 亿元、同比增长 22.5%。2019 年重庆市计算机、通信和其他电子设备制造业规模以上工业企业有 438 个，从业人员 23.67 万人，实现利润总额 168 亿元。

二、龙头带动、系统配套的电子信息产业集群模式

2003 年 8 月，全球最大的芯片生产商英特尔公司的芯片封装项目正式落户成都，彻底改变了四川电子信息产业发展中“缺芯少面”的历史，四川电子信息产业由此进入快速发展阶段。在英特尔的带动下，德州仪器、友尼森、摩托罗拉、爱立信、微软、戴尔、联想、艾默生、普思电子等中外电子信息产业巨头纷纷落户成都，紫光展锐、中电子、中电科、华为、格罗方德、展讯等知名集成电路领军企业也汇集于此，成都迅速形成了集成电路设计与研发、芯片制造与封装测试、材料与配套、系统与整机的完整产业链条。服务外包领域，IBM、SAP、NOKIA、埃森哲、华为等多个巨头在成都设立服务外包中心，成都成为承接软件和服务外包的高地，随着富士康、仁宝、纬创等终端制造厂商的西进，形成了巨大的终端制造能力，2016 年，四川电脑年产量约 6000 万台。2011 年，成渝经济区（四川）IT 制造业规模以上工业企业达 514 户，实现产值 2745.5 亿元，同比增长 59.6%，占全省 IT 制造业总量的 98.5%。[②] 2018 年，四川计算机、通信和其他电子设备制造业规模以上工业企业具有 555 个，实现利润总额 169.99 亿元，从业人员 32.44 万人。重庆市通过引

---

① 重庆市电子信息产业三年振兴规划［DB/OL］. http：//wjj.cq.gov.cn/xxgk/zcfg/57355.htm，2012-8-27.

② 整体崛起奏响“多赢”旋律——四川电子信息产业发展全记录·协作篇［N］. 四川日报，2012-7-12.

进惠普、宏碁、华硕、东芝、富士通五大品牌电脑商和广达、富士康、英业达、仁宝、纬创、和硕六大电脑代工企业，以及惠普、华硕信息结算中心与惠普、宏碁研发中心等，吸聚了700余家配套企业聚集重庆，形成了“品牌+代工+配套”的“5+6+700”垂直整合的产业体系，电子信息产业得以迅速发展壮大。

成渝地区的电子信息产业发展模式是引进品牌商和代工商国际巨头，进而带动配套企业发展，形成产业链条和产业集群的模式。在外资电子信息产业巨头和本区域龙头企业的共同带动下，强大的“虹吸效应”和“蝴蝶效应”带动了上千家省内外企业配套，激活了本土配套企业，共同构筑了由上千家企业组成的电子信息产业集群。正如冠捷科技中国区制造总经理任敬顺所讲，“联想60%的显示器都是我们提供的。联想入川，我们能不来吗?”① 在电子信息产业龙头企业的引领下，成渝地区成都、遂宁、内江、眉山、绵阳、广安、乐山等市，以及江津、涪陵、璧山、铜梁等区县，成功引进巨腾国际、台湾志超、厦门海德、奂鑫、加百裕等核心及关键配套企业，大量配套企业相继跟进落户，宜宾、泸州、自贡、广安等智能终端制造业基地建设有序开展，完善了龙头企业2小时半径内的整体配套体系。在地域空间上，成渝地区形成了以成都和重庆为核心，以绵阳、乐山、遂宁、江津、涪陵、璧山等为节点，核心与配套相互协调的电子信息产业立体集群，电子信息高端研发环节在成都、重庆和绵阳，中端制造在成德绵经济带和重庆一小时经济圈，基础元器件在周边地市产业园区；形成了以太阳能光伏、电子设备、云计算为主的新兴产业，以集成电路、计算机、软件与信息服务为主的核心产业，以数字视听、军工电子、智能家电、电子元器件为主的传统优势产业。

成渝地区电子信息产业集群发展的路径可以概括为：“龙头企业带动，系统化配套的产业集群模式”，主要体现在三个方面。第一，成渝地区电子信息产业集群主要集聚在高水平的产业园区，尤其是国家级高新技术产业开发区和综合保税区成为吸引国际产业巨头投资的主要因素。第二，突出核心企业引领和带动，破除阻力吸引行业品牌厂商和全球代工厂商入驻，从而带动配套企业发展和服务机构转移。第三，重视本土企业整合和配套。充分利用区域成本优势和政策优势，科学规划产业园区，优化产业发展环境，系统构建完整产业链，以龙头企业为核心，围绕产业链条吸聚本土配套企业集聚，带动本土企业向产业链高端攀升，实现产业集群整体升级。

---

① 一条完整产业链的神奇崛起［N］. 四川日报，2012-7-13.

三、成渝地区电子信息产业集群的扩大效应

成渝地区电子信息产业集群主要集中在成都高新区、绵阳高新区和重庆市两江新区和西永微电园。2018 年，成都高新区规模以上电子信息制造企业累计实现产值 3000.5 亿元，截止到 2018 年底，成都高新区全区纳入统计的软件企业 1423 家，聚集全球软件 10 强企业 5 家，全国软件百强企业 40 家。2019 年，成都高新区规模以上电子信息工业企业累计实现产值 3361.2 亿元，聚集上下游企业 150 余家，未来将围绕集成电路、新型显示、智能终端、信息网络四大领域，打造具有国际竞争力和区域带动力的电子信息产业生态圈，积极融入全球电子信息产业链高端和价值链核心。龙头企业极大激发了成渝地区的人力资源，有效带动了就业。

成都天府软件园作为国家自主创新示范区的产业化载体，截止到 2016 年底，吸引了包括 IBM、飞利浦、西门子、爱立信、Dell、DHL、普华永道、华为、阿里巴巴、腾讯等 600 余家国内外知名企业入驻，34 家财富世界 500 强企业落户，配套服务机构 85 家，从业人员超过 6 万人，园区孵化创业企业实现总收入达 33 亿元。电子信息产业的发展还带动本地传统企业进入了电子产业新兴领域，有效带动了传统产业的转型升级。又如，重庆市 750 家电子产业的配套企业中，有数十家是本地汽摩配套企业；重庆浩立塑胶有限公司作为富士康的主要供货商，其接受的笔记本电脑订单占据公司所有订单的 30% ~40%。可以看出，由龙头企业带动形成的产业集群扩大效应正逐步显现。

第四节　成渝汽车制造产业链式承接模式分析

一、成渝地区汽车制造产业发展现状

汽车产业是重庆的第一大支柱产业，也是四川省着力培养的潜力产业之一。成渝地区作为我国西部地区最大的汽车产业基地，目前已经形成重、轻、微、轿车型齐全的汽车生产体系。近年来，重庆市汽车生产量和出口量均居全国前两位，2010 ~2017 年，重庆市汽车年产量从 161.58 万辆扩张到 299.82 万

辆。2018 年，重庆市汽车制造产业规模以上工业企业 959 家，从业人员 29.93 万人；规模以上工业企业实现利税总额 3224.539 亿元，占全部规模以上工业企业利税总额的 14.45%；汽车年产量为 205.04 万辆，占全国汽车总产量的 7.37%。重庆市已经形成了以长安汽车为龙头，以上汽、东汽、北汽、庆铃、力帆、上汽依维柯红岩等 10 大整车企业为支撑，1000 余家零部件企业配套的“1 + 10 + 1000”汽车产业体系。2014 ~ 2017 年，四川省汽车整车年产量从 96.28 万辆增加至 150.8 万辆，2018 年稍有下滑为 137.8 万辆；2018 年全省汽车制造产业规模以上工业企业数有 530 家，规模以上企业实现营业收入 2896.19 亿元，利润总额 201.66 亿元，从业人员 14.9 万人。四川省引进了一汽大众、吉利沃尔沃等一大批重点企业，培育了南骏、王牌、野马等一批自主品牌汽车产业龙头企业，形成了以成都为中心，绵阳、南充、资阳、内江等相连的环形汽车制造产业带。

二、成渝地区汽车制造产业链分析

汽车产业是一个十分复杂的产业，前后向产业关联度极高。上游涉及钢铁、橡胶、机械、电子等行业，下游涉及营销、维修、保险、金融、物流等行业。汽车产业链主要包括原材料供应、零部件生产与制造、整车生产与组装、研发与设计、销售与服务，以及汽车回收、汽车保险、汽车娱乐、汽车文化、汽车教育等相关环节。对于成渝地区来讲，成渝地区已经具备整车生产与组装的能力，汽车零配件企业较多，但本地整车的配套多从省外采购，本地配套企业难以进入整车配套体系。2016 年，四川全省整车制造产业的本地零部件配套率不足 40%，整车产值与零部件产值比为 1∶0.9，与国际平均水平差距较大。汽车关键零配件缺失，尤其私车发动机、变速箱、转向器、汽车电子等核心关键零部件缺失严重，产业链条不完整。在汽车产业链后端层面，成渝地区虽然在汽车贸易和汽车博览方面较为成熟，但汽车回收、物流、金融等多个方面发展相对滞后，制约了汽车产业链的整体提升。此外，汽车研发能力不强、产业结构不合理、新能源汽车发展不足等问题也较为突出。

伴随我国汽车产业兼并重组、大型整车企业加速向内陆地区布局和产业转移加快，成渝地区承接汽车产业转移和兼并重组取得重要进展。四川省围绕一汽大众、一汽丰田、吉利高原、四川南骏、重汽王牌、成都大运、东风南充等整车生产企业，先后引进德国博世、美国德尔福、加拿大麦格纳、法国佛吉亚等 300 余家国内外知名配套企业，开展整车设计、汽车发动机、变速器、传动制动系统、汽车电子等关键技术攻关，着力推动汽车及零部件配套体系建设和发展。重庆以两江新区为中心，吸引了长安汽车、力帆汽车、长安福特、北京现代等29家整车生产厂商和汽车发动机、汽车尾气净化器等相关研发制造企业，高品质一级汽车零部件配套企业400多家，二级、三级配套企业1500多家，本地配套率高达80%以上，本地采购率达35%。成渝地区汽车产业链发展情况见表6-6。

表6-6　成渝地区汽车产业链情况

产业链分布	四川	重庆
龙头企业	一汽大众成都、吉利高原、华晨汽车南方基地、一汽丰田、成都沃尔沃、重汽王牌、四川汽车、四川现代、成都大运、东风南充、绵阳华瑞等	长安、长安福特、北京现代、上汽通用五菱、瑞驰新能源、恒通客车、东风小康、北汽银翔、庆铃、力帆、上汽依维柯红岩、东方鑫源、潍柴、北方奔驰、青山、红宇等
优势产业链	轿车等乘用车生产制造、载货车等商用车生产制造、整车配套等三条产业链	乘用车、微车、商用车、特种车四大产业集群
重点产品	轿车、SUV、中高档客车、载货汽车、汽车发动机等	轿车、微车、重型车、改装车、发动机等零部件
主要园区	成都经济技术开发区、资阳南骏汽车产业园、绵阳经济技术开发区、内江中国汽车零部件产业园、广安汽车配套产业园、南充汽车产业园等	两江新区、璧山高新区等
分布城市	成都、资阳、绵阳、南充、内江、广安、德阳等	重庆主城区、璧山、綦江、大足、万州、涪陵、长寿等

资料来源：笔者根据相关资料整理得到。

成渝地区从打造完整汽车产业链和实现汽车零部件本地配套最大化出发，在引进国内整车产业龙头企业基础上，更注重引进全球汽车零部件巨头企业。成都市注重汽车产业链招商，2009年就制定了《汽车产业链招商方案》，提出重点构建和完善轿车、卡车和客车三大产业链。重庆更是从产业高端入手，大力承接全球汽车零配件巨头来渝落户。2012年，全球著名的汽车组建制造企业西班牙海斯坦普布局重庆，其生产的汽车胚盘等关键零部件将正式为长安福特、马自达、一汽大众、成都大众和沃尔沃等品牌整车提供配套。除海斯坦普底盘部件外，尼玛克公司发动机缸体缸盖、底盘部件、长安福特发动机变速箱、霍尼韦尔刹车片、蒂森克虏伯汽车板、韩泰轮胎等世界名企汽车项目相继落户两江新区。国际汽配巨头服务成渝地区本地汽车企业，使成渝地区汽车产业不仅具备了完整的汽车生产能力，也具备了发动机、变速箱等关键零部件配套生产能力，随着汽车产业链逐渐延长，汽车产业集聚效应愈发明显。

第五节　灾后对口支援框架下成渝产业承接分析

一、成渝地区对口援建产业合作园区发展

2008 年 5 月 12 日发生的四川汶川特大地震是新中国成立以来强度最大、损失惨重、救灾难度最大的一次地震。2008 年 6 月 11 日，国务院办公厅印发了《汶川地震灾后恢复重建对口支援方案》，安排广东、江苏、上海、山东等东部、中部 19 个省市按照“一省帮一重灾县”的原则，对口支援受灾严重的四川 18 个县（市），以及甘肃、陕西受灾严重地区；明确提出各支援省市每年按不低于本省市上年地方财政收入的 1% 安排对口支援实物工作量，2010 年底各项援建任务基本结束，完成“三年重建任务两年基本完成”的目标。对口援建坚持“硬件”与“软件”相结合，“输血”与“造血”相结合，灾区面貌焕然一新，尤其通过对口援建的产业园区建设，援建省市与灾区间的产业合作不断加强，多数灾区工业经济发展滞后状况发生了改变。

截至 2010 年底，支援省市共建设灾区对口援建产业合作园 18 个，如江苏省在绵竹经济开发区内规划建设用地 8 平方千米的绵竹江苏工业园，先期投入资金 8. 2 亿元用于园区基础设施建设和项目引进工作。无锡市规划设立了 3 平方千米的无锡汉旺工业园，重点承接江苏产业转移，推动汉旺经济复苏。北京规划建设了面积 9. 1 平方千米的北京产业园作为什邡市的产业援建计划。成都和阿坝在金堂县规划建设 14. 02 平方千米的成阿工业集中发展区，内部包含两个“飞地”产业园，即“广东—汶川工业园区”和“江西—小金工业园区”，园区重点承接对口支援省市广东、江西、湖南、吉林、安徽等的优势产业。浙江为援建青川县在广元经济开发区建设的川浙合作产业园，全面建成后的年产值将达 30 亿元以上。绵阳高新区与平武县共建的河北 · 平武工业园区，将以

“高、精、尖、新”产业为主，引进河北知名企业10～15家，实现年度工业产值35亿元。部分对口援建产业合作园区见表6－7。

表6－7　　汶川地震灾区部分对口援建产业合作园区

对口支援省市	产业合作园区	产业对接情况
广东—汶川	广东—汶川工业园区	承接广东电子信息、轻工产品
山东—北川	北川工业园	电子信息及配套、食品药品加工、新材料等产业
浙江—青川	川浙合作产业园	发展纺织、建材、农副产品加工、矿石精深加工等产业
江苏—绵竹	绵竹江苏工业园无锡汉旺工业园	发展食品、机械等产业
北京—什邡	北京—什邡产业园	发展汽车及零部件、电子信息、装备制造等产业
上海—都江堰	都江堰工业园	引进上海医药、食品等节能环保产业
河北—平武	河北·平武工业园区	以材料、新能源及电子信息为主导产业
辽宁—安县	辽安工业园	承接辽宁的机械、汽车等产业
河南—江油	江油工业园	承接河南机械、食品等产业
福建—彭州	川闽产业园	承接福建省服装纺织、食品、机械、电子信息、石油化工等产业
江西—小金	江西—小金工业园	承接江西的食品医药等产业

资料来源：笔者根据相关资料整理。

二、灾后对口支援框架下产业承接模式特点

（一）国家政策支持和援建双方政府的大力推动

政府推动和政策扶持是灾后对口援建框架下产业转移的主要特点，体现在两个方面。

第一，国家出台了支持地震灾区经济恢复发展的一系列特殊扶持政策，在土地、金融、财政、税收等方面加大对灾区的扶持，这给灾区承接产业转移提供了强大的政策支持。

第二，援建双方政府的大力推动。（1）政府注资建设产业合作园区，为企业投资创建投资平台。如北京市与什邡市签订《北京市什邡市灾后恢复重建对口支援产业合作协议》，给予什邡产业援助资金 3 亿元，并组建京什投资建设有限公司，以融资方式解决园区建设资金。江苏省政府注资设立的绵竹市绵新投资发展有限公司，与浦发银行商讨融资 6 亿元用于园区基础设施建设。（2）支援省市政府积极发动本省市企业对受援县市进行考察，极大提高了产业对接的有效性。如江苏省与绵竹市联合主办“产业合作双百活动”（参加活动的江苏企业过百家，签约项目投资总额过百亿），无锡市更是多次组织食品、服装、纺织等行业的大批企业来汉旺考察。（3）受援县市积极主动，为吸引企业入园制定了专门的优惠政策。如绵竹市制定了《绵竹市引进项目中介人奖励办法》和《绵竹市招商引资及鼓励企业发展优惠政策》等，许多园区实行特事特办政策，对入园企业实行“一条龙、一站式”服务，实行重大项目秘书制，创新园区管理模式。

（二）以支援省市企业作为受援县主要引资对象，有效实现产业对接

在国家“灾后对口支援”政策的导向下，援建双方的产业有效对接，促进了双方产业发展相互配套和一体化格局形成。支援省市多为东部和中部地区的发达省份，既能发挥支援省市的产业优势，受援县市又能借助国家灾后重建的机会和优惠政策吸引重点产业转移，使受援县市产业得以恢复和发展。如彭州的“川闽产业园区”主要为实现与福建的产业对接，江油工业园承接了河南的机械、食品产业，安县工业园承接辽宁的机械、汽车等产业。江苏省支持优势产业向绵竹转移，截止到 2011 年 5 月，有 100 多家江苏企业与绵竹签订了超过 118 亿元的投资合作协议，30 多家江苏企业落户绵竹。随着江苏优势产业的转移，带动了机械制造、电子信息、物流等新兴产业的转移，促进了绵竹产业结构优化升级。

（三）“输血”与“造血”相结合，变“对口援建”为“对口合作”

在灾后产业援建中，支援省市不单是参与产业园区基础设施建设，而且注重优势产业、先进技术和管理经验的转移和渗透，使受援县市产业园区的“软件”得以升级。灾后对口支援框架下产业承接模式突破了困扰产业承接地经济发展的瓶颈，对口援建产业合作园区的建设给双方提供了友好合作的综合性、开放性平台，加速了受援县市经济发展方式转变。如江苏无锡市注重对汉旺镇进行智力和机制方面的援建，将苏南资本运作经验与工业园区先进管理制度

“嫁接”到汉旺镇。上海援建的都江堰创业工业园引进上海先进管理理念，在就业保障、创业孵化、科技支撑、服务创新等方面先行先试。① 不少省市与受援县市从产业合作、劳动力合作和智力合作等方面深层次探索对口合作的长效机制。

① 梁灏．四川对口援建工业园区发展初探［J］．经济体制改革，2011（6）：63－66.

第七章

成渝地区承接产业转移的模式创新

成渝经济区是一个跨越行政区的经济区，承接产业转移须服务于经济区产业升级和空间均衡的双重目标，以资源供给和环境保护为约束机制，同时兼顾经济区的整体性和内部差异性。基于这种认识，本章以产业发展和区域发展为主线，以实现成渝经济区总体战略定位为目标，以成渝经济区“双核五带”空间布局为基础，从产业升级和空间优化角度出发，探讨了“双核五带”承接产业转移的差异化模式。

第一节　承接产业转移模式创新的理论依据

承接产业转移与区域经济发展的阶段性、区域产业结构演变以及产业生命周期密切相关。处于不同生命阶段的区域，区域主导产业和产业结构有差异，处在不同的竞争地位，与区外的联系不断改变，需要转移和承接的产业也处于不断变化之中。即使处于相同发展阶段的区域，其产业发展处于不同的生命周期阶段，该产业发生位移的方式也显著不同。因此，区域创新承接产业转移模式要遵循区域生命周期和产业生命周期的阶段性特征和规律。

一、遵循区域生命周期的阶段性

区域经济增长是一个渐进的过程，具有阶段性特征。E. M. 胡佛（E. M. Hoover）和 J. 费希尔（J. Fisher）在《区域经济增长》一文指出区域经济增长大致历经五个发展阶段：自给自足阶段、乡村工业崛起阶段、农业生产结构转换阶段、工业化阶段和服务业输出阶段。W. W. 罗斯托（W. W. Rostow）

通过对工业化国家经济增长阶段的考察，归纳出经济增长的六个阶段：传统社会阶段、起飞准备阶段、起飞阶段、成熟阶段、高额群众消费阶段、追求生活质量阶段。其实，区域也像一个生命有机体一样，历经成长和衰老的过程。纵观历史长河就会发现，很多区域都经历了发育、成熟、衰落的循环过程。经济地理学家 J. H. 汤普森（J. H. Thompson）提出的区域生命周期理论认为，一个工业区一旦建立，它就会像一个生命有机体一样，遵循一个规则的秩序而发展，即从青年到成熟再到老年阶段。①

在区域生命周期各个阶段的转换和演化过程中，区域主导产业构成和产业结构演变是其内在动力，不同的区域发展阶段和区域产业结构演变有高度的对应关系，而产业承接和外移又是区域产业结构调整的主要方式之一，因此，可以得出，区域生命周期演进和区域产业转移有内在必然联系（见表 7－1）。

表 7－1　区域生命周期与产业转移

区域生命周期		青年阶段	中年阶段	老年阶段
产业转移阶段性特征	动力	经济高速增长，加快迈入工业化进程	产业高技术化，高加工度化	产业结构调整
	方向	要素净流入，产业引入	要素流出和流入，产业外移和产业内迁	要素净流出，产业外迁为主
	规模	产业引入规模高速增长，技术引进异常活跃	产业迁移规模较大，但速度放缓	产业大规模外迁
	层次	引进产业层次低，劳动、原材料、资金密集型产业为主	引进产业较谨慎，以技术和知识密集型为主	外迁产业层次低，迁入产业高端化
	方式	不注重承接方式，承接方式粗放、重复和低端，产业整体引入、制造基地和资源开采基地先期迁入	以战略重组为主，整体外迁为辅；新兴转移方式探索期，集群式、链条式转移各放异彩	梯度转移、撤退性转移为主，并伴随零星的高端切入

资料来源：笔者整理。

① J. H. Thompson. Some Theoretical Considerations for Manufacturing Geography [J]. Economic Geography, 1966 (42): 356－365.

在区域发展的青年阶段，即迈入工业化起点并快速发展阶段，区域经济发展速度明显加快，产业结构呈现非农化和综合化。在区域发展的青年期，由于区域的比较优势突然被发现，富集资源尚未大规模开发，广阔市场尚未分割，区外资本大量涌入，技术引进也处于活跃期，区外要素净流入量大。同时，为尽快奠定工业化发展的基础，进行资本积累，区域往往采取来者不拒的承接态度，承接产业转移以劳动密集型和资源密集型为主，产业转移规模较小，产业转移布局也相对凌乱。

在区域发展的成熟阶段，即工业化深入发展阶段，工业发展呈现高加工度化和技术密集度化，区域经济增长速度不再是本阶段的发展目标；追求以产业结构优化升级为主要内容的经济发展质量和效益成为成熟区域的主要动力。一些成熟区域代替其他区域成为某些领域的主宰，区际竞争愈发激烈，区际关系趋于复杂。为使新兴产业获得发展空间，区域将处于比较劣势的衰退产业转移到低梯度地区，成熟期大规模的产业转移拉开序幕，成熟区域成为资金、技术和人才的净流出区。当然，处于成熟期的区域也需要产业承接，但此时的产业承接目标已经不仅是为获取短期的区域增长效益，而是有针对性和战略性地引进高新技术产业，改造本区域的传统产业。

在区域发展的老年阶段，区域原有的比较优势消耗殆尽，暴露出一系列区域问题，如资源逐渐贫乏、用工成本增加、土地费用上涨、厂房设备陈旧、产品失去竞争优势等。其他区域以更低的成本优势吸引优质资源转移，原来的新兴产业沦为衰退产业，调整产业结构成为区域振兴的唯一出路。此时，将衰退产业转移出去，并进行新一轮的产业创新，老年阶段的区域仍可焕发活力，并进入新一轮的生命周期循环。

二、遵循产业生命周期的阶段性

每一个产业都会经历形成、成长、成熟和衰退四个阶段。每个阶段产业发展的要素特征、组织形式、企业行为等均有明显差异，每个阶段产业转移的内容和方式也有不同（见表7－2）。

表7-2　　产业生命周期与产业转移

产业发展阶段	形成期	成长期	成熟期	衰退期
产业组织特征	自然垄断	全面竞争	产业重组	蜕变创新
进入厂商数量	引入	大量进入	稳定	大量退出
产业转移特征	承接先进技术和行业龙头企业	梯度转移，扩张式转移	兼并重组，产业链式转移	集群式转移，撤退性转移

资料来源：笔者整理。

在产业发展的形成阶段，由于新技术或新工艺仍不成熟，创新风险较大，仅有少数企业具备生产能力，致使该阶段产业进入壁垒较高，引入企业数量较少，并能获得垄断利润。在产业形成期，萌芽产业往往没有向外转移和扩张的战略思考，产业外移在此阶段不占据主流。从产业形成的模式来看，有的是在区域原有产业基础上自发培育并成长起来的“内生”模式，也有通过承接区外大型企业的“外来”模式，因此，在产业形成时期，承接先发展地区的先进技术和产业成为产业形成的主要路径之一。

在产业发展的成长阶段，随着既有技术的逐步成熟以及新技术的不断改进，原先作为新兴产业的投资风险明显释放，在高额利润的吸引下，大量企业进入该领域，产业在整个产业系统中的比重迅速增加，产业发展速度大大提高，市场容量加速扩张。在此阶段，进入企业通过异常激烈的价格战来获取竞争优势，降低生产经营成本成为主要竞争目标，因此，产业梯度转移是这个阶段的主旋律，新建投资、建立分厂等扩张型产业转移方式成为主流，拓展市场、扩大生产规模是产业转移的主要动机。

在产业发展的成熟期，产业产出的市场容量趋于饱和，市场份额达到最大值，由于经历了成长阶段的全面竞争和优胜劣汰，产业内部出现分化，少数企业由于超前的经营理念、发展策略、模式创新等发展壮大，成为产业的引领者；部分企业由于各种原因，发展缓慢或停滞不前，不得不退出或者转入其他产业的竞争之中。处于成熟期的企业总是希望资本高效率的运作，在由先前的价格竞争转为寡头竞争的形势下，强化经营管理、进行技术创新成为更加有效的竞争手段，兼并重组、产业内分工成为发展的主旋律。成熟期内竞争力强的大企业一般将研发、营销等高附加值环节保留在总部，而将生产、装配等低价值链环节向外转移，通过对整条产业链的控制整合，达到降低生产成本、扩大市场份额、提高运营效率的目的。因此，企业兼并重组、产业链式转移成为该时期产业转移的主流方式。

在产业发展的衰退期，生产能力相对过剩，市场需求逐渐萎缩，处于衰退期的产业在区域经济中的作用下降，产业技术水平处于整个产业结构中的较低水平。衰退期的产业或者进行高新技术改造，通过新技术应用和新产品开发创造新的市场需求，再次进入新兴产业的萌芽阶段，完成一个产业周期；或者进行产业转移，将现有生产技术转移到仍旧能够获得利润的欠发达地区。在这种情况下，衰退产业的撤退性转移成为产业转移的主要方式，现有产业优势再利用成为产业转移的主要动机。

第二节　承接产业转移模式创新的总体思路

一、产业升级和空间均衡的双重目标

当前产业发展面临高级化、生态化和创新发展的需求，并不是单纯的产业梯度转移能够完成的，必须在生态文明理念下进行高端承接和绿色承接。即不是简单的异地搬迁和一味承接衰退产业和边际产业转移，而是遵从本区域产业结构调整的需求，直接高端切入，跨越式承接高端产业和生态型产业；产业承接模式的选择要契合不同区域特殊区情和产业发展阶段性特征，要有利于区域主导产业链完善、产业结构升级、创新能力提升和经济社会和谐。

成渝地区传统承接产业转移思路以追求经济增长为主要目标，“基于初级生产要素比较优势承接的产业大多是低附加值、高能耗、低技术含量的产业，这些产业的成长性很差，不利于产业优化升级和可持续发展。”①《国务院关于中西部地区承接产业转移的指导意见》明确提出，要“依托中西部地区产业基础和劳动力、资源等优势，推动重点产业承接发展，进一步壮大产业规模，加快产业结构调整，培育产业发展新优势，构建现代产业体系。”② 西部大开发“十二五”规划指出，“要把承接产业转移与优化调整自身产业结构、建立现代产业体系结合起来。”《成渝经济区区域规划》也提出“积极承接国内外

① 郭丽娟，邓玲．我国西部地区承接产业转移存在的问题及对策［J］．经济纵横，2013（8）：72－76.

② 国务院．国务院关于中西部地区承接产业转移的指导意见［Z］．2010－8－31.

产业转移，加快产业结构优化升级”。因此，新时期成渝地区承接产业转移要发挥产业转移的“产业结构优化升级效应”，以着力构建现代产业体系为目标。

以经济区为范围承接产业转移，不仅要注重经济总量扩大和产业结构优化，更要注重经济区内部空间结构优化，提高资源空间配置效率。《成渝经济区区域规划》明确提出构建“双核五带”的空间格局，即成都重庆双核、沿长江发展带、成绵乐发展带、成内渝发展带、成南（遂）渝发展带和渝广达发展带。新时期成渝地区承接产业转移要以“双核五带”为空间配置原则，进行转移产业的空间引导和约束，承接产业转移从无序竞争向有序集聚转变，实现空间集约高效。

二、资源供给和环境保护的双重约束①

成渝地区拥有丰富的自然资源优势和廉价的生产要素成本优势，囿于“靠山吃山、靠水吃水”的思维定式，长期以来，承接产业转移是建立在初级生产要素禀赋上的成本导向型模式。本地资源利用最大化成为吸引产业转移的首要目标，承接产业层次较低，高端产业发展不足，随着工业化进程加快和产业西移加速，自然资源逐渐枯竭，生态环境严重恶化。传统承接产业转移模式过度注重产能引进和对经济增长的带动作用，承接产业转移简单复制，不注重资源节约和环境保护，不关心节能降耗和技术创新，以市场和资源环境为代价换取短期经济效益的行为十分普遍。单一追求经济增长的产业承接理念使得以成渝地区为代表的西部地区陷入“高增长低发展”的陷阱，高污染、高排放、高消耗产业的大量引入使西部地区沦为产业转移的“污染避难所”。数据显示，在西部大开发战略实施的第一个十年，与2000年相比，2011年西部地区工业固体废物排放量增加了1692倍，废气排放量增加335.9%，二氧化硫排放量增加29.8%，废水排放量增加13.3%。2011年，西部地区每万元地区生产总值能耗是东部地区的2.06倍。

承接产业转移有一定的约束机制。产业转移的规模和方式要受制于承接地自然资源供给和生态环境保护的双重约束；产业转移功能的发挥和相关主体为推进产业转移所做出的一切努力，必须以自然资源供给和生态环境承载力为基

① 郭丽娟，邓玲．我国西部地区承接产业转移存在的问题及对策［J］．经济纵横，2013（8）：72-76.

本底线。既不能以牺牲生态环境为代价盲目承接污染产业转移，也不能以自然资源的过度消耗达到承接低端产业转移和扩大出口的目的。资源、环境的双重约束机制对产业转移的层次和模式提出了更高的要求，即成渝地区承接产业转移思路必须突破传统承接产业转移模式和路径依赖，以生态文明理念引领产业转移。生态文明是对不计资源环境代价无限追求经济增长的工业文明进行的深刻反思。以生态文明理念引领产业转移和升级，就是以人与自然和谐相处、环境与经济协调发展为核心，以实现绿色发展、循环发展和低碳发展为目标进行产业承接，着重增强承接产业的自主创新能力和可持续发展能力。

三、区域整体性和差异性的统筹兼顾

以经济区为整体范围的产业转移，必须考虑经济区承接产业转移的系统性和整体性，以经济区整体利益最大化和区域发展总体目标为基本导向，遵循经济区主导产业发展和空间布局总体方向，突破以中心城市或行政区为单位进行恶性竞争的承接产业转移模式，统筹经济区内不同等级城市间的产业转移以及城乡产业转移，建立区域内部多层次的产业转移协作体系，在整个经济区范围内统筹配置资源。

由于经济区内部各区域经济发展阶段性不同，区域发展需求也存在一定的差异，因此承接产业转移模式要兼顾不同层次区域的不同需求，根据不同区域经济发展水平的梯度性和不同产业发展的差异性，创新具有区域特色的产业承接模式。

四、经济社会和生态效应的有机统一

承接产业转移有较强的经济效应，即注入高级生产要素、拉动经济增长、吸纳就业、促进产业结构优化升级等，但产业转移对城市建设、区域协调、生态环境、制度优化、观念更新、社会和谐、财富共享等也会产生巨大的影响和冲击，即承接产业转移效应具有综合性特征。区域承接产业转移的最佳状态是兼顾各种效应的均衡，不仅追求短期内的经济增长效应，更要用可持续发展理念，探寻产业转移在经济、社会、环境、文化等方面综合效应最大化的实现路径。

因此，在成渝地区承接产业转移过程中，应探寻产业转移效应最大化的产业承接模式，充分发挥产业转移的综合效应，实现产业转移经济、社会和生态效应等的有机统一。“通过加强对产业承接的规范引导，成都、重庆中心城市重点承接高技术产业和高端服务业转移，进一步增强城市创新能力、综合服务功能和辐射带动能力。二级城市发挥区域特色承接产业转移，形成带动地区经济发展的次级增长极。科学规划产业转移园区和产业集群，加强园区基础设施和公共服务设施建设，带动配套产业和服务业集聚，通过就地工业化实现农村剩余劳动力‘离土不离乡’的就近就地转移，以重大产业项目建设带动欠发达地区小城镇发展，进一步缩小城乡差距。承接地借助产业转移带来的新文化和新思潮，更新传统落后观念，树立开放、进取的意识，形成良好的社会文化氛围和制度环境。”①

第三节　成渝地区“双核”承接产业转移模式

一、发展基础和战略导向

成渝“双核”指重庆和成都两个发展核心。根据《成渝经济区区域规划》，“重庆发展核心”包括渝中、大渡口、江北、沙坪坝、九龙坡、南岸、北碚、渝北、巴南主城九个区，即重庆都市发达经济圈范畴。“成都发展核心”与成都市行政区为同一范围。重庆和成都发展核心是构建成渝地区双城经济圈的最重要发展核心。当前，重庆发展核心已经形成了汽摩、电子、化工、机械、材料、能源和轻纺等七大优势产业集群，成都发展核心形成了电子信息、航空航天、汽车制造、新材料、医药、石油化工等优势产业集群。成渝“双核”产业发展集中集约水平较高，区内有国家级高新区2个、国家级经开区3个、省级开发区30个，高端产业承接能力很强。“双核”未来的发展方向为建设创新型城市，发展总部经济，重点发展代服务业、先进制造业和高技术产业，成为“带动成渝经济区发展的双引擎和对外开放的门户城市。”成都、重庆“双核”的主要产业园区及主导产业见表7-3。

① 郭丽娟，邓玲．我国西部地区承接产业转移存在的问题及对策［J］．经济纵横，2013（8）：72-76.

表7-3　　成都、重庆"双核"的主要园区及主导产业

地区	工业园区	园区类型	主导产业
成都	成都高新技术产业开发区	国家级高新区	电子信息、生物医药、机械制造
重庆	重庆高新技术产业开发区	国家级高新区	电子信息、生物医药、制造业
成都	成都经济技术开发区	国家级经开区	汽车及零配件制造、工程机械制造
北部新区	重庆经济技术开发区	国家级经开区	汽车摩托车、电子信息、生物医药、精细化工、新材料
两江新区	重庆两江新区工业开发区	国家级经开区	汽车、电子信息、通用航空、高端装备、生物医药
成都	成都高新综合保税区	综合保税区	电子信息、航空航天零部件、光电元器件、精密机械、医药
沙坪坝	西永综合保税区	综合保税区	笔记本电脑、保税加工、物流
江北	两路寸滩保税港区	综合保税区	高端电子、保税加工、物流
江津	重庆江津综合保税区	综合保税区	保税加工、保税物流、保税服务
成都	成都出口加工区	出口加工区	电子信息、生物医药、精密机械、光机电一体化、新材料及食品等
重庆	重庆出口加工区	出口加工区	—
成都	成都新都工业园区	省级开发区	机械、电子、医药
	成都锦江工业园区	省级开发区	印刷、生物制药、机械
	成都台商投资工业园区	省级开发区	食品、医药、包装
	成都金牛高新技术产业园区	省级开发区	电子信息、生物医药、机械加工
	成都武侯工业园区	省级开发区	电子、生物制药、机电一体化
	四川都江堰经济开发区	省级开发区	机械、医药、食品、新型材料
	四川彭州工业开发区	省级开发区	医药、机械、家具
	四川金堂工业园区	省级开发区	机械、食品、化工
	四川新津工业园区	省级开发区	食品、机械、日化
	成都北新经济开发区	省级开发区	冶金、化工、机械、建材、物流

续表

地区	工业园区	园区类型	主导产业
成都	四川双流经济开发区	省级开发区	电子信息、新能源
	成都崇州经济开发区	省级开发区	家具、制鞋、新型材料产业
	成都·阿坝工业园区	省级开发区	节能环保、新材料、有色金属深加工
	四川大邑经济开发区	省级开发区	轻工、机械、食品饮料
	四川蒲江经济开发区	省级开发区	食品、医药、印刷、包装
	成都龙潭都市工业集中发展区	省级开发区	装备制造、电子信息、节能环保
	成都青白江经济开发区	省级开发区	装备制造、建材
大渡口	重庆建桥工业园区	省级开发区	先进制造业、新材料、医药食品、电子信息和现代物流业
江北	重庆港城工业园区	省级开发区	汽车及零部件、新型建材
九龙坡	重庆西彭工业园区	省级开发区	航空航天、交通运输、装备制造、建筑建材、电子电器、包装印刷
	重庆九龙工业园区	省级开发区	汽车及零部件、精密机械、机电一体化
南岸	重庆茶园工业园区	省级开发区	机械、电子、生物制药
北碚	重庆同兴工业园区	省级开发区	装备制造、生物制药、仪器仪表、机械制造、汽摩整车及零配件
万盛	重庆万盛工业园区	省级开发区	汽车玻璃、新型建材、医药及医疗器械
双桥	重庆双桥工业园区	省级开发区	重型汽车及零部件
渝北	重庆空港工业园区	省级开发区	电子电器、装备制造业、物流、汽车及零部件产业、造船业
巴南	重庆花溪工业园区	省级开发区	汽车摩托车及零部件、机械
北部新区	重庆北部新区工业园	省级开发区	汽车摩托车、智能化仪器仪表、电子信息、生物医药

续表

地区	工业园区	园区类型	主导产业
沙坪坝	重庆西永微电子产业园区	省级开发区	集成电路、半导体材料支撑产业、生物芯片、软件与信息服务、电子元器件、电子零部件、平板显示、计算机与通信产业
	重庆井口工业园区	省级开发区	电子信息技术、生物工程技术、节能环保及新材料、摩托车、机电设备及其配件

资料来源：根据四川产业园区网、重庆园区网、中国发展门户网整理。

二、跨区域协同创新模式

协同创新一般指区域内部各创新主体如企业、政府、研究机构、高等院校、中介机构等以知识增值为核心而开展的协作创新。在产业转移背景下，区域协同创新的内涵和途径将发生改变，不仅包括区域内部不同创新主体之间的协同，也包括不同区域之间创新要素的流动、不同区域之间创新主体的交流互动，即跨区域协同创新。跨区域协同创新承接产业转移模式，并非单纯承接内容产业，而是充分实施开放式创新战略，整合发达地区技术优势和人才参与本地区域创新，推动产业转出地的企业、研发机构与本地企业、知识生产机构和中介机构等的资源共享和交互式学习，建立产业转出地和承接地之间的协同创新机制。

成都和重庆“双核”要推进创新型城市建设，必须增强区域创新能力，这就要求在承接产业转移过程中推进协同创新。具体体现在三个方面：第一，积极承接跨国公司研发总部和功能性机构转移，推进国外高等院校、科研院所等在成渝设立研发机构，吸引外资增加研发投入，加强本土科研机构与跨国公司产学研机构开展联合研究与开发。尤其是重点引进优势资源开发、战略性新兴产业、先进制造业等高技术含量和高附加值环节的外商投资。第二，承接电子信息、汽车制造等重点行业龙头企业转移，在本土企业与龙头企业的配套协作中，强化对龙头企业的技术标准、产品规范等关键技术的消化、吸收和转化，加强与供应链企业和转移企业的交互协作，吸收创新溢出。第三，鼓励具有竞争力的企业集团向技术先进国家直接投资，在海外设立研发平台，与发达国家研发机构合作，增强本土企业创新能力；或与国外跨国公司开展战略重组和业务整合，形成与国际接轨的治理结构和运行模式，进行管理创新和技术创新。

三、承接高端服务外包模式

服务外包指“企业为了将有限资源专注于其核心竞争力，以信息技术为依托，利用外部专业服务商或集团内部共享服务中心的知识劳动力，来完成原来由企业自己完成的工作，从而达到降低成本、提高效率、提升企业对市场环境迅速应变能力并优化企业核心竞争力的一种服务模式。”① 服务外包的类型有信息技术外包服务（ITO）、知识流程外包服务（KPO）和业务流程外包服务（BPO）。

伴随国际产业结构深刻调整，以服务外包为特征的国际服务业产业转移趋势不断增强。承接高端服务外包转移比承接传统加工制造业效益更高，创新溢出效应更加明显，服务外包产业关联度大，吸纳就业能力强，是有效提升区域国际性、节约资源和保护环境的绿色产业，是城市实现创新驱动、转型升级的重要途径。

成都和重庆均是我国服务外包示范城市，拥有发展服务外包的综合成本优势、人力资源优势和投资环境优势，通过承接服务外包产业转移，可以推动现代服务业，尤其是总部经济发展壮大。2008～2014 年，四川全省服务外包合同额年均增长 72.5%，2014 年达到 20 亿美元，服务外包从业人员超过 17 万人。2012 年，成都市服务外包产值超过 500 亿元，离岸服务外包达 5 亿美元，服务外包企业超过 800 家；重庆市离岸服务外包增长到 8.3 亿美元。成都、重庆应积极承接大型跨国公司设立外包中心，鼓励开展业务流程外包等高端服务外包。具体来看，成都市重点承接软件开发、测试与维护、通信技术研发、工程设计、游戏动漫、数据中心、医药研发外包等服务外包领域。重庆市重点发展软件外包、云计算、金融结算、呼叫中心、知识产权研究、工业设计、文化创意、物流和供应链管理等服务外包领域。

---

① 成都市人民政府办公厅．成都市服务外包产业发展规划（2010－2014 年）[R]．四川新闻网，2010－8－23.

四、圈层梯度扩散模式

成都和重庆“双核”地域范围大，区域内部各圈层发展不均衡，承接产业转移不能采取无序竞争模式，必须规范各圈层承接产业转移的空间秩序，即采取圈层梯度扩散的产业承接模式。具体来讲，是指以主城区为核心，向外围圈层延伸面向腹地的产业链和服务链，实现外围圈层与中心圈层产业配套协作，推进各圈层产业对接。

成都要树立“全域成都”理念，中心城区主要承接总部经济等高端服务业；第二圈层承接中心城区人口与产业功能转移，主要承接先进制造业和高技术产业；第三圈层承接第一、第二圈层的特色优势产业和劳动密集型产业转移。要重点围绕电子信息、汽车制造、新材料、生物医药、新能源等优势产业，实施跨圈层整合和配套，外圈层按照产业链分工实现集群发展；要以成都高新区为核心，发展以郫都、温江、双流、崇州为外围的电子信息产业集群，以邛崃、双流和温江外圈层打造生物医药产业集群；要以成都国家级经开区为核心，发展以青白江、新都、金堂为外围的汽车和高端装备制造产业集群。

重庆以两江新区为核心的中心城区主要承接总部经济、电子、汽车、高端装备产业，重点发展研发、品牌运营等产业链高端环节，加工制造环节向外围地域转移；第二圈层重点承接汽车、电子信息零部件配套产业；最外围圈层发展能源产业、劳动密集型产业和资源加工产业。

第四节　成渝地区“五带”承接产业转移模式

承接产业转移必须服务于成渝经济区总体空间布局和发展目标。《成渝经济区区域规划》根据发展基础和资源环境承载能力，依托中心城市、长江黄金水道和主要交通干线，规划了“双核五带”的空间格局，以推动成渝经济区区域协调发展。本节依据沿长江、成绵乐、成内渝、成南渝、渝广达五大发展带的优势产业基础和发展战略导向，探讨五条发展带具体的承接产业转移模式。

一、沿长江发展带

沿长江发展带是以重庆主城区为中心，包括四川乐山、宜宾、泸州三市，重庆江津、綦江、万盛、南川、长寿、涪陵、丰都、忠县、石柱、云阳、万州11个区县，以长江黄金水道、沿江高速公路和铁路为依托的“长江上游重要的产业和城镇集聚带”。沿长江经济带拥有6个国家级经济技术开发区和31个省级开发区（部分开发区及主导产业见表7-4），酒类食品、能源化工、机械制造、冶金建材、商贸物流等资源型产业和重化工产业优势特色突出，是成渝经济区重要的资源精深加工和现代制造业基地。沿长江经济带是长江上游重要的生态屏障区，生态环境较为脆弱，应统筹经济发展和生态环境建设，着力推进绿色、循环、低碳发展。根据沿长江经济带资源型和重化工业优势突出的特征，以及资源环境承载能力，其承接产业转移模式应主要选择产业链向下延伸模式和生态型产业园区模式。

表7-4　沿长江发展带主要园区及主导产业

地区	工业园区	园区类型	主导产业
宜宾	宜宾临港经济技术开发区	国家级经开区	先进装备制造、新材料、现代物流、现代商贸
	四川宜宾南溪经济开发区	省级开发区	食品饮料、轻工、医药
	四川宜宾县高新技术产业园区	省级开发区	装备制造、能源、酿酒
	四川江安经济开发区	省级开发区	化工、竹木制品、食品
	四川长宁经济开发区	省级开发区	农产品加工、新材料
	四川高县经济开发区	省级开发区	农副产品加工、能源、医药
	四川珙县经济开发区	省级开发区	能源、建材、化工
	四川筠连经济开发区	省级开发区	煤炭、建材、农产品加工
	四川兴文经济开发区	省级开发区	食品、环保
	四川屏山经济开发区	省级开发区	轻纺、农副产品加工、化工

续表

地区	工业园区	园区类型	主导产业
泸州	泸州高新技术产业开发区	国家级高新区	装备制造、新能源、新材料、医药
	四川泸州经济开发区	省级开发区	食品、医药、机械
	四川泸州白酒产业园区	省级开发区	酿酒、印刷、包装
	四川泸州纳溪经济开发区	省级开发区	化学制品、酿酒、饮料、非金属矿物制品
	四川合江临港工业园区	省级开发区	化工、酿酒、茶、农副食品
	叙永资源综合利用经济园区	省级开发区	非金属矿物制品、竹木制品、农副食品
	四川古蔺经济开发区	省级开发区	酿酒
乐山	乐山高新技术产业开发区	国家级高新区	新能源装备、电子信息、生物医药
	四川乐山沙湾经济开发区	省级开发区	不锈钢、钒钛钢、机械
	四川犍为经济开发区	省级开发区	建材、竹浆纸、机械
	四川井研经济开发区	省级开发区	农副食品、纺织
	四川夹江经济开发区	省级开发区	陶瓷、新材料
	四川峨眉山经济开发区	省级开发区	建材、食品饮料、机械
长寿	重庆长寿经济技术开发区	国家级经开区	化工、钢铁、新材料、装备制造
	重庆晏家工业园区	省级开发区	冶金及金属压延、机械制造、新材料、电子信息
万州	重庆万州经济技术开发区	国家级经开区	新能源、新材料、盐气化工、机械电子、纺织服装、食品药品
	重庆渝东经济技术开发区	省级开发区	精细化工、机械加工、电子电器和印刷包装
万盛	重庆万盛工业园区	省级开发区	汽车玻璃、新型建材、医药及医疗器械
丰都	重庆丰都工业园区	省级开发区	食品、轻工、机械、医化、环保产业
云阳	重庆云阳工业园区	省级开发区	绿色食品加工、机械、轻化工、能源、建材、医药
涪陵	重庆涪陵经济开发区	省级开发区	食品工业、新型建材、精细化工

续表

地区	工业园区	园区类型	主导产业
江津	重庆江津综合保税区	国家级开发区	保税加工、保税物流、保税服务
	重庆江津工业园区	省级开发区	机械电子工业、纺织印染、医药化工、物流
綦江	重庆綦江工业园区	省级开发区	汽车、摩托车、有色金属冶炼加工
忠县	重庆忠县工业园区	省级开发区	医药、新材料、装备制造
石柱	重庆石柱工业园区	省级开发区	机械、新材料、医药
南川	重庆南川工业园区	省级开发区	轻纺、生物医药、机械、食品

资料来源：根据四川产业园区网、重庆园区网和中国发展门户网整理，其中，乐山市开发区归入成绵乐发展带。

（一）能源化工产业链向下延伸模式

成渝经济区沿长江发展带煤炭、硫铁矿等非金属和水能资源富集，产业发展仍未摆脱以资源开采和原材料初级加工为主的重化工特征，能源化工产业多处于产业链前端，产业链条短，资源综合开发利用水平较低，产品附加值低，初级产品较多，拥有自主知识产权和核心技术的产品较少，高端产品开发不足，市场竞争力较弱。

沿长江发展带必须着力于产业链向下延伸承接能源化工产业转移，改变能源外运为能源就地加工转化，壮大能源化工—重化工—精细化工—营销物流的能源化工产业链条。具体来看，以天然气化工、煤化工、硫磷化工为重点，重点发展以甲醇、合成氨等产品为主的精细化工和化工新材料等高端产品；要围绕延伸以下产业链承接产业转移，即煤—气—合成氨—高效复合肥—三聚氰胺产业链、煤—气—精细化工—化工新材料产业链、煤—气—甲醇产业链等。

酒类食品也是沿长江经济带的主要优势产业，沿长江经济带可以依托五粮液、泸州老窖、郎酒等龙头企业，延伸酒类产业链，以白酒生产为核心，承接酒类中小企业和关联产业集聚，发展酒类设计—白酒生产—仓储物流—服务、文化创意产业链条，建设优质名优白酒基地。

（二）生态型产业园区模式

产业园区是承接产业转移的重要平台，也是生态文明建设融入经济建设的有效载体。沿长江经济带生态环境脆弱，粗放式的大规模能源开发对生态环境造成了极大的威胁，因此，建立生态型产业园区承接资源节约和生态环境保护项目转移，是沿长江发展带承接产业转移的可行模式。

生态型产业园区是“依据清洁生产要求、循环经济理念和工业生态学原理，通过构建生态工业网络建立的一种新型产业园区”。[①] 其目标是提高资源能源利用效率，减少污染物产生和排放。建设生态型产业园区模式，具体是指依据循环经济和项目产业链，形成不同企业相互联系、资源共享、产品互换的产业共生组织，通过科学规划园区产业定位和空间布局，强化园区环保基础设施建设，以资源高效利用、清洁生产为目标，吸引生态友好型项目转入，把园区建成集约高效、绿色循环的产业转移新载体。沿长江发展带应重点围绕精细化工循环经济产业链条，优先承接具有国际先进水平的生产工艺、清洁和环保技术，改造传统能源化工产业；实施产业链招商，弥补断链项目，重点承接新能源、节能环保、新材料等战略性新兴产业，建设特色产业园区。

二、成绵乐发展带

成渝经济区成绵乐发展带以成都为中心，包括绵阳、德阳、眉山、雅安、乐山五市，是我国“三线”建设时期布局国防科工和重化工的重点地区。成绵乐发展带有国家级高新区、国家级经开区共 6 个，省级开发区 34 个（见表 7－5），承接产业转移的园区载体条件较好。目前已形成以电子信息、装备制造、科技服务为主导的高技术产业，以新能源、新材料、生物医药为重点的战略性新兴产业，未来发展定位为建成成渝经济区“具有国际竞争力的产业和城市集聚带”。

① 王超．积极创建生态工业示范园区着力构建资源节约型、环境友好型开发区［J］．港口经济，2011（2）：50－51.

表 7－5　　成绵乐发展带主要园区及主导产业

地区	工业园区	园区类型	主导产业
绵阳	绵阳高新技术产业开发区	国家级高新区	电子信息、新材料、生物医药技术、汽车及零部件
	绵阳经济技术开发区	国家级经开区	电子信息、化工环保、生物医药
	四川绵阳出口加工区	国家级开发区	电子元器件
	四川绵阳工业园区	省级开发区	电子信息、装备制造
	四川绵阳游仙经济开发区	省级开发区	节能环保、新材料、通信
	四川安县工业园区	省级开发区	精细化工、医药、汽车及零部件
	四川三台工业园区	省级开发区	服装、能源化工、食品
	四川盐亭经济开发区	省级开发区	医药、建材、机电
	四川梓潼经济开发区	省级开发区	食品、轻纺、机械
	四川北川经济开发区	省级开发区	电子、新材料、食品
	四川江油工业园区	省级开发区	装备制造、电子、新材料
乐山	乐山高新技术产业开发区	国家级高新区	新能源装备、电子信息、生物医药
	四川乐山沙湾经济开发区	省级开发区	不锈钢、钒钛钢、机械
	四川犍为经济开发区	省级开发区	建材、竹浆纸、机械
	四川井研经济开发区	省级开发区	农副食品、纺织
	四川夹江经济开发区	省级开发区	陶瓷、新材料
	四川峨眉山经济开发区	省级开发区	建材、食品饮料、机械
德阳	德阳经济技术开发区	国家级经开区	新型装备制造、新能源、新材料
	德阳高新技术产业开发区	国家级高新区	通用航空、医药、食品
	四川广汉经济开发区	省级开发区	石油装备、制药、纺织
	四川什邡经济开发区	省级开发区	精细化工、新型建材、机电产业
	四川绵竹经济开发区	省级开发区	机械制造、食品饮料、化工建材
	四川中江经济开发区	省级开发区	食品医药、轻工纺织、机械电子
	四川罗江经济开发区	省级开发区	电子信息、机械加工、新材料
	四川中江高新技术产业园区	省级开发区	新材料、电子信息、医药

续表

地区	工业园区	园区类型	主导产业
眉山	四川眉山经济开发区	省级开发区	机械、食品、电子
	四川彭山经济开发区	省级开发区	医药、化工、电子
	四川仁寿经济开发区	省级开发区	农副产品加工、医药、建材
	四川洪雅经济开发区	省级开发区	食品、机械、电子
	四川丹棱经济开发区	省级开发区	机械、建材、新材料
	四川青神经济开发区	省级开发区	机械、日用化工
	甘孜－眉山工业园区	省级开发区	有色金属、新能源、新材料
雅安	四川雅安工业园区	省级开发区	食品、化工、机械
	四川雅安经济开发区	省级开发区	新材料、机械
	四川荥经经济开发区	省级开发区	合金、建材、宝石加工
	四川石棉工业园区	省级开发区	冶金、磷化工、新材料
	四川天全经济开发区	省级开发区	电冶、建材、新材料
	四川芦山经济开发区	省级开发区	纺织、根雕产品、新材料
	四川宝兴汉白玉特色产业园区	省级开发区	石材、电力
	四川汉源工业园区	省级开发区	有色金属冶炼、化工、食品

资料来源：根据四川产业园区网、重庆园区网和中国发展门户网整理。其中，成都的开发区归入成都发展核心。

基于成绵乐发展带较好的产业发展基础和较强的产业承载能力，跨梯度承接产业转移是成绵乐发展带的优选模式。电子信息产业是成绵乐发展带的优势产业，应采取龙头企业带动产业集群模式；而对其另一主导产业——装备制造产业而言，应实施“制造业＋服务业”的产业承接模式。

（一）跨梯度承接产业转移模式

成绵乐发展带科教资源丰富，创新能力较强，金融、物流、商务等生产性服务业配套完善，产业园区数量众多、等级水平较高，具备承接高端产业转移的基础。成绵乐发展带要成为成渝经济区最具国际竞争力的发展带，实现该目标需要采取跨梯度承接产业转移模式，即不严格按照产业顺梯度转移和边际产业转移的顺序，而是跨越区域梯度和产业梯度，直接承接高梯度地区高技术产业转移，重点承接高新技术产业、产业链高端产品和产品链高附加值环节。具体来讲，成绵乐发展带可跨越式承接服务外包等现代服务业，新能源、新材料和生物医药等战略性新兴产业转移，重点承接重大装备制造中心和研发中心，积极承接机车、发动机等关键技术转移等。

（二）装备制造产业“制造业+服务业”承接模式

成绵乐发展带装备制造产业集群效应明显，已经形成了以德阳、成都和眉山为核心的产业发展带，形成了以重型装备制造企业为主，众多企业进行专业化配套的产业集群模式，规模优势明显。但是重型装备制造业自主研发能力不强，缺乏自主核心技术，产业链部分环节缺失，未来将重点加强技术引进和合作研发，提高装备制造业国际竞争力。成绵乐装备制造业应重点由生产型企业向生产服务型企业转变，依托二重等龙头企业，突出优势产品，以完善产业链为重点，重点承接与先进制造业紧密结合的生产性服务业转移，如研发设计、物流配送、工程咨询、融资担保、资产评估等，促进信息化和工业化融合，实现制造业与现代服务业的互动发展。

三、成内渝发展带

成渝经济区成内渝发展带包括四川省成都、资阳、内江、自贡四市，以及重庆主城区、荣昌、大足、双桥、永川、璧山，是连接成渝“双核”的重要经济带。成内渝发展带是依托成渝铁路和成渝高速公路率先发展的地区，与成渝“双核”有着紧密的经济联系和产业互补关系，内部有自贡高新技术产业开发区、内江高新技术产业开发区、璧山高新技术产业开发区一共3个国家级开发区和13个省级开发区（见表7-6）。目前已经形成以电子信息、机械汽配、装备制造、轻纺食品、建材、纺织等资本密集型和劳动密集型产业为主的优势制造业，以及以商贸物流为主的服务业。

表 7－6　成内渝发展带主要园区及主导产业

地区	产业园区	园区类型	主导产业
自贡	自贡高新技术产业开发区	国家级高新区	节能环保、高端装备制造、新材料、现代服务业
	四川自贡航空产业园	省级开发区	通用航空、装备制造、航空新材料
	四川荣县经济开发区	省级开发区	农副产品加工
	四川富顺晨光经济开发区	省级开发区	化工、新材料、汽车零部件
资阳	四川资阳高新技术产业园区	省级开发区	汽车、食品饮料、电子
	四川安岳经济开发区	省级开发区	农副产品加工、医药、建材
	四川乐至经济开发区	省级开发区	食品、纺织、汽车及零部件
内江	内江高新技术产业开发区	国家级高新区	医药、装备制造、新材料
	四川内江东兴经济开发区	省级开发区	资源综合利用、精细化工、食品
	四川威远经济开发区	省级开发区	钒钛钢铁、节能环保、新材料
	四川资中经济开发区	省级开发区	食品、农副产品加工、机械
双桥	重庆双桥工业园区	省级开发区	汽车及零部件、装备制造、电子信息
永川	重庆永川高新技术产业开发区	省级开发区	装备制造、电子信息、软件
大足	重庆大足工业园区	省级开发区	小五金、锶盐、汽车摩托车及零部件
荣昌	重庆荣昌高新技术产业开发区	省级开发区	装备制造、节能环保
璧山	璧山高新技术产业开发区	国家级高新区	装备制造、互联网

资料来源：根据四川产业园区网、重庆园区网和中国发展门户网整理。其中，成都和重庆九城区的开发区归入成都、重庆“双核”范围。

成内渝发展带与成都、重庆“双核”产业契合度高，随着成渝“双核”产业向外溢出，成内渝发展带拥有承接成渝“双核”经济活动外溢的产业基础和区位优势。成内渝发展带可以采取系统配套“双核”的产业承接模式，与成渝双核支柱产业进行产业和服务配套，实现整个成渝经济区的产业扩散和产业链延伸，实现成内渝经济发展带的产业结构升级和产业互补发展。具体来讲，一是围绕成都和重庆汽车整车产业发展需求，内江、资阳等地主动针对汽配产业断链环节，承接发展后视镜、柴油机、汽车轮胎等机车、汽车及摩托车零部件制造产业和机械加工产业，推进成内渝经济带汽车产业发展壮大；二是以成都和重庆电子信息产业发展为导向，承接电子元器件、机壳、消费类电子等电子信息配套产业。

四、成南渝发展带

成渝经济区成南渝发展带包括四川省的成都、遂宁和南充三个地级市，以及重庆主城区、潼南、铜梁、合川，是成渝经济区工业化和城镇化起步较晚的地区，是连接成渝“双核”的新兴经济带。除成都和重庆主城区外，成南渝发展带内仅有一个国家级经济技术开发区，拥有13个省级开发区（见表7－7），优势产业是以石油和天然气开采为主的油气和精细化工产业，以配套成渝汽车产业和电子信息产业为主的机械制造和电子元器件产业，以及轻纺食品和商贸物流业。

表7－7　　成南渝发展带主要园区及主导产业

地区	产业园区	园区类型	主导产业
遂宁	遂宁经济技术开发区	国家级经开区	电子信息、生物制药、食品加工、机械制造
	四川遂宁安居经济开发区	省级开发区	机械、天然气化工
	四川蓬溪经济开发区	省级开发区	家具、服装、食品饮料
	四川射洪经济开发区	省级开发区	新材料、机电、精细化工
	四川大英经济开发区	省级开发区	石化、纺织、机电
南充	四川南充经济开发区	省级开发区	化工、医药、新型建材
	四川蓬安工业园区	省级开发区	食品、机械、化工
	四川南部经济开发区	省级开发区	机械、建材、食品、医药
	四川营山经济开发区	省级开发区	机械、农产品加工、建材
	四川仪陇经济开发区	省级开发区	农副产品加工、鞋帽、电子
	四川阆中经济开发区	省级开发区	食品、新材料、新能源
合川	重庆合川工业园区	省级开发区	纺织、医药、机械
铜梁	重庆铜梁高新技术产业开发区	省级开发区	装备制造、新材料、电子信息
潼南	重庆潼南高新技术产业开发区	省级开发区	电子信息、装备制造、精细化工

资料来源：根据四川产业园区网、重庆园区网和中国发展门户网整理。其中，成都和重庆九城区开发区归入成都、重庆“双核”范围。

（一）机械电子配套龙头企业模式

成南渝发展带应利用地处成都、重庆中心的有利区位，开展与“双核”的专业化协作，积极承接重庆和成都，乃至国内外电子信息和机械制造龙头企业转移，依托重庆两江新区发展，积极承接整车及关键零部件，如发动机、底盘、变速箱等优势产品，打造与成都、重庆一体化的汽车及关键零部件产业集群；电子信息产业要对接成都、重庆，强化生产配套，重点承接集成电路、新型元器件、高效照明等，培育壮大成渝电子信息产业集群。

（二）油气化工延伸产业链模式

成南渝发展带天然气资源丰富，天然气化工是其主导产业，目前初步形成了石油化工、生物化工、天然气化工和精细化工四大产业链条。与沿长江发展带相同，成南渝发展带需要引进关键技术和核心企业，不断推动产业链向下游延伸，促进产业整合互补，加大资源就地转化力度，发展天然气能源化工产业。具体来讲，要围绕八大产品链承接相关产业转移，即天然气——氯碱化工产品链、磷硫化工产品链、氟硅化工产品链、丙烯产品链、合成氨产品链、盐卤化工产品链、石化精深化工产品链和盐卤化工产品链。

五、渝广达发展带

成渝经济区渝广达发展带包括四川省广安、达州，以及重庆主城区、垫江、梁平、开县、万州，是成渝经济区重要的油气资源开发区和农业地区，产业发展的资源禀赋特征明显。区域内有广安、万州两个国家级经济技术开发区，15 个省级开发区（见表 7－8），目前已形成天然气及盐化工、冶金建材、机械制造、轻纺食品等优势产业，经济发展水平在成渝经济区“五带”中较为落后，发展定位为打造成渝经济区“东北部重要的经济增长带”。根据渝广达发展带在成渝经济区中的特殊区位和经济发展水平，渝广达发展带承接产业转移应采取川渝产业合作园区模式和承接边际产业转移模式。

表7-8　渝广达发展带主要园区及主导产业

地区	工业园区	园区类型	主导产业
广安	广安经济技术开发区	国家级经开区	新型装备制造、新能源、新材料
	四川广安临港经济开发区	省级开发区	电力、农副食品、包装
	四川岳池经济开发区	省级开发区	农副食品、医药、机械
	四川武胜经济开发区	省级开发区	金属制品、农副产品加工、医药
	四川邻水高新技术产业园区	省级开发区	节能环保、装备制造、电子信息
	四川华蓥山经济开发区	省级开发区	电子信息、机械、建材
万州	重庆万州经济技术开发区	国家级经开区	新能源新材料、盐气化工、机械电子、纺织服装、食品药品
	重庆市渝东经济技术开发区	省级开发区	精细化工、机械加工、电子电器和印刷包装
达州	四川达州经济开发区	省级开发区	天然气化工、钢铁、农副产品加工
	四川达州通川经济开发区	省级开发区	金属冶炼加工、食品、建材
	四川达州普光经济开发区	省级开发区	天然气化工、建材、新材料
	四川开江经济开发区	省级开发区	五金、农副产品加工、电子
	四川大竹经济开发区	省级开发区	建材、能源、电子
	四川渠县经济开发区	省级开发区	农产品加工、电子、汽摩配件
垫江	重庆垫江工业园区	省级开发区	机械加工、电子电器制造、医药食品、天然气精细化工、轻纺服装和农副产品深加工
梁平	重庆梁平工业园区	省级开发区	食品、医药、纺织
开县	重庆开县工业园区	省级开发区	能源、建材、绿色食品加工、轻纺服装、天然气精细化工

资料来源：根据四川产业园区网、重庆园区网和中国发展门户网整理。其中，重庆九城区的开发区归入重庆发展核心。

（一）川渝产业合作园区模式

渝广达发展带中四川的广安、达州与重庆人文相通、经济相融，是川渝合作的桥头堡。依托广安经济技术开发区建设的川渝合作示范区（也即国家西部承接产业转移示范区），2009 年以来共引进重庆、长三角、珠三角和环渤海地区项目共计 1542 个，引进到位资金 873.8 亿元。渝广达发展带应通过在广安经济技术开发区承接新能源汽车及配件、电子部件、集成电路、高性能纤维及其复合材料等，打造与成都、重庆分工协作、衔接配套的产业基地；通过邻水机电产业合作园区、华蓥电子机械产业合作园区、岳池医药产业合作园区和武胜农副产品加工合作园区等，积极承接重庆产业转移，打造对接川渝、协作配套的制造业基地。

（二）承接边际产业转移模式

渝广达发展带劳动力资源丰富，土地供应相对充足，但是区位势能较低，对高端资源吸引能力较弱。渝广达发展带可以积极承接轻纺、食品加工、建材等边际产业转移，重点承接天然气等资源深加工技术，加快资源密集型产业和劳动密集型产业转型升级，推动渝广达地区经济增长和工业化进程。

第八章
成渝地区承接产业转移的自主创新效应

在产业承接中提升自主创新能力，促进区域产业结构优化升级是承接产业转移的经济效应之一。本章首先从理论上梳理了产业承接、技术外溢与自主创新的内在机理；其次，探讨了产业承接与西部地区自主创新的内在关联，实证检验了成渝地区承接国际与国内产业转移对区域自主创新能力的影响；最后，分析了成渝地区构建区域创新生态系统和产业价值链升级的具体路径。

第一节　产业承接、技术外溢与区域自主创新

本节主要通过国内外研究文献的梳理，厘清以下思路：产业转移作用于承接地自主创新的机理和渠道是什么？影响承接地对技术外溢吸收能力的因素是什么？国内外经验验证是否支持了产业转移对自主创新能力的正面溢出效应？

一、产业转移对承接地自主创新的作用机理

国内外关于产业转移对承接地自主创新影响的研究，主要以跨国公司对外直接投资为主。外商直接投资被认为主要通过竞争效应、示范和模仿效应、人员培训和流动效应以及前后向关联效应等促进东道国技术进步（Kinoshita，2001）。亚历山大·格申克龙（Alexander Gerschenkron）指出，后进地区借鉴先行地区的成功经验，通过吸引资本和技术转移，并进行消化、吸收、再创新，可以更加节约资源和时间达到技术先进的水平和状态。张建华等（2003）对广东省的研究发现，示范—模仿效应和联系效应是 FDI 外溢效应的主渠道，

东道国企业学习、模仿外资企业行为，并与外资企业建立上下游产业链联系，能提高自身技术和生产力水平，并最终提高自主创新能力。部分学者从劳动力流动视角探讨跨国公司的创新外溢效应，当跨国公司在东道国培训的雇员被当地企业雇佣或自己成立公司时，他们所掌握的先进技术、管理经验等也会随之流动从而产生外溢效应（Fosfuri，2001）。外商直接投资的外溢效应有两种形式：训练有素的工人被本地企业雇佣产生技术外溢；为阻止工人流向本地竞争者，跨国公司必须支付更高的工资，从而产生经济外溢。跨国公司的进入会打破国内垄断，激化市场竞争，迫使东道国企业增加管理和技术投入；外资企业通过转移质量控制、存货管理、标准化等技术，影响本地供应商的技术水平和创新水平（Blomström and Kokko，1998）。

二、影响承接地技术外溢吸收能力的因素分析

产业承接过程中的自主创新能力建设不仅与转移产业的技术水平相关，也与承接地的吸收能力有关。科亨和利文索尔（Cohen and Levinthal，1989）首次提出“吸收能力”的概念，他们认为企业研发兼具“创新作用”和“学习效应”两面性，研发投入不仅带来直接的新技术成果，更重要的是增强了对外来技术的学习和吸收能力，使企业有更强的技术能力吸收外部技术扩散。此后，国内外学者分别从不同视角阐释了“吸收能力”的构成要素。捷克制造业的企业面板数据表明，国内企业 R&D 的学习、增进吸收能力的作用要远远大于其创新效应（Kinoshita，2001）。蒋殿春、张宇（2006）通过对中国高新技术产业面板数据的分析，发现内外资企业之间的技术水平差别越大，FDI 的技术外溢效果越不理想；赖明勇等（2005）证实以人力资本和贸易开放度为表征的技术吸收能力是决定技术外溢效果的关键变量；潘文卿（2003）发现中国工业部门外溢效应与地区经济发展水平密切相关，只有当某地区经济发展水平跨过某一“门槛”时，外商投资的外溢效应才会是正向的、积极的。还有学者认为东道国金融市场效率是影响吸收能力的关键因素（Alfaro et al.，2000），东道国的知识产权保护能力会影响外资企业在当地的研发动力（Smarzynska，1999）。

三、产业转移与承接地自主创新关系的经验验证

国内外学者主要通过外商直接投资的技术外溢效应，从企业、行业以及国

家层面验证产业转移与承接地自主创新的关系，研究成果颇为丰富，但经验研究结论却存在较大分歧。有学者对加拿大和澳大利亚制造业部门进行研究发现，FDI 通过竞争效应改善了加拿大制造企业的配置效率，通过示范效应对澳大利亚制造业产生了正面溢出效应（Caves，1974），对加拿大制造业的研究也支持了 FDI 正向溢出效应的存在（Globerman，1979）。对日本跨国公司在美国进行投资的案例分析表明，FDI 是技术外溢的一个重要渠道（Branstetter，2006）；对印尼化学和制造企业的研究发现 FDI 通过竞争产生技术溢出，具有自主研发的企业比没有研发投入的企业能够获得更大的技术溢出（Suyanto，2009）。对赞比亚制造业的研究发现外商直接投资不存在产业内技术溢出效应，而存在明显的产业间技术溢出效应（Bwalya，2006）。有学者对摩洛哥制造业的研究没有发现任何溢出现象（Haddad et al.，1993），对委内瑞拉（Aitkin et al.，1999）和捷克（Djankov et al.，2000）的研究发现外资企业对当地企业存在负向溢出效应。

随着我国承接国际产业转移步伐加快，国内学者也开始关注产业转移对我国自主创新能力的影响。冼国明、严兵（2005）的研究表明外资对中国的专利申请数量有显著的正面溢出效应，但主要体现在小型创新项目上，外资在东部地区产生的溢出效应相对较强，而中部、西部地区不明显。王红领等（2006）的研究证实 FDI 促进了内资企业的自主研发，引进外资会促进民族企业自主创新。沈坤荣、孙文杰（2009）认为，随着外资企业市场份额增大，我国内资企业可模仿更多种类的产品，通过吸收先进技术和管理经验而提高研发水平，可产生更多的研发外溢效应。范承泽等（2008）认为 FDI 对企业的自主创新努力有替代作用，但行业层面有正的外部性和技术溢出效应，通过引进更高技术含量的外资，鼓励外资公司在中国设立研发机构，会提高整个行业乃至整个国家的科技水平和自主创新能力。但以下学者的研究结论却相反。马林、章凯栋（2008）构建的 FDI 技术溢出检验模型显示，外商直接投资对中国存在显著负向溢出；邢斐、张建华（2009）认为 FDI 的技术溢出效应在短期与长期内对我国研发均没有产生显著促进影响；冯南平、杨善林（2012）则认为产业转移未带来我国区域创新投入和创新产出的快速增长，而是阻碍了区域创新投入和创新产出的增加，但产业移入对西部地区创新投入和创新产出的增长均有促进作用。

第二节　成渝地区产业承接与自主创新的实证分析

一、产业承接与西部地区自主创新的内在关联

（一）承接产业转移是西部地区汲取全球创新资源和创新动力的重要契机

成渝经济区是我国西部地区重要的经济区之一。总体而言，我国西部地区偏于内陆，由于缺少外部刺激和压力，创新意识薄弱，自主创新环境较差。以资源型产业和资金密集型产业为主的产业结构特征使西部地区在技术更新活动中面临更高的沉没成本，难以内生自主创新的竞争压力和积极性（伍江，2009）。受经济发展水平制约，西部地区创新资源匮乏，创新投入和创新产出相对不足，一定程度制约了自主创新能力提升。2018 年西部地区规模以上工业企业研发（R&D）人员数、有效发明专利数、新产品开发项目数占全国的比重分别为 10.37%、9.47%、8.79%，严重落后于东部地区的 67.72%、72.58%和 71.94%，东西部区域创新能力差距不断拉大。受制于自身创新资源和能力限制，西部地区需借助外部创新能量和创新激励强化自主创新能力，产业转移则带来了开放式创新的难得机遇。

在经济全球化和区域一体化背景下，以西部为代表的欠发达地区可吸纳全球创新资源，有效规避创新风险，以较低成本加速创新能力提升。2018 年，作为跨国公司代表的世界 500 强企业中有 347 家落户四川、287 家进驻重庆；截至 2020 年，有 121 家在陕西设立相关机构。产业转移不仅为西部地区注入了稀缺资本，伴随产业转移，先进技术、创新意识、企业家精神、先进管理方法和经营理念等创新元素也会随之流向承接地。移入产业通过激化本地竞争、示范与培训、关联带动效应等，直接或间接催化西部企业的创新动力，培育起良好的创新理念和创新氛围。

（二）自主创新是西部地区承接产业转移的基本前提和最终目的

伴随承接产业转移竞争进入白热化，承接地纷纷出台各种优惠政策，将各自的劳动力成本优势、自然资源优势和区位优势发挥到了极致，但上述传统要素对产业转移的吸引效力已经进入边际递减阶段。在知识经济时代，自主创新

能力等新兴因素对产业转移区位选择的影响愈发重要。承接地自主创新能力是承接产业转移的内在要求和基本前提，较强的自主创新能力意味着承接地的生产要素能够在更高层次与转移产业进行匹配和衔接，有助于提升转移企业的生产效率和盈利水平；意味着更为开放和活跃的创新氛围，能优化外来企业经营环境，提供优质服务保障。区域创新具有开放性，产业转移外溢效应的发挥需以承接地的吸收能力为前提，即需要承接地提前做好创新准备。若未积累起足够的自主创新能力，一旦承接地失去低成本的比较优势，产业就会继续向别处转移，从而出现产业空洞化和边缘化风险。从承接产业转移的目标来看，承接产业转移不仅是为短期的经济增长，更重要的是获取经济发展的长期动力，而经济发展的内在源泉就是创新，因此，强化自主创新能力是承接产业转移的最终目的。

（三）传统承接模式不利于西部地区在承接产业转移中实现创新发展

囿于“以资源换资本，以市场换技术”的传统思路，西部地区承接产业转移简单复制，多注重产能引进和经济增长，较少考虑产业结构高端化、产业间的联系和技术创新，承接产业转移模式呈现粗放性和被动性。西部大开发战略实施十几年来，西部地区凭借资源禀赋优势承接了大量边际产业转移，以及附加值较低的加工、制造、装配等边际价值链环节转移。经济增长的迫切性使西部地区承接产业转移的门槛较低，引进的技术多是产品生命周期中已经标准化、趋于成熟，甚至是落后淘汰的技术。承接工序性项目外包模式使西部地区缺乏自主知识产权和核心技术，一直处于价值链低端，较难向“微笑曲线”两端提升，进而陷入全球价值链锁定。同时，重引进、轻开发，重使用、轻研制，重模仿、轻创新，也是西部地区承接产业转移过程中存在的潜在威胁。据报道，20 世纪 90 年代日本、韩国引进欧美技术，用在技术引进和对引进技术消化创新的投入比例为 1∶5，而 2010 年我国西部地区这一比例为 1∶0.17。传统承接产业转移模式极易使西部地区陷入“引进—轻消化吸收—再引进”的恶性循环。

（四）产业承接与自主创新融合互动是西部地区实现跨越式发展的重要途径

产业转移的高级要素注入效应和技术溢出效应，是西部地区实现资源优化配置的外部动力。新产业的移入有助于区域新的主导产业和支柱产业形成，移入企业的先进技术和新的生产组织方式能够促进传统产业成长和升级，使产业结构向高级化演进，最终提高西部地区在区域产业分工中的地位。自主创新是西部地区提升自我发展能力的内在动力，在承接产业转移过程中，结合西部地区实际，加强自主创新能力建设，对引进创新元素进行学习、模仿和再创新，能较好发挥西部地区的“后发优势”，并缩小与发达地区经济“势能差”。承接产业转移可以缩短与发达地区的技术差距，自主创新可以提升西部地区的核心竞争力，二者有机融合、相互促进，将打破低水平发展的恶性循环，并助推西部地区实现跨越式发展。

二、成渝地区产业承接与自主创新的实证分析

（一）模型与方法

创新是一种新知识的产生过程。建立关于创新的柯布—道格拉斯生产函数 $Y_{it} = AL_{it}^{\alpha}K_{it}^{\beta}$，其中，Y、L、K 分别表示创新产出、创新的人力资本投入和资金投入，A 表示影响创新产出的其他因素，α、β 表示产出弹性。在开放经济中，创新能力不仅取决于区域内科研资金和人力资本投入，还受到外部因素尤其是产业转移的影响。设 IT 为产业转移因素，$A = C \cdot IT^{\gamma}$，则 $Y_{it} = C \cdot IT^{\gamma} \cdot L_{it}^{\alpha} \cdot K_{it}^{\beta}$。本部分分别考察国际产业转移 FDI 和国内区际产业转移 RIT 与成渝地区自主创新能力间的关系。建立如下双对数模型：

$$\ln Y_{it} = \ln C + \alpha \ln L_{it} + \beta \ln K_{it} + \gamma \ln FDI_{it} + \mu_{it} \tag{8-1}$$

$$\ln Y_{it} = \ln C + \alpha \ln L_{it} + \beta \ln K_{it} + \gamma \ln RIT_{it} + \mu_{it} \tag{8-2}$$

两式中，被解释变量 Y 为区域创新能力指标，可用研究与开发投入、专利数以及新产品数表示，事实上，不少经济学家认为专利数是最合适的指标（Barsberg，1987；Griliches，1990；Mansfield，1986）。① 因此，本书用专利申请受理量代表自主创新能力。专利包括发明专利、实用新型专利和外观设计专利三项。数据分别来源于历年《四川省统计年鉴》和《重庆市统计年鉴》。

主要解释变量 FDI 为承接国际产业转移指标，采用历年实际利用外商直接投资总额度量；RIT 为承接区际产业转移指标，用历年实际利用省外到位资金总额度量；四川省的数据来源于四川省国民经济和社会发展统计公报及《四川年鉴》，重庆市的数据来源于《重庆市统计年鉴》。控制变量 L 和 K 表示自主创新的人员和资金投入，分别用科技活动人员数、科技活动经费内部支出数表

① 万广华，范蓓蕾，陆铭．解析中国创新能力的不平等：基于回归的分解方法［J］．世界经济，2010（2）：3－14.

示，数据来源于历年《中国科技统计年鉴》。u_{it}为随机误差项，t 选取 1999 ~ 2008 年作为研究区间。

四川省和重庆市之间产业交流活跃。2011 年重庆市利用内资总量中，四川省向重庆投资 650.67 亿元，仅居于北京、广东之后，位列重庆利用境内投资的第三位；而 2010 年四川省引进内资资金来源居前三位的分别是北京、重庆和广东，重庆市是四川省利用内资的第二大省份。因此，本章将分别独立考察四川省和重庆市承接国际、国内产业转移的创新溢出效应。

（二）四川省产业承接与自主创新能力的相关性验证①

用 EViews 6.0 软件对模型（8-1）和模型（8-2）进行广义最小二乘法（GLS）估计，对解释变量进行相关性检验，解释变量不存在内生性和多重共线性，回归结果见表 8-1。

表 8-1　四川省产业转移的自主创新效应检验结果

项目	解释变量	专利	发明	实用新型	外观设计
承接国际产业转移	常数项	-15.5231 (-1.453)	-6.4534 (-0.764)	-3.6396 (-0.484)	-31.661 (-2.127)
	lnFDI	0.4161** (2.495)	0.2758* (2.092)	0.4190** (3.568)	0.4115 (1.771)
	lnL	1.0021 (0.930)	-0.2897 (-0.340)	0.1675 (0.221)	2.2214 (1.479)
	lnK	0.5388** (3.427)	0.9944*** (8.000)	0.3430** (3.099)	0.5785** (2.641)
	R^2	0.982	0.989	0.982	0.976
	ADR^2	0.972	0.984	0.973	0.965
	S. E	0.1045	0.0826	0.0736	0.1456
	D. W	2.4323	1.7243	2.4121	2.8468
	F 值	106.353	184.965	107.1	82.756

① 郭丽娟，邓玲．产业承接、技术外溢与西部地区自主创新［J］．经济问题探索，2013（11）：25-31.

续表

项目	解释变量	专利	发明	实用新型	外观设计
承接区际产业转移	常数项	-12.1267 (-1.294)	-1.4101 (-0.246)	-3.7219 (-0.439)	-27.1264 (-1.994)
	lnRIT	0.3394** (3.271)	0.2669*** (4.206)	0.2892** (3.08)	0.3533 (2.346)
	lnL	1.4190 (1.782)	-0.1942 (-0.399)	0.8141 (1.13)	2.5576 (2.213)
	lnK	0.1340 (0.676)	0.6662*** (5.498)	0.0104 (0.058)	0.1530 (0.532)
	R^2	0.986	0.995	0.979	0.981
	ADR^2	0.98	0.993	0.967	0.972
	S. E	0.0894	0.0547	0.0809	0.1297
	D. W	2.6276	2.3047	2.7173	2.9028
	F 值	106.037	424.924	88.21	104.738

注：括号内为 t 检验值，*、**、*** 分别表示达到了 10%、5%、1% 的显著性水平。

资料来源：笔者根据 EViews 6.0 统计输出整理。

从表 8-1 的回归结果可以看出，FDI 与 RIT 的回归系数分别为 0.4161 和 0.3394，显著性水平均达到了 5%，说明承接产业转移对四川省自主创新能力有显著的正向溢出效应。承接国际产业转移量或区际产业转移量每增加 1%，可使四川省专利申请受理量分别增加 0.4161%、0.3394%。FDI 的回归系数大于 RIT 的回归系数，说明四川省承接国际产业转移的自主创新溢出效应强于区际产业转移。四川省显著的产业转移溢出效应与其承接产业的先进性和自身较强的创新能力密切相关。四川省引进外资质量相对较高，截至 2018 年，四川引进的世界 500 强企业有 347 家，引进总数居西部第一。中国科技发展战略研究小组历年公布的《中国区域创新能力报告》显示，四川省区域创新能力在西部地区一直遥遥领先，具备较强的学习吸收能力。

分组检验结果表明，国际产业转移和区际产业转移对发明专利申请量均产生了正向溢出效应，回归系数为 0.2758 和 0.2669，显著性水平分别达到了 10% 和 1%。对实用新型专利申请受理量的回归发现，国际产业转移和区际产业转移的产出弹性分别为 0.4190、0.2892，通过显著性水平 5% 的检验，但产业转移对外观设计专利产出的增加没有显著性影响。总体来看，国际产业转移对发明、实用新型的溢出效应要高于区际产业转移，产业转移对实用新型专利的影响强度要高于对发明专利的影响强度。产业转移对实用新型专利的溢出效应高于对发明专利的溢出效应，其原因是，实用新型相对于发明专利而言，技术水平较低，更容易被本地企业进行消化吸收。从影响自主创新能力的其他因素看，科技活动人员数对四川省自主创新的影响均不显著，而科技活动经费支出数对三项专利产出均有显著促进作用，尤其对发明专利的影响系数高达 0.9944。

（三）重庆市产业承接与自主创新能力的相关性验证

对重庆市承接产业转移和自主创新能力水平进行回归分析，结果如表 8－2 所示。从表 8－2 的回归结果可以看出，重庆市承接国际产业转移的自主创新积极效应不显著，甚至呈现微弱的负面效应，其中 FDI 对三种专利总量和实用新型专利的回归系数为负值，并分别在 10% 和 5% 的水平上显著。lnRIT 的回归系数也为负值，区际产业转移对专利总量、实用新型和外观设计专利水平均呈现一定程度的负效应。科技活动人员数对各种专利类型的影响均不显著，而科技经费支出数对各项专利均有较为明显的促进作用，并分别通过 5% 和 10% 的显著性检验。

表 8－2　重庆市承接产业转移的自主创新效应检验结果

项目	解释变量	专利	发明	实用新型	外观设计
承接国际产业转移	常数项	5032.781 (1.378)	207.2029 (0.396)	－3.6396 (1.198)	2042.42 (0.635)
	lnFDI	－0.0173* (－2.180)	－0.0003 (－0.313)	－0.005** (－2.734)	－0.0114 (－1.632)
	lnL	－0.0975 (－1.254)	－0.008 (0.807)	－0.016 (0.809)	－0.0408 (－0.596)
	lnK	0.012** (3.523)	0.0019*** (4.062)	0.0037*** (4.1879)	0.0055 (1.839)
	R^2	0.935	0.9812	0.967	0.743
	ADR^2	0.902	0.971	0.950	0.615
	S. E	734.46	105.1	189.24	646.39
	D. W	1.506	1.946	1.774	1.264
	F 值	28.777	104.675	58.62	5.80

续表

项目	解释变量	专利	发明	实用新型	外观设计
承接区际产业转移	常数项	5679.9 (1.835)	57.073 (0.109)	1213.3 (1.371)	2852.46 (1.107)
	lnRIT	-8.974** (-3.022)	0.206 (0.4112)	-2.603** (-3.068)	-6.829** (-2.76)
	lnL	-0.13 (-1.89)	-0.004 (-0.4122)	-0.023 (-1.17)	2.5576 (-1.287)
	lnK	0.0157*** (4.351)	0.0016** (2.7129)	0.0045*** (4.425)	0.008** (2.964)
	R^2	0.953	0.981	0.971	0.837
	ADR^2	0.931	0.972	0.956	0.756
	S. E	619.0	104.51	176.94	515.07
	D. W	2.34	2.054	2.4908	2.055
	F 值	41.325	105.9	67.34	10.285

注：括号内为 t 检验值，*、**、*** 分别表示达到了 10%、5%、1% 的显著性水平。
资料来源：笔者根据 EViews 6.0 统计输出整理。

（四）结论与启示

根据对四川省和重庆市承接国际、国内产业转移对自主创新能力的影响研究，可以得到四方面的启示。（1）成渝地区四川省区际产业转移创新溢出效应低于国际产业转移的溢出效应，加强国家层面对产业转移的统筹指导、完善东西部技术转移机制、鼓励区域间产学研合作显得尤为必要。（2）即使经济发展水平和创新能力较高的四川省，产业转移溢出效应也只是更为显著作用在实用新型等技术水平较低的创新项目中，说明成渝地区应进一步提高引资质量，更加注重高新技术、先进适用技术引入。（3）科技活动人员对重庆市和四川省自主创新影响均不显著，强化创新型人才培育和引进、激发人才创新活力，是成渝地区最为迫切和长远的任务。（4）四川省和重庆市的实证研究结果均论证了科技活动经费支出对成渝地区区域创新影响最为显著，说明成渝地区仍处于经费拉动型的创新产出阶段，建立多元化的科技创新投入体系将在较大程度上提升成渝地区的自主创新能力。①

第三节　成渝地区区域创新生态系统构建

一、区域创新生态系统的典范：以美国硅谷为例②

美国硅谷被誉为创新能力最强、科技服务业发展最为成熟的高新技术产业集群，其拥有全球领先的技术如生物技术、半导体、信息通信等，集聚了英特尔、苹果、谷歌等世界知名的高新技术企业。硅谷地区人口占美国总人口的1%，却创造了美国13%的专利，拥有40%的美国100强企业。③ 硅谷创新生态系统的形成是一个复杂和动态的过程，硅谷创新集群的发展源于其孕育形成了多主体反馈、互联、协同的创新创业生态系统（见图8－1），具体体现在以下方面。第一，硅谷拥有高度发达、形式多样的科技服务主体。包括负责制定政策法规、营造科技服务业制度环境、保障科技创新主体利益的联邦政府；在塑造技术轨迹和基础科学方面广泛发挥作用的地方政府；共生、竞争，在“开放式创新”和“知识产权保护”之间实现良好平衡的企业集群；以斯坦福大学、加州大学伯克利分校等为首的全球顶级大学和科研机构；以律师事务所、会计师事务所为代表的多层次、多样化的科技服务中介机构。第二，硅谷形成了非常有利于创业公司和科技服务业发展的创新生态网络。在该网络中，大企业和中小企业共生，大企业引领科技创新，影响行业前沿的关键理论问题能够得到大学的及时反馈，大学科技成果转化途径多样并有法律保障，各种专业化技术转移中心、风险投资评估机构为企业提供技术知识和客户资源筛选，发达的市场、高度流动的人力资源池以及接受失败的文化为硅谷创新集群发展营造了丰沃的土壤。

---

① 郭丽娟，邓玲．产业承接、技术外溢与西部地区自主创新［J］．经济问题探索，2013（11）：25－31.

② 郭丽娟，刘佳．美国产业集群创新生态系统运行机制分析：以硅谷为例［J］．科技管理研究，2020（10）.

③ 刘雪芹，张贵．创新生态系统：创新驱动的本质探源与范式转换［J］．科技进步与对策，2016（20）：1－6.

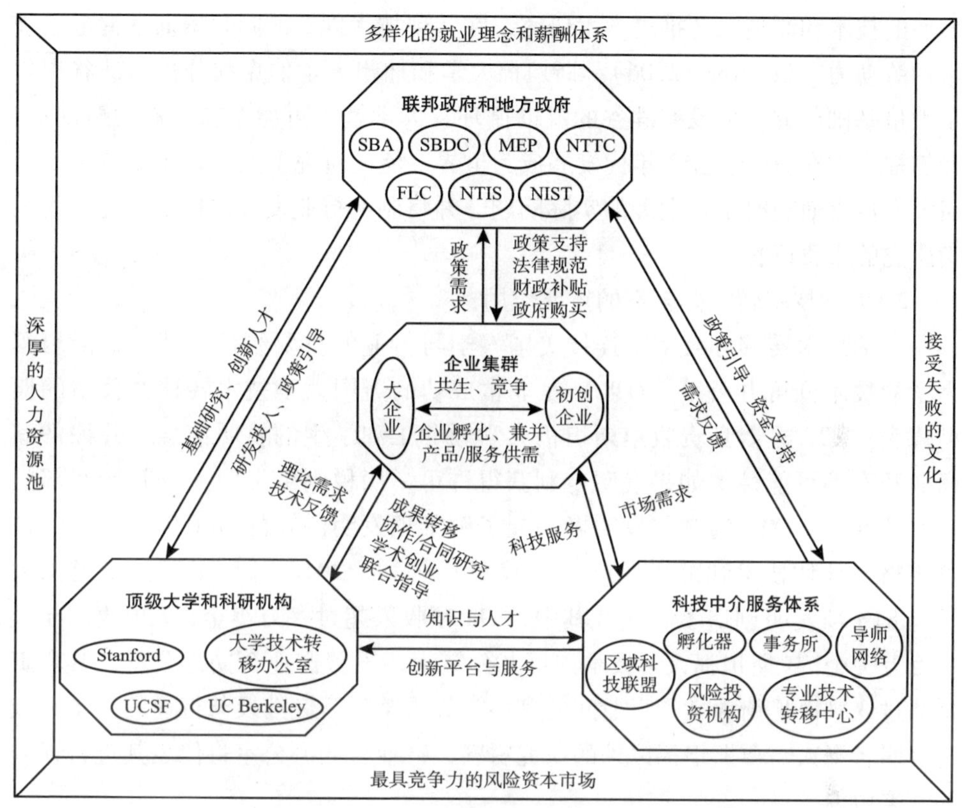

图 8-1　硅谷创新生态系统运行机制

注：图中英文字符含义如下：SBA——小企业管理局，SBDC——小企业发展中心，MEP——制造推广合作伙伴关系，NTTC——国家技术转移中心，FLC——联邦实验室技术转让联合体，NTIS——国家技术信息服务中心，NIST——国家技术标准研究院，Stanford——斯坦福大学，UCSF——加州大学旧金山分校，UC Berkeley——加州大学伯克利分校。

资料来源：笔者自行整理绘制。

（一）大学、行业和政府间的多向交流互动

1. 大学与行业的双向交流

硅谷高新技术产业集群中政产学研的关系是异常复杂和多方位的。在硅谷所有成功的大学都能观察到大学和行业之间的相互作用和知识流动，行业从业者在大学进修、大学教师进驻企业实验室是硅谷常见的大学与行业双向交流机制。大学对行业的影响不仅局限于知识和专利技术转移，更包括许可、协作研究、合同研究、咨询、教学、与业界联合出版刊物、员工交流、学生联合指导等多种形式。在对硅谷起源的分析中，历史学家就展示了斯坦福大学如何依赖

硅谷的技术和制造工艺推进学术研究，在实现技术创新的同时培训掌握最新技术的劳动力（Lécuyer，2006）。斯坦福大学和加州大学伯克利分校为硅谷提供了大量基础研究，但没有硅谷的反馈循环，大学就不可能站在行业的最前沿。斯坦福大学在20世纪50年代发展成为世界一流的研究型大学，正是得益于其研究人员直面当时工业发展的实际问题，并将制约行业发展的理论研究作为大学研究的重要议程。

2. 大学技术转移办公室的重要作用

大学技术转移办公室是连接美国大学与行业的重要纽带，其中，斯坦福大学的技术许可办公室（OTL）是非常成功的美国大学技术转移办公室的典型代表。OTL主要负责收集斯坦福大学教职工和学生的发明信息，并评估其商业开发的可能性，如果发明专利获得许可，版税则由发明人及其所在部门和学院获得。OTL通常与发明者一起了解某项发明潜在的应用价值，制定许可策略、评估技术和市场风险，寻找目标公司。2018财政年度，斯坦福大学有813项发明创造了收入，其中，394项收入超过一万美金，7项收入超过一百万美金。[①] 斯坦福大学技术许可办公室下还设置产业合同办公室，其职责是通过谈判以平衡大学和行业间的利益，如果某项研究涉及与行业的互动，或者发明者个人需要斯坦福以外的研究材料，产业合同办公室将代表其进行谈判并签署协议。

3. 普遍的学术创业行为

学术创业是硅谷生态系统被试图效仿的重要领域之一，硅谷创业公司的创始人大部分是在斯坦福大学获得博士学位或具有专业研究经历的人，作业企业创始人或首席执行官的斯坦福大学校友经常回母校进行演讲或捐赠，为在校学生提供创业的动力。斯坦福大学不仅成立了创业研究中心、创业工作室等校内创业教育组织，还设有独特的校友导师制项目，由校外创业精英组成的校友导师不仅为校内学生提供参与创业峰会和活动的机会，还将学生直接推荐给企业作为储备人才。[②] 虽然斯坦福大学和伯克利大学没有制定激励教师参与创业的明确措施，但参与创业成为与前沿领域保持紧密联系并提升教师教学科研的核心途径之一。

---

① THE OFFICE OF TECHNOLOGY LICENSING. Life of a Stanford invention [EB/OL]. [2018－12－01]. https://otl.stanford.edu.

② 姚小玲，张雅婷. 美国斯坦福大学创新创业教育生态系统探究 [J]. 山西大学学报（哲学社会科学版），2018（5）：122－127.

4. 政府在研究型大学发展中的关键作用

硅谷地方政府为大学提供大量研究经费，但政府研究预算不是分配给特定的机构，而是由同行评审委员会对资助项目进行盲审评估，最终以项目为基础直接授予项目负责人。对于加利福尼亚州大学系统的许多学科而言，申请和获得大额政府研究经费是教师招聘和任期考核的重要指标之一。斯坦福大学的崛起与冷战期间积极寻求获取政府研究预算并与行业建立牢固联系有关。如斯坦福大学工程学院院长弗瑞德·特曼（Fredrick Terman）教授一直致力于招聘关注行业发展理论问题的教师，其指出学术研究要与行业相关，但大学不是低成本的企业研发实验室，拒绝不能增强大学科研实力的纯应用性合同。

（二）大企业和初创企业共生的商业系统

1. 大企业和初创企业的共生关系

硅谷拥有极具竞争力的行业。一方面，大型企业往往是初创企业产品和服务的购买者，初创企业通过出售产品和服务从大企业“开放式创新”的实践中获益，也通过强烈的知识产权保密实现与大企业之间的利益平衡。[①] 另一方面，大型企业通过并购初创企业快速实现市场目标，大企业倾向于从企业外部引进创意和技术，企业边界更加松散。20 世纪 90 年代的思科公司外包几乎所有制造环节，专注于设计，开创了新的硅谷工业发展模式。领先企业和初创企业的良性互动激发了企业创新动力，提升了产业集群生态系统的活力。美国政府在塑造硅谷技术轨迹方面也发挥着重要作用，硅谷许多早期的无线电技术出售给美国海军，初创公司的半导体和其他专业技术也将美国政府作为主要买家。为了受益于硅谷产业集群的专业知识，通用电气等美国东海岸老牌公司都在旧金山湾区建立了实验室和生产设施基地，这些大公司的衍生公司为拥有专业技术的创业公司创造了良好的生态系统。

2. 硅谷具有最具竞争力的风险投资、商业基础设施和人力资源池

硅谷具有最具竞争力的风险投资市场，对初创公司筛选和阶段性成长提供了一种关键的监控机制，2013 年硅谷风险投资金额高达 122 亿美元，占整个加利福尼亚州的 82.4%。硅谷的律师事务所、会计师事务所、导师网络等商业基础设施为创业公司提供除直接融资之外的专业服务，专业科技服务公司通过接受股权以换取服务费用。由于科技服务公司只有在创业公司成功时才会获

---

① KENJI E. KUSHIDA. A strategic overview of the Silicon Valley ecosystem：Toward effectively “Harnessing” Silicon Valley ［R］. Stanford University，2015.

得报酬，因此，它们不仅对新客户进行严格的筛选，而且还充当商业顾问和交易撮合者角色。另外，由美国政府和民间合作组建的联盟和协会是促进硅谷产业集群创新的重要平台。人才动态流动和跨国移民是硅谷生态网络的优势之一，硅谷拥有覆盖企业初创、成长、成熟等各个阶段的极其深厚的人力资源库，硅谷企业发展的悠久历史也使人们在企业生命周期每个阶段都有长远的职业生涯规划。

（三）以小企业为核心的科技服务网络

美国尤其注重发挥中小企业科技创新的主体作用，小企业管理局通过其在全美庞大的网络，在资金、咨询、培训、成果转化、投融资等方面为小企业提供系统服务。

1. 小企业管理局（SBA）

美国小企业管理局作为联邦政府的独立机构，其职责是确保小企业拥有启动和扩展业务所需的工具和资源，改善创业生态系统并提升美国的长期竞争力。小企业管理局在美国 10 个区域布局有 68 个地区办事处，自 SBA 成立以来，其已向小企业提供数百万笔贷款、合同、咨询和其他形式的援助。美国小企业管理局 2018 ~ 2022 财年制定了 4 个战略目标：支持小企业收入和就业增长、建立健康的企业生态系统并创建友好的商业环境、加强 SBA 为小企业服务的能力、小企业和社区灾后恢复。

2. 小企业发展中心（SBDC）

美国小企业发展中心由私营部门、教育界以及联邦、州和地方政府共同倡导组成。小企业管理局为每个州的 SBDC 提供 50% 或更少的运营资金，配套资金则由赞助商提供。目前，SBDC 在美国有 63 个子中心，超过 900 个服务点，其在每个州都有一个牵头机构，牵头机构通过每个州的子中心和卫星定位网络协调计划和服务，子中心分别位于学院、大学、社区学院、职业学校、商会等。小企业发展中心旨在为小企业发展提供全方位的咨询、培训和技术援助，服务内容包括协助小型企业进行财务、生产、组织、营销、可行性研究，以及向小企业提供国际贸易援助、技术援助、采购援助等。小企业发展中心的援助针对当地社区和客户的需求量身定制，每个小企业发展中心都与当地小企业管理局地区办事处合作开展服务，协调全州范围内的可用资源。除此之外，SBDC 还使用来自私营部门的付费顾问、咨询工程师和测试实验室等。由于 SBDC 对客户免费、广泛、一对一、低成本培训、长期专业的商业咨询模式，使得该援助计划仍然是美国联邦政府最大的小型企业援助计划之一。①

3. 支持小企业创新的专项计划

美国联邦政府通过不断推出支持小企业创新的专项计划实现对高增长小型企业的扶持，为小企业提供金融资本和研发资金，协助其进行商业开发和技术创新。代表性的计划如下。

（1）小企业研发创新计划（SBIR）。该计划成立于 1982 年，旨在通过有竞争力的奖励计划鼓励小企业参与具有商业化潜力的联邦研发。SBIR 规定各级政府要拿出不低于 2.5% 的研发预算投入到中小企业创新项目，该计划向全国所有中小企业公布，允许符合条件的企业申请。SBIR 计划的目标有：刺激技术创新，实现联邦政府研究和开发需求，帮助妇女和处于社会经济不利地位的人参与创新创业，帮助私营部门获取联邦研究开发资金并进行创新商业化。②

（2）小企业技术转移计划（STTR）。该计划在小企业研发创新计划实施十年后成立，与小企业研发创新计划不同，STTR 奖励的主体是通过与非营利科学、教育研究机构合作来寻求技术创新的小企业。该计划的核心目标是加强公共与私营部门的伙伴关系，扩大小企业和非营利研究机构的合作机会，通过合作研发促进技术转让，推进私营部门使用联邦研发经费进行创新的商业化进程。STTR 要求外部预算超过 10 亿美元的联邦机构均需为小企业管理局预留一定比例的预算，以便开展与大学、研发中心、其他非营利机构的合作。③

（3）小企业投资公司计划（SBIC）。美国小企业管理局通过实施小企业投资公司计划为中小企业创新提供风险资本支持。自 1958 年以来，SBIC 的使命一直是刺激、补充私募股权资本和长期贷款基金的流动性。其运营模式为，小企业管理局向 SBIC 公司注入启动资金，由 SBIC 公司向进行创新的中小企业进行风险投资。除了直接参与，美国政府还扶持风险投资业的壮大，让其有更充足的资本对中小企业进行投资。

（4）成长加速器基金竞争计划（GAFC）。美国小企业管理局于 2014 年正式推出促进加速器、孵化器和其他创业生态系统模型的成长加速器基金竞赛计

---

① Office of Small Business Development Centers. Mission statement [EB/OL]. [2019 - 05 - 11]. https：//www.sba.gov/offices/headquarters/osbdc.

② The Small Business Innovation Research. SBIR mission and program goals [EB/OL]. [2019 - 05 - 01]. https：//www.sbir.gov/about/about - sbir.

③ The Small Business Technology Transfer. STTRA mission and program goals [EB/OL]. [2019 - 05 - 11]. https：//www.sbir.gov/about/about - sttr.

划，用以帮助小型企业和创业企业争夺每年 50000 美元的奖金（共计 20 个）。该计划由来自私营部门、公共部门、初创企业、学术研究和经济发展领域具有丰富经验的专家组成专家评委组遴选获奖者，申请人包括加速器、孵化器、共同创业社区、共享修补空间等，尤其特别关注填补加速器和企业生态系统空白的申请人。

（四）联邦政府的法律规范和引导机制

一方面，硅谷创新生态系统离不开美国政府制定的以企业创新为核心、高效运行的创新政策体系。美国严格的专利保护制度、成熟的创新主体推动政策、商业化促进政策刺激了基础研发，催生了庞大的中小企业服务组织，极大促进了技术创新和成果转化。[①]

另一方面，硅谷创新集群的发展离不开国家级科技服务机构的推动。美国国家层面的科技服务机构有国家技术转移中心（NTTC）和联邦实验室技术转让联合体（FLC）；在科技信息传播和技术标准制定方面，美国成立了国家技术信息服务中心（NTIS）和国家技术标准研究院（NIST）。国家技术转移中心将美国工业与联邦实验室、大学联系起来，为全国范围内的联邦机构和其他客户技术商业化开发提供服务、咨询和培训等。联邦实验室技术转让联合体（FLC）成立于 1974 年，是由 300 多个联邦实验室、机构和研究中心组成的正式特许全国性网络，其使命是促进实验室成员和机构的技术转移和商业化，通过技术创新创造经济社会价值。隶属于国家技术标准研究院的制造推广合作伙伴关系（MEP）主要与美国中小型制造商合作，共同开发新产品、拓展新客户和采用新技术，以帮助他们创造就业机会、增加利润和节约资金。MEP 国家网络包括 NIST、MEP 和全美 51 个 MEP 中心。MEP2018 财年客户服务统计结果显示，对于每 1 美元的联邦投资，MEP 网络会为制造商带来 29.5 美元的新销售增长；每投入 1065 美元的联邦投资，该网络就会创造或保留一份制造业岗位。[②] 1988 ~ 2015 年，MEP 计划资助了 80000 多家制造企业，每家参与 MEP 的中小制造企业出口平均增加 77 万美元，就业平均增加 5 人，成本平均

---

① 董楠楠，钟昌标．美国和日本支持国内企业创新政策的比较与启示［J］．经济社会体制比较，2015（5）：198－207.

② Manufacturing Extension Partnership. About NIST MEP［EB/OL］．［2019－12－12］. https：//www. nist. gov/mep/about－nist－mep.

减少5万美元。①

二、产业转移与成渝地区创新生态系统构建

转移产业在承接地的持续发展至关重要，一个区域如果仅仅把产业吸引到本地，而没有较好的产业发展能力，转移产业就不能成长，对地区产业升级和区域经济发展就不会发挥带动作用，因此也就不能成为真正意义上的产业转移。转移产业发展能力指区域在承接转移产业之后，产业在承接地进一步成长、成熟和壮大的过程。具体包括转移产业由于技术创新能力不断提升，自身规模和效益不断提升的过程；转移产业通过技术溢出、产业关联等对本地产业带动力增强，二者相互协调和配套的过程；也包括转移产业带动区域整个产业体系不断优化升级的过程。构建区域创新生态系统是增强产业转移效应的重要举措。

（一）优化区域创新环境②

良好的创新环境是吸聚创新资源和提高创新效率的关键要素，也是提升产业转移稳定性与根植性的基本前提。转移企业也只有扎根并成长起来后，才能融入成渝地区的创新活动。“如果没有形成有利于创新的社会文化环境，即使产业转移将先进知识、技术扩散于此地，但由于缺乏使用或消化吸收知识或技术的载体——有利于创新的社会文化环境，先进的技术、知识也往往难以生根、开花，有时甚至可能腐烂变质。”③ 因此，成渝地区在承接产业转移过程中，不仅要提供优势资源和内容产业，更要形成以自主创新能力递增为目标的产业承接格局，引进产业和引进技术并重。要加快培育有利于创新的文化氛围，摒弃自闭、自足的传统意识，树立开放、进取的现代精神，完善自主创新和引进、消化、吸收、再创新的政策环境。

（二）构建多层次的区域创新保障机制

硅谷创新生态系统运行机制对我国经济区和城市群创新生态系统构建具有

① 汪琦，钟昌标．美国中小制造业创新政策体系构建、运作机制及其启示［J］．经济社会体制比较，2018（1）：160－169.

② 郭丽娟，邓玲．产业承接、技术外溢与西部地区自主创新［J］．经济问题探索，2013（11）：25－31.

③ 张鹏．产业转移与欠发达区域创新支持体系的构建［J］．科学管理研究，2011（5）：17－21.

重要的启示意义。我国应进一步加强促进小企业技术转移、技术创新、风险融资等的立法建设，通过完整的法律体系加强知识产权保护、维护小企业创新利益。要建立负责和协调中小企业创新的专门机构和地区网络，为中小企业提供全方位、一站式援助和服务。对于成渝地区来讲，要顺应“互联网+”趋势，针对经济区优势产业集群建立综合科技服务云平台，聚集区域科技资源和金融资源，促进产业集群业务流程融合和产业集群生态链行为主体协同。要推进成渝地区高校、科研机构与企业进行形式多样的交流合作，支持大学设立专门的技术转移机构，鼓励校企共建研发中心，完善大学对行业支持的绩效考核。要鼓励发展多层次的科技中介服务体系，因地制宜制定有吸引力的薪酬体系和激励机制，完善风险投资市场，构建政府、社会资本等多元主体共同参与的创新资本体系。

（三）促进跨区域协同创新和集成创新①

要实施开放式创新战略，推进跨区域协同创新，强化地方政府在协同创新中的主导作用，为自主创新提供制度保障和政策引导；激发大中型企业的创新动力，发挥高等院校和科研机构创新“智库”作用，加强与企业合作，提高创新成果转化能力；强化科技中介服务机构作为创新主体间的桥梁和纽带作用，促进政府、企业、高校、科研机构间的知识交流和技术转移；加强创新主体间的资源共享和交互式学习，因地制宜探索产学研合作模式。探索集成创新新模式，“集成创新并不是指简单的叠加和混合，而是将各种创新要素通过创造性的融合，使各项创新要素之间互补匹配，从而使创新系统的整体功能发生质的跃变，形成独特的创新能力和竞争优势”。② 成渝地区在承接产业转移中，应避免重复引进单项技术，更加注重对已引进技术的有效整合，将自有技术与外部技术融合集成为高效率的生产线，有针对性地引进具有高度技术关联性的产业，强化对传统产业的技术改造，实现关键领域的集成创新和突破。

（四）强化本土企业技术消化吸收能力③

要强化本地企业对引进技术的消化吸收能力，通过知识承接和再造，带动本地企业转型升级。伴随产业转移的技术转移效果，并不是通过外商直接投资

---

①③ 郭丽娟，邓玲．产业承接、技术外溢与西部地区自主创新［J］．经济问题探索，2013（11）：25－31.

② 吴林海．中国科技园区域创新能力研究［D］．南京：南京农业大学，2000：89－91.

的增长来实现，而是本地企业付出技术消化努力后才能实现。2018 年，东部地区高新技术产业消化吸收经费支出为 10.78 亿元，占全国的比重高达 91.07%；而西部地区高新技术产业消化吸收经费支出仅为 765 万元，占全国比重为 0.65%，高新技术产业购买境内技术经费支出和技术引进经费支出仅占全国的 2.78% 和 2.44%，西部地区本土企业的技术消化吸收能力亟待加强。成渝地区在承接产业转移时，应强化引进技术的消化吸收能力，为有效汲取创新溢出创造条件，并最终实现从产业转移知识的承接到知识的再造。要继续加大地方政府科技创新投入力度，强化政府科技政策导向作用，健全相关政策法规，探索多元化、多层次的科技投入新机制。要强化企业科技创新主体地位，推进高新技术企业设立研发机构和技术中心，培养一批具有高度开拓精神和创新思维的企业家队伍。要加强教育科研软硬件投入，加大高素质科技人才培养和引进，创新科技人才激励机制，使每个人找到适合自己的创新角色，做到人尽其才、才尽其用，强化创新驱动发展的人才支撑。

第四节　产业转移条件下成渝产业升级路径

产业结构优化升级指产业结构的合理化、高度化和高效化过程，具体为：产业结构重工业化，即由轻工业向重工业演进；产业结构高加工度化，即由以原材料为重心向以加工、组装等为重心转变；生产要素技术密集度化，即产业结构由劳动力密集型占优势地位，递次向资本密集型和技术密集型占主导地位演进。

区域产业结构优化升级有两种模式。一是自主型、内生型的产业结构升级，是一国或地区不与外部发生关系，而是通过本国或地区内部的要素调整，自主创新、传递扩散，实现渐进式产业升级。二是外向型、借助外部推动的产业结构升级，是一国或地区与外部环境发生物质、信息等的交流，借助外部经济的要素交流和产业扩散等，实现本地区的产业升级。在开放经济环境中，任何一个国家或地区的产业发展都深受其他地区的影响，通过承接产业转移实现技术外溢和创新能力提升，成为一国或地区产业结构优化升级的重要路径之一。

一、嵌入全球价值链的耦合式升级

伴随产业分工深入产品内部，国际产业转移呈现全球价值链模式，即发达国家的跨国公司将同一产品的不同环节布局在具有相应禀赋优势的区位，以利用当地丰裕的生产要素并发挥特定环节最佳规模，而跨国公司仅仅专注于附加值高的战略环节过程。发达国家通过将价值链上低附加值环节剥离出来，以外包和直接投资形式在全球范围内进行布局，给发展中国家产业升级带来了机遇。在开放经济中，发展中国家的产业可以与国际产业发生关联，融入全球生产体系，占据或控制全球价值链的几个环节，通过嵌入全球价值链，实现区域产业与国际产业的耦合式升级。

成渝地区耦合式产业升级的基础是寻找嵌入时机，并正确嵌入全球价值链的适当环节。全球价值链根据附加值的不同，可以划分为若干环节，最底端是加工组装和一般元器件制造环节，上游是设计研发环节，下游是营销和品牌运作环节。成渝地区内企业必须客观分析自身所处的发展阶段、所拥有的关键资源和核心能力，嵌入全球价值链的正确位置。具体来讲，可抓住国家鼓励加工贸易向中西部转移的契机，围绕笔记本电脑、电子元器件、机械装备、轻纺等，积极承接国内外加工贸易企业，通过代工、加工组装、制造生产等嵌入全球价值链低端环节。具备一定技术能力的技术密集型产业，如集成电路、汽车制造、精密仪器等，可以承接具有较高技术含量的国际产业转移，中端嵌入全球价值链。有一定资金和实力的企业，可以通过对外直接投资、收购跨国公司相关业务，实施“走出去”战略，参与全球产业分工。

成渝地区耦合式产业升级的路径是，以嵌入环节为基点，向全球价值链两端攀升。如电子信息产业可以从最底端的一般元器件制造、整机组装向集成电路、CPU、主板等关键元器件和高端产品延伸；同时提升研发能力，发展软件、信息咨询等生产性服务业。通过“干中学”积累经验，通过与全球采购商的互动实现知识水平和能力提升，从而实现“OEM（原始设备制造）——ODM（原始设计制造）——OBM（原始品牌制造）”升级，实现“流程升级——产品升级——功能升级”。

二、成熟高新技术移植型的跨越式升级

渐进式升级是传统产业通过技术溢出和“干中学”，沿价值链逐级攀升。跨越式升级指高端嵌入全球价值链，变被动接受为主动获取国际前沿知识，同步发展高新技术产业和战略性新兴产业。

目前成渝地区已经形成了以新一代信息技术、生物医药、航空航天、新材料、新能源、高端装备、节能环保等为主的高新技术产业格局。成渝地区应立

足自身科研实力雄厚、产业配套能力强、市场潜力大的优势，以重大技术突破和重大发展需求为重点，有针对性地承接高新技术产业和战略性新兴产业。电子信息产业重点承接新一代移动通信设备和下一代互联网核心设备，进行关键部件和模块开发，积极承接软件外包服务，建设离岸数据开发和处理中心、国家重要的信息和软件高技术产业基地。生物产业重点承接生物医药、生物医学工程以及数字医用设备等，建设国家生物高新技术产业基地。航空航天产业“重点承接民用整机研发与制造、大型零部件专业化研发与制造、航空电子系统产品研发与制造、空间服务系统研发与制造等。”① 高端装备产业重点承接航空航天和高速铁路设备、重型装备、发电设备、轨道交通装备、环保装备、风电装备等，打造先进制造业产业基地。

三、引进适宜技术改造传统产业的渐进式升级

（一）坚持引进资本和引进技术并重，多层次引进先进技术

传统产业是成渝地区构建现代产业体系的重要基础，利用产业转移加快传统产业改造升级，是推进成渝地区产业升级的重要途径和重要内容。成渝地区传统产业主要有汽摩、食品、化工、能源、冶金材料、轻纺等，呈现资源消耗大、环境污染严重、技术水平低下等特点。

对于发达国家和地区来讲已经发展成熟并向外转移的大部分产业，对于成渝地区仍旧是处于技术引进发展期的产业。产业转移背景下的传统产业改造升级，就是要适当控制一般技术水平项目引入，着力引进重点产业、重大技术改造项目和先进技术，用先进适用技术改造传统产业装备水平和生产工艺，通过技术升级，开发新产品，加速传统产品更新换代，主动承接资源节约型、生态环保型技术，提升产品技术含量和附加值。为避免重复引进单项技术，成渝地区可以对一些传统产业的共性技术和关键技术进行规划引进和联合引进，引进技术以后，重点加强对引进技术的消化、吸收和二次创新，增强引进技术的适用性，再把技术转移到传统企业当中。具体来讲，包括：装备制造业重点承接成套设备和关键零部件产业；农业重点引进农产品深加工龙头企业；大力承接矿产资源产业化、规模化、精深加工和回收利用技术，对钢铁、有色、煤炭电力等行业设备和工艺进行节能减排改造，发展清洁生产和循环经济；积极承接

① 四川省人民政府关于承接产业转移的实施意见［R］. 四川省人民政府网站，2011－6－3.

精细化工、天然气化工、磷硫化工等化工产业链；重点承接发展中高端汽车整车和关键零部件项目；引进知名企业，培育名优产品，发展纺织服装、皮革、家具、造纸及纸制品产业；引进节能环保、具有自主研发能力的品牌企业，促进家电产业改造升级。

（二）转移企业参与传统工业企业升级改造

加强国内外优势企业对成渝地区传统企业的兼并联合，引导战略投资者参与传统老工业企业的调整改造，通过传统工业企业的组织机制创新，实现传统产业改造升级。可以鼓励外资兼并、收购或者与本土传统企业合资、合营等方式，加快传统产业战略重组。可以通过外资企业对老工业企业注入技术、品牌、管理、营销等要素，解决老工业企业资金、技术和产品困境，使得传统企业也可以融入跨国公司在全球的生产分工体系，重新焕发活力，在激烈的国际竞争中谋求生存和发展。

（三）培育区域传统优势产业集群

单纯以优惠政策和廉价生产要素吸引的产业，大多是两头在外的产业，引进产业与本地产业关联性不强，对区域发展的带动性很差。通过科学规划地方优势产业集群，围绕构建产业集群承接产业转移，将有效发挥产业转移的技术外溢效应，对集群内本地传统产业升级意义重大。根据成渝地区现有传统优势产业发展基础，可规划打造电子信息产业集群、汽车摩托车产业集群、能源化工产业集群、纺织服装产业集群等若干产业集群；可着力引进体现川渝产业优势和区域特色的龙头企业，围绕产业集群集聚发展本地配套企业，强化集群内企业与外来企业的交流学习，加强传统产业技术改造。

第九章

成渝地区承接产业转移的空间均衡效应

产业转移对成渝地区不同空间尺度的影响效应不同。本章从我国东中西部总体地域空间、成渝经济区内部空间、成渝都市圈、区域性中心城市、县域中心镇等不同空间尺度，分析产业转移对成渝经济区不同层次区域空间结构的影响，并提出基于成渝地区内部空间优化的产业承接路径。本书认为，在整个国家地域空间上，成渝经济区的产业承接避免了全国范围内的人口大规模流动和资源长距离运输，有助于我国人口、经济、资源和环境的空间均衡。在成渝经济区内部，产业承接中的规划缺失和引导失效加剧了经济区内部空间极化；在成渝经济区的核心地区，产业转移促进了成渝都市区功能提升和内涵式发展，通过开发区集聚触发都市区空间形态变迁和城市空间重构。对于成渝经济区的外围地区，产业转移间接影响区域性中心城市性质和职能，并推进了县域工业化和城镇化进程，使部分中心镇向中小城市演变。

第一节　成渝地区承接产业转移与我国总体空间均衡

一、推进人口、经济、资源和环境空间均衡

传统意义上的区域平衡发展是指不同地区在经济发展水平上的“均等”现象。在科学发展观和可持续发展理念下的空间均衡，是在考虑不同地区资源禀赋、经济基础、生态本底等条件下的“地理”平衡，是以人为本，与区域资源环境承载力相协调，实现区域持续发展的一种生产力布局状态，其宗旨是

实现区域人口、经济、资源、环境等复合系统的均衡分配和协调发展以及社会福利最大化。空间均衡通过要素流动与产业转移实现空间上的“帕累托最优状态”，使不同地区资源投入获得最大收益、区域比较优势和经济潜力得到最大程度发挥。空间均衡包括区域人口与经济，人口、资源与经济，人口、资源、环境与经济在一定空间上的协调等。

当前，我国空间发展很不均衡，东部地区由于较好的区位优势、开放政策、产业基础和创新能力，工业化和城市化水平不断提高。东部地区的发展一定程度上是通过源源不断吸聚广大中西部地区的劳动力、资金、能源矿产资源等，来维持较高的经济增长速度。但是经过几十年的发展，东部地区面临着环境污染、生态恶化、资源耗竭、能源危机的问题，经济发展已经大大超过了其资源环境承载能力。而以成渝地区为代表的广大西部地区蕴藏着众多东中部地区短缺的能源矿产资源，如四川省作为国家战略资源富集区，矿产资源和水能资源极为丰富，钛、钒储量分别占世界总储量的82%和33%，水能资源占全国的31.9%，较好的资源禀赋优势使成渝地区具备较好的产业发展基础，但成渝地区资源本地开发利用水平低，每年大量资源输送到东部地区。2012年，仅四川省就外送电能270亿千瓦时以上，外输天然气110亿立方米以上，其中大部分送往东部长江中下游地区。成渝地区是我国西部地区最大的人口密集区，也是全国最大的人口流出地，区外流动人口达到1500多万人，占全国跨省流动人口的22%。四川和重庆均是劳务输出大省，2013年四川全省转移输出农村劳动力2400多万人，长三角地区、珠三角地区是主要的输出地。

诚然，空间均衡是指本地空间需求与空间供给的均衡，但一些需求或供给不仅仅由本区域内提供，也可由区外提供。跨区域的资源能源调动，可以使一些环境承载力强、开发条件优越的地区获得较快发展，如我国东部地区，通过西气东输、西电东送等工程，保证了其高速发展。但随着东部地区经济发展进入结构调整和产业升级的新阶段，同时西部先发地区进入工业化的中期阶段，靠牺牲西部利益保障东部发展已不合时宜，此时，产业转移代替要素调动，可成为新时期区域协调和空间均衡的主要手段。支持成渝地区等资源环境承载力强、产业基础好的西部重点开发区承接东部地区产业转移，进行资源就地开采和加工，既可延长东部制造业的生命周期，提高西部工业化进程和产业水平，又可就近解决西部地区剩余劳动力就业问题，避免人口大规模流动和资源长距离运输，有利于我国总体的空间均衡。

二、促进与东部三大经济区协调发展

成渝地区与东部地区长三角、珠三角和京津冀相比，发展差距较大，成渝地区承接东部地区产业转移，有助于缩小与东部三大经济区的发展差距，促进区域协调发展。本部分利用省际层面的数据进行对比分析，成渝地区数据为四川省和重庆市数据加总，长江三角洲经济区数据为上海市、江苏省和浙江省数据加总，珠江三角洲经济区数据为广东省数据，京津冀经济区数据为北京市、天津市和河北省数据加总。

改革开放以来，成渝地区的经济总量高速增加，从 1980 年的 322.03 亿元增加到 2018 年的 61041.32 亿元，增长了 189 倍，但经济总量占全国的比重一直未突破 8%。与东部三大经济区经济总量相比，1980 ~ 2018 年，成渝地区经济发展水平一直处于较低水平，2018 年成渝地区生产总值占全国的比重仅为 6.81%，而长三角、珠三角、京津冀三大经济区 GDP 占全国的比重分别为 20.23%、10.65% 和 9.49%。2018 年成渝地区 GDP 总量仅为长三角地区的 33.64%，成渝地区经济发展水平与东部三大经济区的差距呈逐渐扩大趋势（见表 9 - 1）。

表 9 - 1　1980 ~ 2018 年四大经济区 GDP 总量占全国比重　单位：%

地区	1980 年	1985 年	1990 年	1995 年	2000 年	2005 年	2011 年	2015 年	2018 年
成渝	7.08	6.73	6.35	2.67	6.48	5.71	6.56	6.70	6.81
长三角	17.85	17.15	6.26	7.59	7.94	22.34	21.28	20.21	20.23
珠三角	5.41	6.13	7.88	3.77	9.74	12.22	11.25	10.85	10.65
京津冀	5.15	4.62	5.17	3.95	5.72	11.30	11.01	10.15	9.49

资料来源：历年《中国统计年鉴》。

从全社会固定资产投资来看，2000 ~ 2017 年，成渝地区全社会固定资产投资完成额从 2263.49 亿元扩大到 49439.1 亿元，增加了 21.84 倍，占全国的比例一直呈稳步上升趋势，从 2.28% 增加到 7.70%，呈现出较好的发展前景。但是成渝地区固定资产投资完成额低于东部三大经济区，尤其远低于长三角地区 14.38% 的比重（见表 9 - 2）。

表 9－2　2000～2017 年四大经济区全社会固定资产投资总额占全国比重

地区	2000 年		2005 年		2011 年		2017 年	
	绝对值（亿元）	占比（%）	绝对值（亿元）	占比（%）	绝对值（亿元）	占比（%）	绝对值（亿元）	占比（%）
成渝	2263.49	2.28	5237.20	2.83	31038.05	6.56	49439.1	7.70
长三角	2743.67	2.77	9075.45	4.91	100624.81	21.28	92219.6	14.38
珠三角	3145.13	3.17	6977.93	3.77	53210.28	11.25	37761.7	5.89
京津冀	1772.39	1.79	8462.07	4.58	52074.97	11.01	53066.1	8.28

资料来源：历年《中国统计年鉴》。

经济发展质量是衡量经济区经济发展素质的重要指标，不仅指经济增长速度高低，更重要的内涵为高效率的生产力、低成本的资源环境、优化的经济结构、高水平的创新能力以及均等的福利分配等。通过选取反映经济发展质量的代表性指标，可以发现成渝地区经济发展质量与东部三大经济区差距明显扩大（见表 9－3）。投资产出率为经济区当年地区生产总值与当年全社会固定资产

表 9－3　2017 年四大经济区经济发展质量主要指标对比

内涵	量化指标	成渝	长三角	珠三角	京津冀
高效率的生产力	投资产出率	1.95	1.84	2.40	1.54
	劳动产出率	8.58	16.91	14.17	13.01
低成本的资源环境	单位 GDP 能耗（万吨标准煤/亿元）	0.82	0.38	0.36	0.55
优化的经济结构	三次产业比	9.9∶40.6∶49.5	3.6∶41.7∶54.7	4.0∶42.4∶53.6	1.5∶30.3∶68.2
高水平的创新能力	R&D 经费支出占 GDP 比重（%）	1.75	2.85	2.61	2.52
	专利授权数（万件）	9.90	51.14	33.26	12.30
均等的福利分配	城乡居民收入比	2.53∶1	2.19∶1	2.60∶1	2.26∶1

资料来源：四川、重庆、上海、江苏、浙江、广东、北京、天津、河北 2018 年的统计年鉴。

投资总额之比，反映固定资产使用效率；劳动产出率等于经济区当年地区生产总值除以年末从业人员数；单位 GDP 能耗为经济区能源消费总量与经济区当年地区生产总值之比，反映能源利用效率。从表 9-3 可以看出，成渝地区固定资产使用率和劳动生产率明显低于东部三大经济区，以 R&D 经费支出占 GDP 比重、专利授权数为代表的创新投入和产出能力严重低于东部地区，单位 GDP 能耗高于三大经济区，这说明，与东部三大经济区相比，成渝地区经济发展质量不高，成渝经济发展呈现明显的资源能源依赖型特征，经济发展方式还未从依靠增加物质资源消耗向依靠劳动者素质提高和科技进步转变。

从产业结构来看，与东部三大经济区相比，成渝地区产业结构突出表现为过高的第一产业份额和相对较低的第二和第三产业份额。2017 年，成渝地区第三产业虽然超过第二产业成为经济发展的主要动力，但第三产业比重与东部三大经济区仍有较大差距，成渝地区第三产业比重仅为 49.5%，而京津冀地区高达 68.2%，服务业发展缓慢一定程度制约了成渝地区工业转型升级。成渝地区经济发展水平和发展质量与东部三大经济区差距有明显扩大的趋势，部分缘于改革开放以来成渝地区与东部三大经济区在承接国际产业转移规模上的差距导致。随着我国东部地区产业加快向中西部地区转移，在新一轮西部大开发阶段，成渝地区通过创新产业承接模式，努力提高产业转移效应，将会有助于缩小我国区域间经济发展差距，促进区域协调发展。

第二节　产业转移与成渝地区内部空间极化

一、成渝经济区内部空间地理上的二元结构

成渝经济区包括四川 15 个地市和重庆 31 个区县，是典型的以成都和重庆“双核”带动的双中心城市群。从目前的发展形态看，成渝经济区经济发展具有明显的空间集聚特征，经济发展高度集中在以成都和重庆为核心的都市区范围内，而成渝经济区的中间地带和四川省的环渝腹地则发展缓慢，地理上的二元结构比较突出。成都和重庆的极化效应大于扩散效应，两个极核对整个成渝经济区广大腹地的带动作用并不突出，呈现明显的“中间塌陷”。

成渝经济区人口和经济活动呈现圈层扩散，高度集中在成都都市区和重庆

都市发达经济圈，并以成都为中心向成都市区县及周边扩散，以重庆都市圈为中心向一小时经济圈乃至渝东南翼和渝西南翼扩散。从表 9 -4 可以看出，仅成都都市区和重庆都市发达经济圈就集聚了成渝经济区 14.77% 的人口和 24.2% 的经济总量。以重庆市九城区为核心的都市发达经济圈面积仅占成渝经济区的 2.47%，却创造了 14.53% 的地区生产总值；经济密度为每平方千米 16140.65 万元，比成渝经济区平均水平高 4.90 倍；人均地区生产总值为 95443.22 元，比成渝经济区平均水平高 34702.50 元。以成都市五城区为核心的成都都市区经济密度高达每平方千米 128501.57 万元，地区生产总值占成渝经济区的 9.67%，人均地区生产总值为 117205.20 元，比成渝经济区平均水平高 56464.48 元。第二个圈层为成都市行政区和重庆市一小时经济圈范围，成都市和重庆市一小时经济圈的面积仅占成渝经济区的 19.35%，但却集聚了成渝经济区 37.51% 的常住人口和 51.44% 的经济总量，地区生产总值占据成渝经济区的半壁江山。

表 9 -4　成渝经济区内部空间结构（2018 年）

地区	面积（平方千米）	面积占成渝经济区比重（%）	年末常住人口（万人）	年末常住人口占成渝经济区比重（%）	地区生产总值（亿元）	地区生产总值占成渝经济区比重（%）	人均地区生产总值（元）	经济密度（万元/平方千米）	人口密度（人/平方千米）
成都都市区（主城区）	425.06	0.21	559.5	5.76	5462.09	9.67	117205.2	128501.57	13162.85
重庆都市发达经济圈	5085.54	2.47	875.00	9.01	8208.39	14.53	95443.22	16140.65	1720.57
成都市行政区	12390.00	6.01	1633.00	16.81	13485.27	23.88	86583.15	10884.00	1318.00
重庆一小时经济圈	27525.00	13.34	2009.89	20.70	15566.71	27.56	77852.62	5655.48	730.21
成都城市群	77605.00	37.62	3697.50	38.07	25252.38	44.71	60558.38	3253.96	476.45
重庆城市群	35717.00	17.31	2333.99	24.03	16816.95	29.78	76064.77	4708.39	653.47
南部城市群	42395.00	20.55	1676.10	17.26	6953.02	12.31	36171.89	1640.06	395.35

续表

地区	面积（平方千米）	面积占成渝经济区比重（%）	年末常住人口（万人）	年末常住人口占成渝经济区比重（%）	地区生产总值（亿元）	地区生产总值占成渝经济区比重（%）	人均地区生产总值（元）	经济密度（万元/平方千米）	人口密度（人/平方千米）
东北部城市群	50572.00	24.52	1897.80	19.54	6794.03	12.03	41550.90	1343.44	375.26
成渝经济区	206289.00	—	9711.60	—	56475.09	—	60740.72	2737.67	470.77

注：成都都市区包括：武侯区、锦江区、金牛区、成华区、青羊区五城区。重庆都市发达经济圈包括渝中区、大渡口区、江北区、南岸区、沙坪坝区、九龙坡区、北碚区、渝北区、巴南区九城区。重庆一小时经济圈包括重庆九城区、长寿、合川、涪陵、永川、江津、璧山、綦江、荣昌、南川、大足、潼南、铜梁。成都城市群包括成都市、绵阳市、德阳市、遂宁市、眉山市、雅安市、资阳市和乐山市中区、沙湾区、五通桥区、金口河区、夹江县、峨眉山市。南部城市群包括自贡、泸州、内江、宜宾四市全域以及乐山市犍为、沐川、井研、峨边、马边五县。重庆城市群包括重庆一小时经济圈和广安市。东北部城市群包括重庆市的万州、梁平、丰都、垫江、忠县、开县、云阳、石柱，以及四川的南充、达州。

资料来源：2019 年版《四川统计年鉴》和《重庆统计年鉴》。

《成渝经济区区域规划》将成渝经济区的重点区域划分为成都城市群、重庆城市群、南部城市群和东北部城市群四个城市群。从经济区内部四个城市群来看，四个城市群发展也极不平衡。从城市群经济总量来看，2018 年成都城市群和重庆城市群分别实现地区生产总值为 25252.38 亿元和 16816.95 亿元，分别占成渝经济区的 44.71% 和 29.78%，共计 74.49%，人均地区生产总值分别为 60558.38 元和 76064.77 元，远大于南部城市群和东北部城市群的 36171.89 元和 41550.90 元。东北部城市群每平方千米面积实现地区生产总值仅为 1343.44 万元，南部城市群为 1640.06 万元，而重庆城市群和成都城市群经济密度高达每平方千米 4708.39 万元和 3253.96 万元。成都城市群和重庆城市群两个核心的极化效应明显，且呈离心发展趋势，以南部城市群和东北部城市群为主的中间地带发展缓慢，成渝经济区中间地带形成明显的“经济发展洼地”，经济区内部空间发展很不平衡。

通过优化成渝经济区产业空间布局和产业转移秩序，可以促进经济区内部空间协调发展。但是，由于经济区内部行政分割，缺乏对产业转移高层次的引导、约束与协调，产业转移不但没有促进经济区内部空间结构优化，相反却加剧了经济区内部发展的不平衡。

二、成渝经济区承接产业转移的内部空间极化效应

成渝经济区区域内部经济发展很不平衡，产业基础差异较大，加上长期以来产业转移发展规划的缺失和宏观引导失效，在政绩考核的诱导下，成渝经济区地方政府招商引资存在非理性竞争。承接产业转移高度集中于资源承载能力较好、综合实力较强的重点开发区，尤其是以成都、重庆为中心的城市群和都市圈内，承接产业转移的空间极化效应明显，承接产业转移一定程度上加剧了成渝经济区内部区域发展的不平衡。2010 年，成都市实际使用外商直接投资额占四川全省21 个地市州总量的82.14%，而居于第二、第三位的德阳市和绵阳市实际利用外资总额占比仅为2.56%和2.55%（见表9-5）。成绵乐经济带承接产业转移数量占据成渝经济区四川部分的94.76%，占整个四川省的91.1%。2017 年，成都实际利用外资占全省比重仍高达76.11%。可见，四川省外商投资集聚趋势一直存在。2007 年重庆市确立了“一小时经济圈”和渝东南、渝东北“两翼”的“一圈两翼”互动发展格局。重庆市吸引外资的空间分布也极不平衡，重庆市一小时经济圈实际利用外资占全市比重接近90%，且主要集中在渝中区、九龙坡区、江北区和沙坪坝区，一小时经济圈实际利用内资约占78%。针对产业转移“极化”的现实，成渝经济区需要加强对产业转移的统筹指导和协调，建立区域内部层级有序的产业转移与承接的协作体系。

表9-5　成渝经济区四川省15 地市实际利用外资情况　单位：%

地区	占四川省比重		地区	占四川省比重	
	2010 年	2017 年		2010 年	2017 年
四川省	100	100	乐山市	1.56	0.40
成都市	82.14	76.11	南充市	0.31	0.88
自贡市	0.25	0.06	眉山市	2.30	1.02
泸州市	0.52	1.59	宜宾市	0.69	0.40
德阳市	2.56	1.02	广安市	0.41	0.57

续表

地区	占四川省比重		地区	占四川省比重	
	2010 年	2017 年		2010 年	2017 年
绵阳市	2. 55	1. 28	达州市	0. 85	1. 17
遂宁市	0. 39	0. 43	雅安市	0. 59	0. 06
内江市	0. 78	3. 40	资阳市	0. 24	1. 24

资料来源：笔者根据《四川统计年鉴》整理。

第三节　产业转移与成渝地区中心城市空间重构

城市空间重构是城市经济活动经过集聚和扩散导致的空间结构变动。在经济全球化和经济转型背景下，中心城市可以通过承接产业转移，重塑城市内部空间结构，提升城市竞争力。

一、产业转移与成渝都市区空间结构优化

（一）产业转移通过开发区触发城市空间形态变迁

对于单个城市而言，产业转移与承接是增强城市经济活力、塑造城市品质、改变城市空间形态、推动城市建设的重要力量。转移企业空间区位的选择过程，将引起单个城市自身空间形态的变化，引起城市腹地不断扩张。外资在中心城市的集聚特征表现为，高端服务业外资集中在市中心区，制造业外资聚集于各类开发区。

各类开发区由于完善的基础设施配套、高效的管理体制、优越的政策条件以及区位、科技、人才优势等，成为各类产业转移的主要承接地。外资通过对各级各类开发区的持续投资，促使城市空间结构发生变化。开发区一般布局于城市边缘区和城乡交界区，这使它既能分享大城市便利的交通和通信基础设施，获得成片廉价的土地，又有相对良好的生态环境条件。在以开发区为先导的快速城市化和工业化发展过程中，外资、非公经济的集聚和转移企业的集中布局，将在较短时间内完成产业和人口的地域空间集聚，引致中心城市空间规模高速扩增。

开发区从成长到成熟的过程，是从极化效应为主转化为扩散效应为主的过程，在这个过程中，开发区对母城的反哺意义凸显。在开发区的成熟阶段，日益成熟的基础设施和日趋完善的社会服务功能，使开发区成长为城市发展的新城区，并表现出对周边农村地区极强的辐射与带动力。城市发展模式呈现出以老城区为核心，以各类开发区为若干经济增长点，向周围地域逐步扩张的城镇化发展模式。根据经济开发区与主城区的关系，可以把开发区的区位选择划分为独立型、近郊型、远郊型和市区型。[①] 开发区的区位选择使中心城市空间形态从单中心集中型向多中心（中卫型、双子城）结构演变，由圈层结构向星状结构或者点—轴—带式结构拓展。

成都高新技术产业开发区以及经济技术开发区是成都市吸引国内外产业转移的两个主要阵地，尤其以成都高新区为主。成都高新区在外资引领下的快速发展，较大程度改变了成都中心城市形态。从 1988 年筹建时南部园区 2. 5 平方千米的起步区，到 2001 年设立 35. 5 平方千米的西部园区，目前，成都高新区托管和共建面积 657 平方千米，形成了“一区四园”的总体布局。2018 年，成都高新区实现地区生产总值 1877. 8 亿元，占成都地区生产总值的 12. 2%，占全省地区生产总值的 4. 6%。截至 2018 年，成都高新区聚集市场主体 17. 5 万余家，其中经认定的高新技术企业 1514 家，高新区不断发展壮大。结合成都主城区的地缘条件、文化底蕴和科技人才资源，高新区成为高端产业的承载区、高端人才集聚区、城市新兴功能的拓展区。高新区与成都主城区融合互动，成都市空间规模不断扩大，城市功能得到提升。目前高新区已经融入了以老城区为中心的放射状发展的洪流中，其交通网络已经成为中心城市的组成部分，在连接城乡、促进新建地区城市化方面效果显著。成都市已经由传统的中心圆式圈层拓展结构，演变为以主城区为中心，以高新南区、高新西区、东部新区、经开区为主要节点的触角式发展格局。

与成都都市区不同，重庆都市区担负着以“大城市带动大农村”的重要任务。都市区必须通过高度工业化成长为全域经济增长极，通过主城区的老工业企业搬迁、技术梯度转移等，把主城区产业向外围组团疏解，梯级带动更大范围的外围组团。目前，重庆市承接产业转移主要集中在一小时经济圈的两江新区、高新技术产业开发区和重庆经济技术开发区内，并形成三区三足鼎立、相互带动的局面。重庆市都市区城市空间结构也经历了由“大分散、小集中”到“多中心、组团式”再到“多核延连扩展”的变迁脉络。

---

① 朱传耿．外商直接投资对城市发展的影响效应研究［J］．中国软科学，2004（3）：111－129.

（二）高端产业转移促进城市功能提升和城市内涵式发展

高端产业转移的区域聚集加速了中心城市的现代化进程，有效提升了中心城市的开放性和国际化水平。外资在区域中心城市的集聚以及对城市的不断渗透，导致城市的生产性服务业水平不断提高。以跨国公司为主的产业转移强化了城市传统产业的更新和新兴产业的形成，将城市提升为全球产业链的重要节点。处于高梯度地区的核心城市将低端产业转移到低梯度区域，同时集聚更优质要素支撑城市升级，可以实现城市内涵式发展，提升城市化质量和水平，提高城市层级，从而进一步强化辐射带动能力。截止到 2018 年，世界五百强企业中已经有 285 家抢滩成都，主要来自欧美、日韩等发达国家，涉及电子信息、汽车、航空制造等工业领域，以及金融、保险、商业零售、物流等现代服务业领域。成都高新区注重引入高端产业和产业高端，承接产业转移主要集中在电子信息、生物医药、精密机械制造三大主导产业，有效提升了成都国际化和现代化水平。高新南区是成都新一轮城市总规确定的成都新经济活力区，高新西区是成都电子信息产业功能区核心载体，成都东部新区是成都“东进”主阵地，高新区已经成为成都对外开放的窗口，成为成都强劲发展的增长极。

外资对中心城市中央商务区（CBD）的形成和功能提升作用明显。大量中外金融机构、跨国公司总部、高档写字楼和住宅、高级购物中心和卖场集中在 CBD，使中心城市中央商务区的核心功能不断完善，商务活动等级不断提升。截止到 2018 年 9 月，成都市已吸引花旗、渣打、汇丰、三菱东京日联银行、华侨银行、有利银行等 16 家外资银行，有家乐福、欧尚、易初莲花、沃尔玛、麦德龙、伊藤洋华堂等国际零售业巨头入驻 CBD。重庆市有加拿大丰业银行、渣打、荷兰银行、汇丰银行等多家外资银行，以及美国利宝、中美大都会人寿和中新大东方人寿等外资保险机构。外资金融机构入驻显著提升了成都和重庆的国际化品质。

外资在开发区集聚也带来社会空间分异，吸引大量的农村转移人口和外来高层次人才迁入。这些从业人员居住在开发区附近的小城镇，有效提升了人口城镇化进程，增强了城市的包容性。外资往往带来高知识、高技能群体，从而显著提升了城市的人口素质，激发了城市活力。成都高新区注重吸引以归国留学和博士为主的高端人才，“截至 2012 年底，成都高新区人才总量已达 22.8 万人，高新区累计引进的高层次创新创业人才超过 1000 人，其中海外留学和博士创业人员 682 人，创办企业 474 家，聚集国家千人计划 13 人，四川省百人计划 56 人，成都人才计划 57 人。”①

重庆市从 2002 年起，开始实施“退二进三”“退城进园”战略，引导加工、低附加值工业向周边区县转移，都市区重点发展生产性服务业以及总部经济等，形成了以都市区为核心，各具特色的多组团产业布局结构。中心城市通过退二进三，实现城市内部不同功能分区的产业转移。将母城的传统制造业转移到开发区，可以实现老城区功能疏解、旧城改造和功能提升，通过开发区与老城区的功能整合，实现母城结构调整和转型。

二、产业转移对区域性中心城市的影响

以地级市为主的区域性中心城市承接产业转移带来的影响，与成都、重庆等特大城市不同。区域性中心城市开放水平较低，承接产业转移带来的效应主要体现在提升城市经济总量、影响城市产业布局，以及改善城市环境方面，产业转移对城市化的影响呈现间接性。

（一）影响城市性质和职能

城市的性质并不是一成不变的，会伴随城市内外环境的变化而相应改变。承接产业转移会在一定程度上影响城市性质，其内在逻辑为：城市为吸引产业转移，必须不断优化投资环境，挖掘发展潜力，进行城市品牌营销；当承接产业转移的数量达到一定规模，构成市情的要素发生变化后，城市职能就会相应改变。

遂宁市是位于成渝地区地理中心以及成渝两核之间的区域性次级中心城市和重要交通节点，历来是一个以食品饮料、化工、商贸物流等轻工业为主的城市。随着承接产业转移规模的不断扩大，遂宁市城市性质和城市发展目标也相应发生变化。1999 年四川省政府批准的《遂宁市城市总体规划》，定位其城市性质为：川中中心城市，以发展纺织、食品、化工为主的轻工业中等城市。2003 年新的城市总体规划定位其城市性质为：四川重要的交通枢纽、盆中商贸中心、成都和重庆经济区结合部重要中心城市及园林生态城市。《遂宁市城市总体规划（2013－2030）》定位其城市性质为成渝经济区的区域性中心城市，规划其城市发展战略为“成渝合作和区域合作的连接点、承接现代产业转移的理想地、具有遂宁特色的现代产业高地、现代生态

① 佚名．成都高新区引进高层次人才突破千位数［J］．硅谷，2013（7）：42.

田园城市”，并承担川渝协作示范区的城市职能。遂宁市在成渝地区中的定位，也由川中中心城市，演变为成渝经济区中心城市，由轻工业城市转变为现代产业高地，由川中商贸中心演变为川中现代服务业基地。遂宁市城市发展定位的演变，与伴随产业承接而带来的产业发展壮大、城市经济实力增强密切相关。

2018 年，遂宁市地区生产总值达 1221.39 亿元，人均 GDP 为 37943 元，三次产业结构由 2000 年的 34.4∶33.1∶32.5 调整为 2018 年的 13.6∶46.3∶40.1，第二产业、第三产业对经济增长的贡献率分别为 53.2% 和 41.2%，形成了绿色食品、油气盐化工、高档家纺及服装、机械配套四大优势产业和电子信息、生物工程、绿色能源三大潜力产业。遂宁市通过承接产业转移成长为四川省次级突破的强力支撑和成渝经济区重要的区域性中心城市。遂宁以建设生态田园城市为目标，以绿色、低碳、循环、高效理念承接高端产业，不断提高产业转移承载力和服务配套能力。在没有产业基础和技术基础的条件下，遂宁瞄准成都、重庆电子信息产业龙头配套的需求，“无中生有”引入科技含量高、节能环保的电子信息配套产业，以“成渝之心”的优势大力引进现代物流企业，高端产业的大量承接使遂宁成长为全省先进制造业基地。

（二）改善城市环境，提升城市品质

产业转移倒逼区域性中心城市环境改善。为在激烈的产业承接竞争中赢得一席之地，承接地必须不断改善投资环境，包括政务环境、人文环境等软件环境以及基础设施等硬件环境。城市环境改善和承接产业转移互为前提、互相促进，优良的城市品质会吸引更高层次产业转移，承接高端业态又丰富了城市的深刻内涵。

遂宁市以建设“承接现代产业转移的理想地”为目标，将现代生态文明理念融入城市规划和城市建设，打造生态宜居的国家名城。坚持产业集中布局，注重产城融合发展，其中遂宁国家级经济开发区、西部现代物流港和河东新区已经成为中心城市的重要组成部分。遂宁国家级经济开发区重点承接发展电子信息、生物医药、科技研发等产业，河东新区发展旅游、服务外包、文化创意，打造高品质城市新区，西部现代物流港强调生活配套设施和隔离绿地建设。这些承接产业转移园区不仅扩充了中心城市面积，而且显著提升了城市品质，使遂宁成为充满活力的现代产业城市。

为适应配套成渝、产业壮大的需要，遂宁市编制了比较超前的综合交通规划，规划建设了“三纵三横”的铁路干线和“一环九射”的高速公路网络；

实现建成主城区到各区县的“30 分钟交通圈”，连接周边地区 7 个方向的 19 条对外大通道，实现铁路客运专线一小时到达成都、重庆，高速公路一个半小时到达成都、重庆、绵阳，全面融入成渝“60 ~ 90 分钟”城市圈，这为遂宁承接成渝产业转移提供了有力支撑。

三、产业转移驱动下的县域城镇化

（一）县域城镇化发展的典型模式

2013 年 12 月召开的中央城镇化工作会议指出要“全面放开建制镇和小城市落户限制，推进农业转移人口市民化；强化城市间专业分工协作，增强中小城市产业承接能力”。[①] 中心镇和小城市是推进我国新型城镇化和统筹城乡发展的基础。县域城镇化是农业转移人口迁移和非农产业集聚的过程，当前我国县域工业化和城镇化发展的典型模式主要有“温州模式”“苏南模式”和“珠三角模式”。“温州模式”是利用民营化和市场化，以个体经济为主要内容，以家庭工业和专业化市场为主要特点的区域发展模式。“苏南模式”是通过发展乡镇企业实现农村工业化的模式，其特点主要是基于转移农村剩余劳动力，为城市经济配套，走以非农副产品加工为主的产业道路。“珠三角模式”的特点是通过外资带动、以出口导向型为主发展外向型经济，基于毗邻港澳台区位优势，承接“三来一补”加工贸易等边际产业转移，实现县（市）域工业经济快速发展。

对于广大中西部地区欠发达县域来讲，在全球和我国东部地区扩张产业向中西部地区加速转移的形势下，以产业转移带动县域城镇化发展具备一定的现实可能性，但这并不意味着照搬“珠三角模式”，关键在借助产业转移外部推力作用下，实现工业化和城镇化协调发展，培育县域经济发展的内源动力。

（二）产业转移影响下的县域城镇化发展

随着发达地区产业加快向内陆地区转移，县域成为内陆地区承接产业转移的重要载体，这为内陆地区县域城镇化带来了快速发展的契机。承接产业转移加速了县域工业化和城镇化进程，为县域城镇化注入了强大的经济动力。部分

① 习近平在中央城镇化工作会议上发表重要讲话［R］. 新华网，http：//news. xinhuanet. com/politics/2013 - 12/14/c_125859827. htm.

区位和政策条件较好的县城和中心镇借助外来资本落地生产，由中心镇向中小城市演变。

产业转移是引领县域经济发展的增长点。县域工业项目大多是外部引进的，随着外来产业的增多，吸引了大量县外务工劳动力回流和农村剩余劳动力进入，带动了县域的非农化和人口城镇化。在县域主体功能区限制下，转移产业集中分布在县城和重点镇上，形成了以县城为中心的县域城镇化空间格局。某些中心镇由于重大项目的带动，发展成为工矿型的中小城市。县域经济在产业转移外部动力的带动下，实现转移产业的地方化并形成产业集聚。随着产业发展的集聚效应和规模经济，地方政府通过加强城镇发展规划引导，加强城镇基础设施配套，从而实现县域工业化和城镇化的融合发展。

产业转移导致土地利用和景观发生变化。随着以开发区为主导的城镇建设用地迅速扩张，大量农业用地转换为非农用地，农村景观转化为富有特色的现代城市景观，从而促进了城乡经济融合。

（三）产业转移驱动成都龙泉驿区工业化和城镇化融合发展

作为成都中心城市东部副中心的龙泉驿区是成渝地区典型的以承接产业转移带动城市发展的城市之一。龙泉驿于 1960 年设为市辖区，一直以来以传统农业发展为主，以优质水果、蔬菜、畜禽为主的特色农业和都市休闲农业、观光农业是其主要特色。位于境内的成都经济技术开发区始建于 1990 年，2000 年确定为国家级经济技术开发区，2005 年开发区实现了汽车产业从无到有的突破。龙泉驿区在国家级经济技术开发区的带动下，成功从以都市农业为主的传统的农业区跨越发展为以汽车产业为主的现代工业区。2018 年龙泉驿区实现地区生产总值 1302. 8 亿元，人均（常住人口）地区生产总值 14. 58 万元，城镇居民人均可支配收入 4. 2128 万元，农民人均纯收入达到 2. 7742 万元，区域经济综合实力连续六年位于全省十强区（市）县第一位，综合实力位居全国 219 家国家级经开区第 19 位、全国百强区第 28 位。

龙泉驿区经济发展与有效承接产业转移密切相关，龙泉驿区实际利用外商直接投资与人均地区生产总值呈正比例变动关系。2004 ~ 2012 年，龙泉驿外商直接投资规模增长了 21. 88 倍，平均增长速度为 52. 95%，出口总额从 0. 34 亿美元上升到 4. 91 亿美元，人均 GDP 增长了 3. 64 倍。2006 ~ 2018 年，龙泉驿吸引国内区外资金从 38. 17 亿元增加到 314 亿元，三次产业比例关系从 2005 年的 16. 4∶46. 4∶37. 2 优化调整为 2018 年的 2. 2∶75. 9∶21. 9。位于龙泉驿区的国家级经开区——成都经开区是四川省汽车产业发展的核心区，目前集聚了

11 家整车企业，聚集了 300 余家汽车零部件企业和一批汽车产业高端项目。2018 年，实现整车产量 123.7 万辆，形成了整车制造、零部件生产、研发设计、贸易博览、文化娱乐于一体的全产业链格局。以汽车制造为载体，龙泉驿区总部经济加速集聚、现代服务业升级发展，正加速建设成为一座高品质的现代新城。龙泉驿区走出了一条以产业转移带动县域工业化城镇化融合发展的新路径，成为中西部地区县域经济发展的典范。

第四节　基于成渝地区内部空间优化的产业承接路径

产业转移是产业在空间上的重新组织过程。成渝经济区可以通过对产业转移与承接的规划和引导，支持首位城市高端承接，提升整个经济区域的开放度和影响力；通过区域内部不同等级城市之间的产业传递，实现区域内部的均衡发展；通过发挥不同城市的区域特色，形成多层次的产业转移分工体系，使成渝经济区成为整体竞争力强大、内部均衡协调的西部产业转移理想区域。

一、成渝都市区承接高端产业转移

成渝经济区是典型的以成都、重庆双核带动发展的经济区。成渝经济区要成长为中国经济增长的“第四极”以及深化内陆开放的实验区，必须发挥成都、重庆双核的经济发展双引擎和对外开放门户城市作用。在成渝经济区内部极化的现状下，支持成渝“双核”承接产业转移，并不是意味着继续极化“双核”作用，而是强调高端承接，使成都、重庆成为成渝经济区在更高层次参与全球化分工的平台和窗口。重庆和成都两个国际化大都市是成渝经济区参与全球分工的主要载体，应集聚和承接辐射西部、影响全国的核心要素和高端产业。

重庆市已形成了电子信息、汽车、装备制造、化工等优势产业集群，工业园区规模以上工业总产值占全市比重超过 70%，承接产业转移的基础和平台较高。未来重庆都市区应以现有产业为基础，承接先进制造业、高技术产业和现代服务业转移，大力发展总部经济，建设国际大都市；电子信息产业引进跨国公司与国内龙头企业研发总部、结算中心；汽车产业提档升级，大力引进中高档车和发动机等关键零部件；装备制造业和石油化工产业重在延伸产业链；积极引进世界知名外资金融机构在渝设立西部总部、分支机构和功能性服务中心；推进两路寸滩保税港区和西永保税区加工贸易转型升级，引进电子商务、现代物流等现代服务业；依托重庆国际博览中心，引进会展博览、创意设计等文化产业，强化国家中心城市龙头引领和辐射带动作用。

未来成都主城区应重点承接金融商务、总部经济、文化创意等高端服务业，积极引进区域性金融机构总部、研发、结算、培训中心，接纳国内外服务外包业务；天府新区应重点承接会议博览、创新研发、信息技术等功能，高新区和经开区应重点承接电子信息、生物医药、汽车及工程机械产业，将传统制造业、商贸物流、仓储等功能向外圈层疏解。

二、合力打造具有国际竞争力的产业集群

依托成渝地区电子信息产业和汽车摩托车产业集聚优势，在竞争中合作，整合全球要素资源，重点引进优势产业集群中的龙头企业和核心技术，合力打造汽车摩托车、电子信息等产业集群，提升产业集群的国际竞争力。以全球视野谋划和推动创新，实现电子信息、先进制造领域核心技术重大突破，强化引进、消化、吸收、再创新，完善产业支撑服务功能，提升产业集群在世界分工体系中的地位。围绕培育全球性产业集群，积极构筑创新、人才、融资、营销、物流功能平台，促进要素跨行政区有序流动和有效整合。以优势产业集群为支撑，实现成渝经济区全国重要现代产业基地的战略定位。

三、内部城市群合理分工承接产业转移

产业转移要和优化区域布局相结合，通过产业转移加强区域内部以及区域之间的经济联系，打破地区封锁和行政壁垒。成渝经济区内部发育并成长着四大城市群，即成都城市群、重庆城市群、南部城市群和东北部城市群。四大城市群经济发展水平和资源环境承载力有较大差异，应根据四大城市群各自的工业基础、区位优势、资源状况等，合理确定四大城市群承接产业转移的分工，发挥区域各自比较优势，建立城市群内部承接产业转移的协同机制。

第一，成都城市群。成都城市群以成都为核心，包括德阳、绵阳、眉山、资阳、遂宁、雅安以及乐山部分县市。成都城市群是成渝经济区内部实力最强的城市群之一，2018 年 GDP 达到 25252.38 亿元，占成渝经济区 GDP 比重 44.71%；已经形成较为完备的现代产业体系，电子信息、重大装备、汽车制造、航空航天、新材料、生物医药等特色优势产业发展迅猛。2012 年外商投

资实际到位 92 亿美元，占四川省的 93%，进出口总额达到 548 亿美元，占全省 92.7%，产业转移成效显著。成都城市群应重点营造与国内外市场接轨的制度环境，加快建设西部地区承接产业转移的示范平台；优化利用外资结构，以世界知名企业和现代高端产业为目标，实施“招大引强”战略，推动电子信息、汽车制造、油气化工、新能源等重大产业迅速崛起，向产业链条高端延伸；以国家级开发区、高新区和海关特殊监管区为载体和平台，建设全球知名跨国公司和企业集团重要的区域总部基地、制造基地和研发中心。成都城市群内部应以产业链跨区域布局、共建产业合作园区为重点，以电子信息、装备制造、汽车制造等产业链延长为方向，推进城市群内各城市间产业协作配套，成都、绵阳、乐山、遂宁等城市构筑以笔记本电脑、智能家电等为主的电子信息产业链，成都、资阳、绵阳构筑汽车整车及重要零部件产业链，成都、德阳、眉山、资阳完善装备制造产业链布局。

第二，重庆城市群。重庆城市群以重庆主城区为中心，包括涪陵、万盛、长寿、江津、合川、永川、南川、双桥、綦江、潼南、铜梁、大足、荣昌、璧山和四川广安，2018 年实现地区生产总值 16816.95 亿元，占成渝经济区 GDP 比重的 29.78%，是以电子信息、汽摩制造、能源化工、新型材料、商贸物流为主导的城市群。重庆都市区应在重点承接电子信息、新材料、装备制造等高端制造业以及总部经济的基础上，重点加强重庆城市群内部次级城市与重庆主城区的产业对接，在产业布局上错位发展，实现优势互补。

第三，南部城市群。南部城市群包括自贡、泸州、内江、宜宾四市及乐山五县，2018 年地区生产总值为 6953.02 亿元，占成渝经济区的 12.31%。城市群内食品饮料、能源、机械制造、化工、轻纺产业优势突出，工业基础较好，但产业转型升级和老工业基地调整改造压力大。南部城市群应以能源电力、综合化工等优势产业为重点，加强产业园区对接与合作，共同打造优势产业链群；坚持符合城市定位的引资战略，进行优势互补与整合，共同打造“川南”承接品牌，联动搭建融资平台，联动推进区域招商引资；以推进产业结构优化升级和提升产业创新能力为重点，大力承接装备制造、新能源、生物医药等先进产业，积极承接发展资源精深加工产业和劳动密集型产业，鼓励国内外战略资本参与老工业企业调整改造。

第四，东北部城市群。东北部城市群包括万州、南充、达州、开县、云阳、忠县、梁平、垫江、石柱、丰都，是以石油天然气精细化工、轻纺服装、新能源、新材料、冶金建材、农产品加工、商贸物流为主的城市群。东北部城市群应依托天然气资源优势，引进天然气化工、能源产业大企业和配套企业，培育和延伸天然气产业链；借助成渝两地资源，承接汽车零部件企业，提高汽车整车配套能力；积极承接纺织服装产业转移，尤其要引进知名品牌服装企业，提升产业集聚度；依托农业资源优势和劳动力成本优势，承接产业转移，打造饮料食品、中药制造产业链条。

四、毗邻地区构建川渝合作承接产业转移示范区

以成渝经济区一体化发展为目标，在川渝毗邻地区广安（已建）、达州、内江、遂宁、泸州、潼南等城市建立川渝合作产业转移示范区，加强毗邻地区与成渝“双核”的技术合作和产业互动，通过承接“双核”产业转移，实现川渝毗邻欠发达地区与“双核”产业衔接配套和分工协作。毗邻地区城市应结合各自资源禀赋和产业基础，深入研究成都、重庆发展需求和区域战略，主动接受成都、重庆辐射，为成都和重庆进行产业配套，实现借力发展、错位竞合，做好配套的同时发展自己。

川渝合作承接产业转移示范区的建设要以政府推动的形式，推动行政区经济向经济区经济转变。在承接成都、重庆产业转移过程中，要加强政府间交流和引导，创新区域良性互动的新机制，不仅做好规划衔接，还要加强基础设施、市场体系、城镇发展等方面的统筹规划，建立良好联动机制。

广安市是目前四川省唯一确立的川渝合作示范区，已经与重庆共建了子中—大湾工业园和街子—沙鱼工业园，通过园区共建，承接重庆产业转移。位于广安川渝合作示范区核心区的广安国家级经济技术开发区通过吸收利用外资，形成了以高新技术产业为主的现代工业结构。示范区应进一步加强与重庆的产业融合，积极发展并承接汽车及汽摩零部件制造业，加快制造业协作配套；加强对重庆西永微电子产业园、成都高新技术产业开发区的产业配套，重点发展电子部件、光电器件、集成电路等电子信息产业；融入重庆、成都战略性新兴产业链，发展高性能纤维及复合材料；深入开展与成都、重庆科研机构等的科研合作。

达州是四川省整体纳入环渝腹地经济区块的唯一城市，达州市以“服务重庆、承接转移、形成基地、借力发展”为主要任务，积极承接重庆产业转移，2012 年达州招商引资中 50% 的资金均来自重庆。未来达州应承接重庆汽摩配件产业、机械装备制造配件产业、医药化工、轻纺产业转移，打造重庆工业产品的配套基地、重庆农产品供应基地、重庆大都市的休闲度假基地。

内江地处成渝之心，具有连接双核、承接辐射、产业配套的比较优势。当

前，在“配套成渝、错位发展、彰显特色”的战略指引下，内江争当川渝合作的桥头堡，以巨腾国际、厦门海德集团为主导的内江经济开发区城西工业园蓬勃发展，九阵、柏腾、大世纪、立野电子等电子信息配套企业落户内江，使内江作为成渝经济区电子信息产业配套基地强势崛起。川渝经济合作隆昌工业园以承接机械汽配、纺织服装、食品医药等产业为主，成为川渝经贸合作的前沿平台，已落户中国旺旺食品、南京雨润、中国铁建、长安汽车、天视车镜、维尔康动物药业、都英羽绒等知名品牌企业50多户。未来内江应积极融入成渝电子信息、汽车制造等重点产业链发展，打造成渝地区电子信息产业配套基地、汽摩零部件制造基地。

在成都和重庆作为西部地区笔记本电脑研发和生产主战场的大格局下，遂宁市应借助区位和交通优势，以遂宁经济技术开发区为平台，进行电子信息产业协作配套，重点发展光电子、微电子、计算机关键设备，大力引进笔记本电脑配套企业，争当成渝电脑元器件生产的“大后方”。同时，应主动配套成渝机械产业，着力发展汽车及零部件、石油机械等机械制造业，建成成渝经济区机械配套产品制造基地。

第十章

成渝地区产业承接与价值链地位提升策略

区域产业承接与价值链升级是一个系统工程。本章从“产业、空间、企业、制度”四个维度构建成渝地区产业承接与价值链地位提升的策略体系，具体包括：优势产业价值链对接的产业升级策略、城际价值网拓展的空间优化策略、本土企业价值链环深化的企业转型策略、优化市场环境和制度成本的制度保障策略。

第一节　产业升级策略：优势产业价值链对接

一、培育基于价值链特定环节的功能性产业集群

国内价值链重构下的产业升级策略主要体现为培育基于价值链特定环节的区域功能性产业集群，构建联动东西、优势产业对接的重点产业价值链。我国传统的区域间产业转移模式主要以边际产业转移和顺梯度转移为主，但是，当前产品内价值链分工代替产业间分工成为区域间产业分工的主流形态，单一的东部、中部、西部顺梯度产业转移模式并不利于我国价值链空间重构，东部、中部、西部省份应以国内价值链功能提升、网络完善为目标导向，遵循价值链空间演化规律，分别依托比较优势嵌入国内价值链相应的工序环节，进行以价值链为基础的链式化转移与承接。对于成渝地区来讲，应认真梳理成渝地区的优势产业集群和产业链条，科学评价区域主导产业价值链嵌入位置和增值能力，根据不同产业价值链嵌入位置、比较优势与升级潜能，设计差异化与适宜

性的价值链升级模式。要以装备制造、电子信息、汽车摩托车、轻纺食品、能源化工等产业集群为重点，针对产业链条的关键链条、薄弱链条以及缺失链条，列出清晰的承接产业转移清单，瞄准相关产业链条的国内外龙头企业，做好承接准备，加大对口招商力度，创新以价值链重构为导向的区际产业对接模式。

二、提升产业价值链配套协作能力

首先，充分利用国内市场积极打造国内价值链。国内本土市场需求在国内价值链的构建中扮演了重要的角色，内需是国内价值链孕育的土壤，构建自主知识产权与自主品牌，离不开较大规模中高端本土市场需求的支撑。本土企业通过掌握产品价值链的核心环节，在国内本土市场上获得品牌和销售终端渠道等产品链高端环节的竞争力，然后再进入到区域或全球市场的价值链分工生产体系，参与国际竞争。本土企业在充分利用国内市场的同时，利用“一带一路”契机，进入区域市场，获得一定竞争力，再进一步融入全球市场，从而有阶段性地融入全球价值链中，参与国际竞争。

其次，积极围绕国内价值链集聚承接配套企业。依据成渝地区已有产业集聚优势，重点引进与本地优势企业关联度强的项目，承接国内外名牌产品生产基地转移；借助龙头企业成熟的销售网络，加强本地企业供应链嵌入和配套，承接发达地区零部件或初级产品生产基地转移，实现产业供应链本地化和跨区域产业结构调整。积极扶持本地配套企业发展，加强本地企业对引进龙头企业的生产配套和服务配套，在协作配套中积极学习、消化吸收移入企业的先进技术和管理方式，积累并提升自主创新能力。引导配套企业融入转移龙头企业产业集群体系，按照产业链进行专业化分工，提高生产效率。以龙头企业为依托，鼓励配套企业组建产业联盟，共同争取订单，建立龙头企业与配套企业协作配套的信息平台和工作机制。

三、系统提升区域产业转移承载能力

第一，增强开发区的产业承载能力。高起点、高标准建设工业园区，加强各类开发区通信、供水、供电、供气、环保等公用设施建设，加强开发区与中心城市、综合枢纽场站、港口的通道连接，提升开发区区位优势。提升园区综合服务功能，加强园区内教育、科技、金融、物流、电子商务、居住等服务功能，为承接产业转移提供服务保障。建立透明的服务和管理体系，推行“一站式”服务，创新开发区管理模式和运行机制，鼓励建立跨区域的合作共建园区和“飞地”园区。高水平建设综合保税港（区）、出口加工区、自由贸易区，把开发区建设成为成渝地区参与国际产业分工的重要平台。加强毗邻园区之间招商引资的协作联动，争取在成渝地区建立国家级承接产业转移示范区。

第二，提升各类城市的产业承载能力。要壮大中小城市，实施点域扩展，培育承载产业转移的增长极。成渝经济区地域广泛，涵盖重庆31个区县、四川15个市，城镇分布密集且发展水平参差不齐，因此，在承接产业转移过程中，不能采取平均主义方法，应集中力量，优先扶持一批有条件的中心城市和重点城镇加快发展，推动建立带动次区域发展、各具特色的增长极，通过增长极辐射带动整个成渝经济区发展。同时，需要完善城市功能，加快城市建设，坚持工业园区和城市新区相互融合，繁荣城市经济；需要加强城市间交通等重大基础设施建设，加快推进经济区内四大城市群发展，以城市群凝聚合力，做强承接产业转移平台。

四、构建经济区产业转移协作体系

不同于以开发区、中心城市为单位的产业转移，成渝经济区作为跨越行政边界，涉及46个不同等级城市的广大区域，承接产业转移工作需要以整个经济区的整体利益为核心，以实现经济区总体定位为目标。鉴于成渝经济区内不同地区和城市经济发展的差异性，应建立区域内部不同地区和城市间多层次的产业转移协作体系。首先，应明确整个成渝经济区需要承接的重点产业、重点培育的重大产业集群和产业链条；其次，有意识培育重点地区和城市，科学规划不同城市产业承接的侧重点；最后，要建立经济区内部特大城市向大城市和中等城市转移、各类城市向城镇转移、城市向乡村转移的侧重点。

第二节　空间优化策略：城际价值网空间拓展

国内价值链需要空间载体。在空间层面，成渝经济区应以经济一体化区域、重点城市群为空间载体，通过重要节点城市价值链分工协作，实现区内价值链对接和城际价值链空间拓展。

一、推进城市群内部价值链分工协作

城市群是国家参与国际竞争和提升世界影响力的空间单元，城市群天然具有经济联系紧密、空间联系紧凑的特性。伴随企业职能部门和产业链环节空间分离形成的价值链分工是城市群内部分工的主流形态，推进城市群内部各次级城市之间的价值链分工协作是构建国内价值链的可行路径。根据产业链的优位指向性原理，在成熟的城市群中，核心城市（或大都市中心区）主要发展总部经济，以研发、设计、培训以及营销、金融、管理、技术服务等生产性服务业为主；次中心城市和大都市郊区侧重发展高新技术产业和先进制造业，以关键零部件的设计与加工、终端产品生产、物流等环节为主；中小城市、小城镇则专业化发展一般制造业和零部件生产，以一般零部件制造、产品组装与测试等环节为主，由此形成了新型的城市群产业分工模式。城市群城市功能分工以打造城市群优势产业集群为目标，不同城市依据其资源禀赋和价值创造能力，找准价值链上的位置，专注于产业集群中特定的价值环节进行专业化生产，由此形成基于价值链分工的城市群战略产业链，通过城际战略产业链推进城市群产业分工合作和城市群经济一体化进程。对于成渝经济区而言，应整合城市群内要素资源，以重庆主城区、成绵乐沿线城市为基础，链接成内渝、成南遂沿线城市，促进产业链分工合作、协同发展，共同打造具有世界影响力的成渝优势产业集群。

二、以城市群为主体构建城际价值链，培育国内价值链

已有研究表明，“大国国内价值链的构建需要整个国家所有区域之间进行价值链分工，这需要区域之间的交易效率提高到一定的临界值，而全国所有区域之间交易效率的整体性提高不是一蹴而就的事情”（张松林等，2014），“全球价值链在全球空间上呈离散分布格局，但分离出去的各个价值片段一般都具有高度的地理集聚特征”（张辉，2004）。本书对我国价值链空间形态的研究表明，我国国内价值链呈现东部三大城市群内部、三大城市群之间和西部地区内部的空间集聚特征，以城市群为主体推进国内价值链的空间实现是现实可行的途径，这与城市群本身交易壁垒小、经济联系紧密、空间联系紧凑的本质特征相对应。要通过制定推进城市群一体化的政策和项目，实现城市群内各等级规模城市之间产业价值链分工协作，以城际价值链为基础孕育国内价值链的雏

形，通过不同城市群之间的价值链对接，形成跨越更大区域范围的国内价值链。

对于成渝城市群而言，要基于成渝经济区优势制造业构建“区域价值链——国内价值链——全球价值链”的时序演进与实现机制，创新以价值链重构为导向的区际产业转移对接模式。四川省优势企业构建国内价值链应以成德绵高新技术产业带为核心，初步构建区域价值链，即构建以成德绵高新技术产业带为核心的面向省内的价值链，引导优势产业的配套企业向成都经济区、川东北、川南等城市有序迁移；进一步，要加强成渝城市群与西部重点城市群、重点城市的产业关联，构建基于西南地区乃至整个西部地区的区域价值链；最后，构建基于全国市场的国内价值链乃至面向全球市场的全球价值链。

第三节　企业转型策略：本土企业价值链环深化

一、提升领先企业跨区域产业组织布局和价值链治理能力

着力培育能够主导国内价值链的本土领军企业，鼓励成渝地区具有一定技术优势和营销渠道的领先企业在整合国内上下游供应商基础上，进一步整合全球资源，优化对外直接投资的方向和布局，加大对发达国家高科技生产领域、中高端价值链环节的投资；通过整合国外高级要素与本土生产要素，在技术外溢和“干中学”中提升本土企业自主品牌制造能力、中间产品配套能力和价值链治理能力。

首先，在装备制造、电子信息、能源化工、特色食品等具有良好基础的产业领域，着力培育和发展本土大型跨国公司，鼓励实力雄厚的企业依托一定的优惠政策和国内巨大的消费市场，积极构建新的全球价值链，建立由本土企业主导的国际分工体系，以获取更多的分工利益。

其次，促进加工贸易企业转型升级。加工贸易企业是技术含量较低的劳动密集型企业，有着数量多、经济效益不高的特点。这种特殊性决定了成渝地区进行国内价值链重构的重点是加强企业的自主研发能力，促进加工贸易企业转型升级。加工贸易企业应积极采取措施向产品的研发设计环节转移，注重产品专利的申请与保护，促进研发成果的转化；注重品牌和分销渠道的建设，做好售后服务，由贴牌生产向委托设计、创建自有品牌转型，争取打造一批世界级

的知名品牌。

最后，重点培育发展高新技术产业、国际服务外包业等对传统的区位和资源要素并不高度依赖的产业，一旦主导产业确立后，就应有的放矢地承接产业转移，从而延伸加强价值链。

二、强化优势企业功能升级和特定价值链环节参与能力

对于成渝地区的简单产品代工企业，可以依靠单一产品比较优势迁入国内价值链某一特定环节，逐步介入价值链主企业、关键供应商的深度合作网络，通过资源整合提升价值链的治理地位。具体来讲，应提升成渝地区优势企业的技术创新能力，鼓励企业围绕优势价值链环节优化经营策略、确定战略规划，把主营业务做专、做精，提升产品质量、档次和服务水平，打造一批制造业的“隐形冠军”，专注于国内价值链上的特定环节、优势环节，努力融入国内价值链，实现国内价值链和全球价值链的有效对接；要鼓励区内本土优势企业依托开放的国际生产体系，通过外包、代工等方式分离非核心业务，聚焦于培育与增强企业核心竞争力，加强与外部领先企业合作对接，逐步提升价值链环节的占有率与控制力；要以经济区现有大型优势企业及其配套生产体系为依托，给予融资、技术、培训等政策支持，促进经济区传统优势产业集群转型升级与国内价值链的对接融合。

第四节　制度保障策略：市场环境和制度成本优化

一、降低本土企业价值链构建的制度性成本

逐步深化市场化改革，进一步构建规范良好的市场秩序和社会信用体系，加大知识产权保护制度，改善执行机制缺位的制度环境。打破制约国内价值链构建的行业垄断和区际贸易壁垒，强化地区专业化分工和互补性知识交流，降低本土制造业构建国内价值链的制度成本，促进价值链区内延展。

优化政府职能，完善包括政府、行业协会、技术及金融等中介服务机构等在内的服务体系。政府可以对大中小企业实施个性化的扶持或引导措施，对制造业的发展给予一定的政策优惠；相关行业协会、技术等中介服务机构可以开

展多形式、多层次、多领域的技术交流，充分整合信息资源优势，为制造业内的核心企业掌握应用先进技术提供平台和支持，为制造业转型升级提供良好的制度环境。加强知识产权保护和市场诚信建设，完善资本、劳动力等要素市场，营造承接产业转移的市场环境。通过论坛、展览等活动形式，对优势企业进行宣传和推介，培育人们对本民族文化的认同感和自信心，提升本土企业和产品的形象。

二、完善价值链构建的支撑服务体系

从区域市场培育、创新网络建设、产业集群和专业市场扩展、生产性服务业发展多方面构建国内价值链的支撑体系。完善的支撑服务体系可以为制造业国内价值链构建提供保障。政府既可给予制造业发展以政策优惠，也能为制造业价值链构建排除一些国际国内障碍，还可联合相关行业协会，技术、金融等服务机构和科研院所等举行多领域的技术交流，这些都将直接推动国内价值链的建设和发展。价值链构建的支撑服务体系还包括加大区域创新投入力度，发展科技服务业，引导社会资本投向公共科技服务平台建设，完善官产学研合作和产业化推广机制；鼓励企业进行开放式创新，引进先进技术和高端人力资源，提高 FDI 技术溢出的学习吸收能力和价值链高端生产能力，在全球产业分工中占据更加有利的地位；优化人力资本的激励、使用和流动机制，提高中高端人才吸引力，提升人力资本对价值链升级的支撑作用。

三、完善产业发展的内外部环境

第一，提升城市内在品质。城市是承接产业转移的主要载体，要进行城市品牌营销，改善成渝地区内部各城市引资环境，建设绿色、智能、人文和创新城市，吸引高附加值产业和高端服务业转移。加强城市公共服务和创新平台建设，鼓励发展中介服务、公共咨询等中介机构，为转移企业提供咨询和服务。将生态文明理念融入城市建设，实施国家级和省级园区循环化改造，推行绿色建筑、绿色能源、绿色交通和绿色生活行动，提高生态型产业吸引力。培育发展信息服务等新型服务业态，推进城市信息基础设施建设，建设智慧城市。促进城市本土文化和外来文化相互交融，形成多元开放、包容性强的现代城市文化，提升城市内在品质，构建吸聚高端业态和高素质人才的人文环境支撑能力。

第二，强化基础设施建设。强化经济区基础设施建设，降低承接产业转移的物流成本。以建设西部地区和长江上游综合交通枢纽为目标，以东向、西北、西南方向为重点，加强交通基础设施建设，支撑全方位对外开放格局。以打造丝绸之路经济带和长江经济带为目标，加强成渝地区沿长江快速通道建设，连接上海自由贸易区和长三角、珠三角地区。加快成兰、兰渝铁路等西北向铁路和高速公路建设，形成联通中亚和东欧大通道。加强西南向通道建设，形成通过云南桥头堡连接东盟、南亚、印度洋地区的西南向大通道。同时，加强成渝地区内部大通道建设，规划建设成渝城市群城际轨道交通网络。发挥经济区内长江黄金水道优势，加强过江通道建设和港口建设，推进航道整治，提升航道等级，支持重庆航运中心功能提升，建设重庆长江上游综合交通运输信息平台。

第三，加强资源节约和生态环境保护。成渝地区地处长江上游，担负着建设长江上游生态安全保障区的历史重任，成渝地区生态环境保护关乎整个长江流域的生态安全，对促进东部、中部、西部经济社会可持续发展意义重大。因此，承接产业转移要和成渝地区资源环境承载力相结合，坚持产业与资源、生态、环境相协调；要按照不同区域主体功能定位，提高产业转入门槛，严格产业能源消耗和环保审核，严防淘汰产业和落后产能转入；要推广多层标准厂房建设，严格土地投入和产出强度，节约集约利用土地资源；要加强资源综合利用，推行清洁生产和环保先进技术，开展循环经济试点，建设成都、泸州和长寿等循环经济示范园区，加快泸州、华蓥、万盛等资源型城市转型发展；要加强产业园区和重点流域污染防治，加大生态工程建设，加快建设水、大气和固体废物污染防治体系，保护修复生态。

四、创新区域产业转移规划和机制

第一，以价值链构建和连接为核心，编制指导成渝地区产业转移与承接的规划，对承接产业转移的基础和优劣势进行客观分析和评估，科学规划承接的重点产业、承接产业的具体布局、承接产业转移园区分工。明确不同等级城市承接产业转移的方向和侧重点；评估产业转移与区域资源环境承载力、基础设施承载力的影响和契合程度；制定承接产业转移的政策支持、保障措施和组织机构等。

第二，深化体制机制改革，探索建立互利共赢的产业转移与承接体制机制。（1）转变政府职能，提高政府服务效能，建设服务型政府，完善外商投资相关法律法规，健全外商投资管理体制，优化外商投资审批流程，推动部分行政许可跨区域互认，建设承接产业转移的优良政务环境。（2）加强知识产权保护和市场诚信建设，完善资本、劳动力等要素市场，营造承接产业转移的市场体制环境。（3）创新园区运行机制和管理模式，健全园区服务体系，探索互利共赢的园区建设模式。（4）推进建立区域之间承接产业转移的长效机制，发挥各类行业协会的积极性，搭建产业转移对接平台，促进产业转移与对口帮扶、对口支援有效衔接，建立各城市之间承接产业转移的统筹协调机制，共同建立招商引资平台，推进承接产业在经济区内部的合理布局和集聚发展。

参考文献

[1] [英] 阿瑟·刘易斯. 国际经济秩序的演变 [M]. 北京: 商务印书馆, 1984.

[2] [德] 阿尔弗雷德·韦伯. 工业区位论 [M]. 李刚剑等, 译. 北京: 商务印书馆, 1997.

[3] 白小明. 中国区域产业转移: 动因、障碍与对策 [M]. 郑州: 郑州大学出版社, 2008.

[4] 戴宏伟, 田学斌, 陈永国. 区域产业转移研究: 以"大北京"经济圈为例 [M]. 北京: 中国物价出版社, 2003.

[5] 江世银. 四川承接产业转移, 推动产业结构优化升级 [M]. 北京: 经济管理出版社, 2010.

[6] 李小建. 经济地理学 [M]. 北京: 高等教育出版社, 2004.

[7] 卢根鑫. 国际产业转移论 [M]. 上海: 上海人民出版社, 1997.

[8] 石敏俊, 张卓颖. 中国省区间投入产出模型与省区间经济联系 [M]. 北京: 科学出版社, 2012.

[9] 谭崇台. 发展经济学 [M]. 太原: 山西经济出版社, 2001 (8).

[10] 王建廷. 区域经济发展动力与动力机制 [M]. 上海: 上海人民出版社, 2007.

[11] 王如渊. 成渝经济区发展研究: 基于城市与产业的视角 [M]. 北京: 商务印书馆, 2015.

[12] 王云平. 产业转移和区域产业结构调整 [M]. 北京: 中国水利水电出版社, 2010.

[13] 吴林海, 罗佳, 彭宇文. 跨国投资研发的技术溢出效应与提升自主创新能力论 [M]. 长沙: 中南大学出版社, 2006.

[14] 小岛清. 对外贸易论 [M]. 天津: 南开大学出版社, 1991.

[15] 羊邵武. 产业转移战略论 [M]. 成都: 西南财经大学出版社, 2008.

［16］展宝卫．产业转移承接力建设概论［M］．济南：泰山出版社，2006.

［17］张可云．区域大战与区域经济关系［M］．北京：民主与建设出版社，2001.

［18］敖荣军．中国地区经济差距及其演化的产业变动因素［J］．长江流域资源与环境，2007（4）.

［19］白重恩，杜颖娟，陶志刚，等．地方保护主义及产业地区集中度的决定因素和变动趋势［J］．经济研究，2004（4）.

［20］陈秀山，徐瑛．中国制造业空间结构变动及其对区域分工的影响［J］．经济研究，2008（10）.

［21］陈建军．中国现阶段的产业区域转移及其动力机制［J］．中国工业经济，2002（8）.

［22］陈刚，刘珊珊．产业转移理论研究：现状与展望［J］．当代财经，2006（10）.

［23］陈林生．以产业集群促进区域创新体系建设研究［J］．经济问题探索，2005（4）.

［24］陈红儿，陈刚．区域产业竞争力评价模型与案例分析［J］．中国软科学，2002（1）.

［25］陈羽，邝国良．“产业升级”的理论内核及研究思路述评［J］．改革，2009（10）.

［26］陈晓华，刘慧．国际分散化生产工序上游度的测度与影响因素分析——来自35个经济体1997～2011年投入产出表的经验证据［J］．中南财经政法大学学报，2016（4）.

［27］蔡坚．中西部承接东部产业转移的模式选择——基于湖北产业链整合的视角［J］．当代经济，2011（11）.

［28］成艾华，喻婉．长江经济带产业转移、产业分工与一体化发展［J］．中南民族大学学报（人文社会科学版），2018（6）.

［29］董楠楠，钟昌标．美国和日本支持国内企业创新政策的比较与启示［J］．经济社会体制比较，2015（5）.

［30］戴宏伟．产业梯度产业双向转移与中国制造业发展［J］．经济理论与经济管理，2006（12）.

［31］范剑勇，朱国林．中国地区差距演变及其结构分解［J］．管理世界，2002（7）.

[32] 范剑勇. 市场一体化、地区专业化与产业集聚趋势——兼谈对地区差距的影响 [J]. 中国社会科学, 2004 (6).

[33] 范剑勇, 张涛. 结构转型与地区收敛: 美国的经验及其对中国的启示 [J]. 世界经济, 2003 (1).

[34] 樊福卓. 地区专业化的度量 [J]. 经济研究, 2007 (9).

[35] 冯根福, 刘志勇, 蒋文定. 我国东中西部地区间工业产业转移的趋势、特征及形成原因分析 [J]. 当代经济科学, 2010 (2).

[36] 费文博等. 融入国内价值链的中国区域制造业升级路径研究 [J]. 经济体制改革, 2017 (5).

[37] 郭丽娟, 邓玲. 我国西部地区承接产业转移存在的问题及对策 [J]. 经济纵横, 2013 (8).

[38] 郭丽娟, 邓玲. 产业承接、技术外溢与西部地区自主创新 [J]. 经济问题探索, 2013 (11).

[39] 郭丽娟, 刘佳. 美国产业集群创新生态系统运行机制分析: 以硅谷为例 [J]. 科技管理研究, 2020 (10).

[40] 干春晖, 郑若谷. 中国地区经济差距演变及其产业分解 [J]. 中国工业经济, 2010 (6).

[41] 顾乃华. 我国城市生产性服务业集聚对工业的外溢效应及其区域边界——基于 HLM 模型的实证研究 [J]. 财贸经济, 2011 (5).

[42] 何钟秀. 论国内技术的梯度转递 [J]. 科研管理, 1983 (1).

[43] 韩艳红, 宋波. 产品内分工、产业转移与我国产业结构升级——基于构建国内价值链视角 [J]. 工业技术经济, 2012 (11).

[44] 贺曲夫, 刘友金. 基于产业梯度的中部六省承接东南沿海产业转移之重点研究 [J]. 湘潭大学学报 (哲学社会科学版), 2011 (5).

[45] 黄钟仪. 产业转移: 东部的趋势及西部的选择——以重庆为例 [J]. 经济问题, 2009 (7).

[46] 金晓燕, 陈红儿. 企业空间扩张概念内涵新探 [J]. 黑龙江对外经贸, 2006 (4).

[47] 贾生华, 杨菊萍. 产业集群演进中龙头企业的带动作用研究综述 [J]. 产业经济评论, 2007 (1).

[48] 刘志彪, 张少军. 中国地区差距及其纠偏: 全球价值链和国内价值链的视角 [J]. 学术月刊, 2008 (5).

[49] 刘志彪. 重构国内价值链: 转变中国制造业发展方式的思考 [J].

世界经济与政治论坛，2011（7）.

［50］刘友金，胡黎明．产品内分工、价值链重组与产业转移——兼论产业转移过程中的大国战略［J］．中国软科学，2011（3）.

［51］刘友金，吕政．梯度陷阱、升级阻滞与承接产业转移模式创新［J］．经济学动态，2012（11）.

［52］刘雪芹，张贵．创新生态系统：创新驱动的本质探源与范式转换［J］．科技进步与对策，2016（20）.

［53］刘仕国等．利用全球价值链促进产业升级［J］．国际经济评论，2015（1）.

［54］刘红光，刘卫东，刘志高．区域间产业转移定量测度研究——基于区域间投入产出表分析［J］．中国工业经济，2011（6）.

［55］刘纯彬，杨仁发．中国生产性服务业发展的影响因素研究——基于地区和行业面板数据的分析［J］．山西财经大学学报，2013（4）.

［56］李跟强，潘文卿．国内价值链如何嵌入全球价值链：增加值的视角［J］．管理世界，2016（7）.

［57］鲁桐，党印．公司治理与技术创新：分行业比较［J］．经济研究，2014（6）.

［58］梁灏．四川对口援建工业园区发展初探［J］．经济体制改革，2011（6）.

［59］雒海潮，苗长虹，李国梁．不同区域尺度产业转移实证研究及相关论争综述［J］．人文地理，2014（1）.

［60］卢福财，罗瑞荣．全球价值链分工条件下产业高度与人力资源的关系——以中国第二产业为例［J］．中国工业经济，2010（8）.

［61］黎峰．增加值视角下的中国国内价值链分工——基于改进的区域投入产出模型［J］．中国工业经济，2016（3）.

［62］马子红，胡洪斌．中国区际产业转移的主要模式探究［J］．生产力研究，2009（13）.

［63］毛广雄，钱肖颖，曹蕾，刘传明．江苏省劳动密集型产业集群化转移的空间路径及机理研究［J］．地理科学，2016（1）.

［64］牛青山．我国承接国际产业转移的现状与对策［J］．山西大学学报（哲学社会科学版），2011（4）.

［65］聂聆，李三姝．我国在制造业产品全球价值链中的分工地位研究——基于价值链高度指数的分析［J］．现代财经（天津财经大学学报），2016（6）.

[66] 潘文卿．中国区域的国内价值链：关联特征与变化趋势 [J]．中国工业经济，2017 (11)．

[67] 钱方明．浙江劳动密集型产业集群升级对策研究——基于国内价值链视角 [J]．嘉兴学院学报，2015 (2)．

[68] 曲玥，蔡昉，张晓波．“飞雁模式”发生了吗？——对 1998—2008 年中国制造业的分析 [J]．经济学季刊，2013 (3)．

[69] 覃成林，熊雪如．我国制造业产业转移动态演变及特征分析——基于相对净流量指标的测度 [J]．产业经济研究，2013 (1)．

[70] 邱斌，叶龙凤，孙少勤．参与全球生产网络对我国制造业价值链提升影响的实证研究——基于出口复杂度的分析 [J]．中国工业经济，2012 (1)．

[71] 孙建波，张志鹏．第三次工业化：铸造跨越“中等收入陷阱”的国内价值链 [J]．南京大学学报（哲学·人文科学·社会科学版），2011 (5)．

[72] 孙文远．产品内分工刍议 [J]．国际贸易问题，2006 (6)．

[73] 孙晓华，翟钰，秦川．生产性服务业带动了制造业发展吗？——基于动态两部门模型的再检验 [J]．产业经济研究，2014 (1)．

[74] 盛丰．生产性服务业集聚与制造业升级：机制与经验——来自 230 个城市数据的空间计量分析 [J]．产业经济研究，2014 (2)．

[75] 唐铁球．全球价值链下中国制造业国际分工地位研究 [J]．财经问题研究，2015 (6)．

[76] 唐海燕，张会清．产品内国际分工与发展中国家的价值链提升 [J]．经济研究，2009 (9)．

[77] 万广华，范蓓蕾，陆铭．解析中国创新能力的不平等：基于回归的分解方法 [J]．世界经济，2010 (2)．

[78] 吴华清，黄志斌．价值链、产业转移与国家产业安全 [J]．国际商务（对外经济贸易大学学报），2009 (5)．

[79] 吴林海．中国科技园区域创新能力理论分析框架研究 [J]．经济学家，2001 (3)．

[80] 魏后凯．中国地区经济增长及其收敛性 [J]．中国工业经济，1997 (3)：31-37．

[81] 武建强．基于全球价值链视角的我国地区差距分析 [J]．太原理工大学学报：社会科学版，2008 (4)．

[82] 汪琦，钟昌标．美国中小制造业创新政策体系构建、运作机制及其启示 [J]．经济社会体制比较，2018 (1)．

［83］王海杰，吴颖．全球价值链分工中欠发达地区产业升级策略研究——以河南省为例［J］．区域经济评论，2015（5）．

［84］王海杰．全球价值链分工中我国产业升级问题研究述评［J］．经济纵横，2013（6）．

［85］王玉燕，林汉川，吕臣．全球价值链嵌入的技术进步效应——来自中国工业面板数据的经验研究［J］．经济研究，2014（9）．

［86］王永进，刘灿雷．国有企业上游垄断阻碍了中国的经济增长？——基于制造业数据的微观考察［J］．管理世界，2016（6）．

［87］王岚，李宏艳．中国制造业融入全球价值链路径研究［J］．中国工业经济，2015（2）．

［88］王岚．全球价值链分工背景下的附加值贸易：框架、测度和应用［J］．经济评论，2013（3）．

［89］王永进，刘灿雷．国有企业上游垄断阻碍了中国的经济增长？——基于制造业数据的微观考察［J］．管理世界，2016（6）．

［90］王超．积极创建生态工业示范园区着力构建资源节约型、环境友好型开发区［J］．港口经济，2011（2）．

［91］夏国龙，刘吉，冯之浚，等．梯度理论和区域经济［J］．科学学与科学技术管理，1983（2）．

［92］肖雁飞，等．产业转移、专业化分工与跨区域协同发展研究——以粤湘赣桂为例［J］．地域研究与开发，2017（6）．

［93］姚小玲，张雅婷．美国斯坦福大学创新创业教育生态系统探究［J］．山西大学学报（哲学社会科学版），2018（5）．

［94］易顺，韩江波．国内价值链构建的空间逻辑及其实现机制——基于双重“中心——外围”格局视角的探讨［J］．学习与实践，2013（12）．

［95］余振，顾浩．全球价值链下区域分工地位与产业升级对策研究——以东北三省为例［J］．地理科学，2016（9）．

［96］姚博，魏玮．生产国际分割及其对价值链地位的提升效应［J］．山西财经大学学报，2012（10）．

［97］周治华．产业援建为灾区留下永不停歇的“发动机”［J］．（四川）党的建设：城市版，2009．

［98］周绍东，刘冰．国家价值空间是如何形成的？——论中国电力行业产业升级的“第三条路径”［J］．财经研究，2015（3）．

［99］周密．后发转型大国价值链的空间重组与提升路径研究［J］．中国

工业经济，2013 (8).

[100] 周华等．非等间距产业上游度及贸易上游度测算方法的设计及应用 [J]. 浙江理工大学学报 (社会科学版)，2016 (6).

[101] 张鹏．产业转移与欠发达区域创新支持体系的构建 [J]. 科学管理研究，2011 (5).

[102] 张松林，程瑶，唐国华．零售业品牌升级的“大国优势”——基于大国国内价值链与全球价值链的比较分析 [J]. 学习与实践，2014 (1).

[103] 张辉．全球价值链理论与我国产业发展研究 [J]. 中国工业经济，2004 (5).

[104] 张少军，刘志彪．全球价值链模式的产业转移——动力、影响与对中国产业升级和区域协调发展的启示 [J]. 中国工业经济，2009 (11).

[105] 张明之，谢浩．跨区梯度转移抑或域内产业深化——基于 2003 ~ 2013 年全国和长三角分区数据的产业转移分析 [J]. 财经论丛，2017 (2).

[106] 张杰斐，席强敏，孙铁山，李国平．京津冀区域制造业分工与转移 [J]. 人文地理，2016 (4).

[107] 张为付，张春法．我国主要工业产品区域集聚的实证研究 [J]. 产业经济研究，2005 (5).

[108] 朱传耿．外商直接投资对城市发展的影响效应研究 [J]. 中国软科学，2004 (3).

[109] 赵西三．国内价值链重构下区域产业升级的路径选择——基于河南省的实证分析 [J]. 工业技术经济，2010 (11).

[110] 詹浩勇，冯金丽．知识密集型服务业集群、国内价值链与西部地区产业升级 [J]. 企业经济，2015 (5).

[111] 国务院．国务院关于中西部地区承接产业转移的指导意见 [Z].

[112] 整体崛起　奏响“多赢”旋律——四川电子信息产业发展全记录·协作篇 [N]. 四川日报，2012 - 7 - 12.

[113] 重庆市电子信息产业三年振兴规划 [DB/OL]. http://wjj.cq.gov.cn/xxgk/zcfg/57355.htm，2012 - 8 - 27.

[114] 成都市人民政府办公厅．成都市服务外包产业发展规划 (2010 - 2014 年) [R]. 四川新闻网，2010. 08. 23.

[115] 国家发展和改革委员会．成渝经济区区域规划 [R]. 国家发展和改革委员会门户网站，2011 - 5 - 30.

[116] 四川省人民政府．四川省人民政府关于承接产业转移的实施意

见 [R]. 四川省人民政府网站，2011 -6 -3.

[117] 习近平主持召开中央财经委员会第六次会议 [DB/OL]. 新华网，http：//www. xinhuanet. com/politics/leaders/2020 -01/03/c_1125420604. htm.

[118] 习近平在中央城镇化工作会议上发表重要讲话 [R]. 新华网，http：//news. xinhuanet. com/politics/2013 -12/14/c_125859827. htm.

[119] 中华人民共和国国民经济与社会发展“九五”计划和2010年远景目标规划纲要 [R]. 中国人大网，http：//www. npc. gov. cn/wxzl/gongbao/2001 -01/02/content_5003506. htm.

[120] Antras P，Chor D，Fally T，et al. Measuring the Upstreamness of Production and Trade Flows [J]. American Economic Review，2012 (3).

[121] Cheng M S，Blankson C，Wu P C S，et al. A Stage Model of International Brand Development：The perspectives of manufacturers from two newly industrialized economies—South Korea and Taiwan [J]. Industrial Marketing Management，2005 (5).

[122] Dunning，J. H. Trade，Location of Economic Activity and the Multinational Enterprise：A Search For an Eclectic Approach，First Published in B. Ohlin Per Ove Hesselborn and Per Magnus Wijkman ed.，The International Allocation of Economic Activity，Macmillan，London：Macmillan，1977.

[123] D. M. Smith. Industrial Location Economic Analysis [M]. New York：John Wiley & Sons，1971.

[124] Ellison G，Glaeser E L. Geographic Concentration in U. S. Manufacturing Industries：A Dartboard Approach [J]. Journal of Political Economy，1997 (105).

[125] Egger P，Pfaffermayr M，Wolfmayr - Schnitzer Y. The International Fragmentation of Austrian Manufacturing：The Effects of Outsourcing on Productivity and Wages [J]. The North American Journal of Economics and Finance，2001 (3).

[126] Ehmcke J S. The Impact of Outsourcing on Total Factor Productivity - Evidence from Matched Fim Level Data [C]. Working Paper，2010.

[127] Feenstra R C，Hai W，Woo W T and S. Yao. The U. S. - China Bilateral Trade Balance：Its Size and Determinants [J]. NBER Working Paper No. 6598，1998 (6).

[128] Fally. On the Fragmentation of Production in the US [R]. University of Colorado Working Paper，2011.

[129] Gerffi G. The Organization of Buyer-driven Global Commodity Chains: How US Retailers Shape Overseas Production Networks [C]. Commodity Chains Global Capitalism, London: Praeger, 1994.

[130] Gereffi G. International Trade and Industrial Up-grading in the Apparel Commodity Chain [J]. Journal of Intemational Economics, 1999.

[131] Humphrey J, H. Schmitz. Governance and Upgrading: Linking Industrial Cluster and Global Value Chain Research, IDS Working, 2000. Paper 120, Brighton: Institute of Development Studies.

[132] Humphrey J, Schmitz H. Chain Governance and Upgrading: Taking Stock [A]. Schmitz, H. Local Enterprises in the Global Economy Issues of Governance and Upgrading [C]. Cheltenhan: Elgar, 2004.

[133] Hoover E. The Measurement of Industrial Localization [J]. Review of Economics and Statistics, 1936 (18).

[134] Hummels D. Jun Ishi, KeiMu Yi. The Naure and Growth of Vertical Specialization in World Trade [J]. Journal of International Economics, 2011 (54).

[135] Hausmann R, Hwang J, Rodrik D. What You Export Matters [J]. Journal of Economic Growth, 2007, 12 (1).

[136] J. H. Thompson, Some Theoretical Considerations for Manufacturing Geography [J]. Economic Geography, 1966 (42).

[137] KENJI E. KUSHIDA. A Strategic Overview of the Silicon Valley ecosystem: Toward effectively "Harnessing" Silicon Valley [R]. Stanford University, 2015.

[138] Kogut B. Designing Global Strategies: Comparative and Competitive Value-added Chains [J]. Sloan Management Review, 1985, Vol. 26 (4).

[139] Krugman P. Geography and Trade [M]. Massachusetts: MIT Press, 1991.

[140] Kaplinsky R, Morris M. A Handbook for Value Chain Research [R]. Prepared for the IDRC, 2002.

[141] Kaplinsky R. Globalization and Unequalisation: What Can Be Learned from Value Chain Analysis? [J]. Journal of Development Studies, 2000 (2).

[142] Lizbeth Navas - Alemán. The Impact of Operating in Multiple Value Chains for Upgrading: The Case of the Brazilian Furniture and Footwear Industries [J]. World Development, 2011 (8).

［143］ MANUFACTURING EXTENSION PARTNERSHIP. About NIST MEP ［EB/OL］. ［2019－12－12］. https：//www. nist. gov/mep/about-nist-mep.

［144］ Messner D. Regions in the World Economic Triangle ［A］. Schmitz, H. Local Enterprises in the Global Economy：Issues of Governance and Upgrading ［C］. Cheltenham：Edward EIgar, 2004.

［145］ OFFICE OF SMALL BUSINESS DEVELOPMENT CENTERS. Mission statement ［EB/OL］. ［2019－05－11］. https：//www. sba. gov/offices/headquarters/osbdc.

［146］ Porter M. Competitive Advantage：Creating and Sustaining Superior Performance ［M］. New York：The Free Press, 1985.

［147］ Pack H, Saggi K. Vertical Technology Transfer via Intemational Outsourcing ［J］. Journal of Development Economics, 2001, 65 (2)：389－415.

［148］ Perter J. How Intra-dustry Trade Changed Our Perception of the World Economy ［J］. The Singapore Economic Review, 2008 (1).

［149］ Pol Antras, Davin Chor, Thibault Fally, Russell Hillberry. Measuring the Upstreamness of Production and Trade Flows ［J］. American Economic Review, 2012.

［150］ THE OFFICE OF TECHNOLOGY LICENSING. Life of a Stanford invention ［EB/OL］. ［2018－12－01］. https：//otl. stanford. edu.

［151］ Timmer, Marcel P. et al. Fragmentation, Incomes and Jobs：An Analysis of European Competitiveness ［J］. Economic Policy, 2013 (28)：613－661.

［152］ UNIDO. World Industry Since 1960：Progress and Prospects ［M］. New York：United Nations, 1979.

后　记

在硕士和博士求学阶段，我先后关注了成渝地区的空间发展和产业发展问题，博士毕业时隔五年，我再次从国内价值链重构视角思考成渝地区经济发展问题，对成渝地区发展有了更深刻的了解和更深厚的感情。

本书的成稿倾注了许多人的关注和心血。首先，我要把此书献给我的博士研究生导师邓玲教授，恩师在区域经济学、人口资源与环境经济学领域勤勉耕耘四十载，“为国家和民族的永续发展做一点切实的贡献”是恩师一直秉承的宗旨。几十年来，恩师笔耕不辍、持续创新，先后研究提出“我国生态文明发展战略”“绿色人生发展”“中国特色绿色创新经济”等理念，并亲身践行了其“经世济民”的学术理想与家国情怀。恩师对我的影响是全面的、深邃的、潜移默化的，从恩师身上，我切实感受到了老一辈学者孜孜不倦、甘为人梯的精神和大忠至诚、忧国忧民的情怀。在恩师耳提面命的指导和耳濡目染的影响下，我真正体会到经济学作为一门经世济民的学科的使命感，我真正领悟到作为一名科研工作者、一名人民教师应该具备的品质和素养。我将谨记恩师教诲，潜心研究，教书育人，将经济理论与实践紧密结合，争取为区域经济发展做出积极的贡献。

衷心感谢我的硕士研究生导师王如渊教授。是王老师将我引入区域经济学的学术殿堂，十多年来，王老师一直关心、关注着我的学术成长和个人成长。王老师亦师亦友，与老师交流经济与管理的思想及学术问题，对我启发颇深，使我受益终生。时至今日，我仍然清晰记得王老师手把手指导我发表第一篇学术论文的情景，我至今仍保留着王老师用红笔在我的数据表格中做的密密麻麻的批注。在王老师身上，我看到了一位学术导师、人生导师本该有的模样。我也时刻告诫自己，要如恩师对我一样，认真地对自己的学生。

我还要衷心感谢爱荷华大学的钱海峰教授。感谢钱老师给予我在美国交流访问的机会，使我这个本土博士得以拓展国际视野。我是在钱老师的指导和熏陶下，才真正开启了微观层面的实证研究之路，研究视角和探究方式也得以更新。钱老师谦逊儒雅、严谨求实，是一位有原则、能给人信任感的学者，堪称当代学者的典范。在成长路上能遇到此良师益友，真是人生莫大的幸事。

我要感恩我的家人，是家人多年来的鼓励与支持使我勇于追求自己的梦想，是家人伟大无私的亲情让我的生活充满动力。感谢我的同学、同事、朋友，与大家探讨学术、思考人生的情谊弥足珍贵，我将珍藏一生。我要感恩西南交通大学为我提供潜心研究的平台和空间，我将珍惜人民教师这份荣光，不忘初心，立德树人。

在本书的写作过程中，我的硕士研究生刘佳、刘茜铭、郑雨欣校对文字、查阅资料、更新数据，做了大量研究性工作；西南财经大学硕士研究生邓嘉浩认真参与了第五章第一节的研究，在此对几位同学一并致谢。尤其感谢经济科学出版社以及崔新艳编审的指导与付出。

在此书的写作过程中，我参阅了国内外学者的诸多研究成果，我要诚挚感谢学者们为我的研究铺下的坚实基础和对我的良好启迪。本书在列举观点、引证文献中不免有疏漏之处，如果我们引用了您的观点而疏忽了注释，在此表示深深的歉意，恳请您的谅解并敬请批评指正。

郭丽娟

2020 年 6 月